Photographe, aventurier et auteur de près de 500 documentaires sur la beauté et la diversité de la planète dans le cadre de son programme *Ushuaïa*, Nicolas Hulot est l'un des principaux porte-parole du mouvement pour la protection de l'environnement en France. Dès 1987, il fait partager son goût du voyage à des millions de téléspectateurs grâce aux émissions *Ushuaïa* et *Opération Okavango*. Il alerte régulièrement l'opinion publique sur les dommages subis par l'environnement au moyen de campagnes de publicité, par la publication de livres et grâce à sa Fondation Nicolas Hulot pour la Nature et l'Homme.

Nicolas Hulot

PLUS HAUT QUE MES RÊVES

Calmann-Lévy

TEXTE INTÉGRAL

ISBN 978-2-7578-4319-2
(ISBN 978-2-7021-4398-8, 1re édition)

Dormir profond rêver plus haut
Et s'éveiller l'un bien à l'autre
Telle est la loi de l'innocence

Et vivre plus haut que nos rêves
Être pareils par la confiance
Tel a été notre plaisir

Extrait de *Nush*,
de Paul Éluard

1

En regardant les marées

Je la sens, je l'entends, je suis irrésistiblement aimanté par elle. La mer. Le phare du jardin au casque rouge, les îles, les remparts de Saint-Malo au loin et les bateaux au mouillage ondulant sous mes yeux me fascinent. J'ai l'infini au front. Des cohortes de nuages viennent lécher le moindre relief. Denses ou filamenteux, ils modulent la lumière. Le vent, quand il griffe ou caresse, m'apaise. J'aime qu'il ait voyagé sur le dos de l'océan et que le souffle qui me parvient du large soit un peu d'Amérique ou d'Islande. L'horizon invite au voyage et incite à la méditation. Derrière l'horizon, ces promesses d'ailleurs. L'ailleurs où viennent de s'écouler quarante années de ma vie.

Voilà des mois que je n'ai pas fait mes valises. Jamais je n'étais resté tant de temps sans avoir au moins dix destinations en tête. Le vent est tombé. Girouette en attente. En arrêtant volontairement l'émission *Ushuaïa*, j'ai cessé d'exercer le plus beau métier du monde. Une page se tourne. C'est la fin d'une époque. Une rupture sans déchirement.

J'ai mené une vie inespérée pour moi, plus vaste que mes rêves.

Pendant quarante ans, j'ai sillonné la planète, toujours partagé entre l'envie de rester et l'appel du large. Ces mots de Victor Hugo m'accompagnent : « J'ai l'esprit casanier et l'instinct voyageur. »

Mon engagement écologique est né de ces voyages au cœur de la terre. Ces pages vont montrer que mon entrée dans la campagne présidentielle est une réponse à mes années *Ushuaïa*. Ces aventures que je vais revivre dans ce livre m'ont en effet amené à être le témoin des changements de l'humanité et de la planète.

À ce tournant de ma vie, je pense à cette confiance que m'accorde depuis près d'un quart de siècle la société française. Je pense à ce lien très fort qui va au-delà d'une relation de spectateur à animateur et qui a accompagné ma propre évolution.

Ma candidature à l'élection présidentielle de 2012 était autant un acte d'espoir que de désespoir. Une alerte, un moyen de créer un sursaut chez mes concitoyens. Cela n'a pas marché. Si l'on compare cette campagne avec celle de 2007, il y a même régression au regard du résultat.

Après l'échec de Copenhague, du sommet Rio + 20 et cette dernière campagne présidentielle qui a bouté ces enjeux-là hors du public, je dois avouer que la tentation du désespoir a été grande. J'ai souvent l'impression de me répéter, que les mots sonnent creux parce que j'ai exprimé mes convictions et mes aspirations des centaines de fois. J'ai le sentiment que les mots servent d'alibi pour dissimuler l'inaction. On est passé collectivement de l'indifférence à l'impuissance.

Mon engagement, je l'ai poussé à son paroxysme.

Quoi de plus incongru en effet que de se jeter dans la course à la magistrature suprême quand on mène une vie de vagabond ?

Ma candidature

C'est l'urgence de la situation et mon inquiétude qui m'ont poussé à m'engager dans la primaire écologiste. J'ai longuement hésité avant de prendre cette décision. Mais elle s'est imposée en Amérique latine lors de ma dernière émission d'*Ushuaïa*. Nous étions partis rencontrer les Indiens Kogis au nord de la Colombie dans la Sierra Nevada de Santa Mara. Ces hommes et ces femmes exceptionnels sont les derniers héritiers de Tayroras, une civilisation anéantie, massacrée, oubliée. Ils se sont réfugiés dans la montagne pour s'approcher du ciel et s'éloigner des hommes. Ils sont les gardiens de cette terre qu'on leur vole chaque jour un peu plus.

Toutes les familles étaient réunies à l'entrée du village quand nous sommes arrivés. Je me suis assis en face de deux grands Mamus, les autorités spirituelles du village. Le plus jeune venait de passer plusieurs années dans une grotte à méditer sur l'esprit de l'eau... J'ai été immédiatement frappé par la douceur, la sagesse et la lumière de leurs regards. J'ai aussi ressenti une immense paix face à ces êtres qui ne vivent que pour et par leur terre, habités par une puissance intérieure hors norme.

Nous avons dû participer à une courte cérémonie avant de pénétrer dans le village. Les Mamus nous ont demandé de rester assis en silence pour méditer sur les raisons de notre venue et ce que nous attendions de cette rencontre. Ils nous ont également conseillé de chasser nos pensées noires, de les laisser à la porte du village. Tous les gars de l'équipe ont suivi leurs indications en souriant un peu. Puis leurs sourires se sont éteints. Chacun de nous sentait confusément que nous vivions un instant de partage essentiel, rare.

À l'issue de la cérémonie, ils nous ont fait découvrir leur vie à l'écart du monde. Un de mes collaborateurs leur a avoué que j'avais une grande décision à prendre à l'issue de ce voyage. Les Mamus se sont donc tous réunis pour méditer. Puis ils m'ont conseillé de faire cette « expérience », qu'elle serait bénéfique, quelle que soit son issue. Face à la puissance et au courage de ces familles qui luttent pour préserver leur terre, je devinai que je ne pourrais faire autrement que de suivre leurs conseils.

Après avoir quitté la Colombie, nous sommes allés au Brésil afin de retrouver le chef indien Raoni dans son village natal auprès de son peuple, les Kayapos. Lorsque nous sommes arrivés en hydravion, tout le village nous attendait au bord du fleuve Xingu. Raoni connaissait mon engagement et il a tenu à faire de notre arrivée une fête.

Tout le village est construit en cercle parfait. Une bulle humaine au cœur de la forêt. Raoni m'a mené par le bras au centre du cercle, lieu où se tiennent toutes les cérémonies, les rituels et les réunions des anciens. Nous avons progressé au milieu des chants, des cris et des danses kayapos. Nous étions à la fois émus, heureux et gênés de tant recevoir lorsque l'on sait ce que nos civilisations leur ont fait subir. Pas de haine chez eux, seulement un immense espoir.

Ces êtres isolés n'ont pas coupé le lien avec la nature. S'ils tuent un animal adulte, ils élèvent le petit. Ils ont un respect inné pour la terre, les hommes. Les anciens ne sont pas mis à l'écart. Ils ignorent l'exclusion et semblent vivre dans une parfaite harmonie teintée de joie. Ils goûtent en effet de plaisirs simples, évitant ainsi d'entrer dans une spirale de frustration permanente. Ils ont plaisir à être beaux, et ce plaisir même révèle un amour véritable pour tout ce qui est. Ils vivent en parfaite intelligence avec la forêt. Ils savent se nourrir d'elle. Se soigner par elle. Des millénaires de langage avec la terre qui sont en train de disparaître. Auprès de Raoni, dans son village, j'avais la sensation d'être dans la vérité.

Un matin, Raoni et les anciens m'ont emmené dans la forêt pour me faire découvrir les plantes médicinales, leur secret. Raoni m'a offert une racine réservée aux membres de sa communauté. « Elle te donnera l'éternité », m'a-t-il dit. Je la garde précieusement !

Au moment de se quitter, Raoni me serra dans ses bras et me supplia de l'aider à sauver sa forêt en perdition. Il m'accordait probablement plus de pouvoir que je n'en avais. Mais, dans un plaidoyer magnifique, il m'a demandé de l'aider à dénoncer les conséquences dévastatrices qu'aurait le projet de l'immense barrage de Belo Monte sur les territoires de milliers d'Indiens, dont les Kayapos. Cher Raoni, ce sera peut-être son ultime combat. Je le revois dans la grande salle des Nations unies à Genève, sa silhouette insolite et décalée au milieu des costumes cravates, bravant les ricanements pour raconter la mort programmée des siens, l'inondation de leurs terres, les rivières empoisonnées. L'ultime sacrilège que l'on fait subir au XXIe siècle à la civilisation indienne.

Dans cette sublime Amazonie menacée, je captais de temps à autre sur mon téléphone cellulaire les appels affolés de mes amis parisiens me racontant la catastrophe de Fukushima qui venait de se produire. Ici, je venais de survoler des centaines de kilomètres de forêt dévastées pour des cultures de soja génétiquement modifié dont on allait gaver nos animaux en Europe. J'étais effondré face à l'absurdité, l'inconséquence et les excès de notre civilisation. J'ai alors eu le sentiment que le chef indien me transmettait quelque chose. Même si j'étais tout petit à côté de lui, je me sentais étrangement responsable de son peuple. Une responsabilité teintée de la culpabilité d'être occidental et de ne rien faire. Dans le chant de la forêt amazonienne, adossé à ces arbres majestueux, son bras serrait le mien pour me dire combien il avait besoin de moi. Sans doute surestimait-il mes capacités à l'aider. Mais j'y ai vu un signe.

Alors je décidai d'entrer en campagne. Il fallait que je m'attende à une campagne dure. Le mois d'avant, dans *Libération*, un certain Tilbourg, militant socialiste, proche de Ségolène Royal, m'attaquait dans un article titré : « Nicolas Hulot, candidat de l'écologie, courant gel douche ».

N'était-il pas prétentieux de ma part de briguer une telle fonction ? La meilleure réponse à la supplique de Raoni, c'était de tenter le coup. Faire ce que je pouvais, même si je risquais de compromettre ces liens que j'avais tissés avec tous ceux qui se reconnaissent dans mon engagement. Cette décision, je l'ai très longuement mûrie avec une conscience aiguë qu'elle ne devait pas porter préjudice à mon combat. Je pouvais sortir de cette aventure électorale en charpie, je le savais. L'« organe » politique fonctionne comme un système immunitaire : quand un corps étranger tente d'y pénétrer, il sécrète tous les anticorps nécessaires pour l'éjecter.

Beaucoup m'ont prévenu, certains même hypocritement : « Tu n'imagines pas comme tu vas souffrir et ce qui va t'arriver… » Sans compter les menaces de rumeurs qu'on allait faire courir sur moi. « Demain, les piqûres et les morsures des animaux politiques et des hyènes médiatiques. Tu vas trouver les forêts colombiennes bien paisibles à côté du marigot parisien. Profite bien de ces derniers instants d'aventurier. Leur souvenir t'aidera à supporter toutes les bassesses ! » m'écrivait avec humour Nonce Paolini, le P-DG de TF1 qui, d'un autre côté, m'encourageait à aller vers mon « destin ».

Péché d'orgueil ou excès de combativité, ces menaces m'ont agacé : plus on a essayé de me dissuader, plus ma détermination s'est renforcée. La certitude des Indiens Kogis que je devais tenter « l'expérience » et les mots de Raoni résonnaient encore plus fort dans mes oreilles. *Ushuaïa* a été une école de self-control, et la diversité des situations que j'ai vécues toutes ces années m'a appris à gérer mes émotions et affronter les imprévus. Ce qui ne veut pas dire que je suis insensible à l'injustice, aux mensonges et à la mauvaise foi. La campagne des primaires écologistes allait le montrer de manière édifiante.

Pour mieux comprendre ce qui s'est passé aux primaires de 2012, revenons quelques instants à un certain dimanche de juillet 2006.

Le Pacte écologique

Ce jour-là, dans un accès d'exaspération et d'inquiétude, je lance le message suivant dans *Le Journal du Dimanche* : « Si les candidats ne s'emparent pas des sujets concernant l'écologie, je n'exclus pas d'être candidat aux Présidentielles de 2007. » De faire le travail à leur place, en quelque sorte.

Le mois précédent, j'ai rencontré les patrons de

presse, les responsables politiques, et tous les candidats potentiels en tête à tête. Je leur ai expliqué mon intention d'intervenir si l'écologie devait être absente de cette campagne. Dans cette succession de rendez-vous, toutes sortes de promesses m'ont été faites : que cette campagne serait « déterminante pour l'écologie », que j'allais être « agréablement surpris par leurs propositions », « qu'ils allaient faire travailler leurs appareils »... D'un naturel confiant et optimiste, j'en ai pris bonne note. Et puis, j'ai entendu les premières déclarations des futurs candidats et découvert, une fois encore, que ces sujets-là n'étaient même pas abordés.

Ma candidature ne sera peut-être qu'un témoignage mais, pour moi, c'est le dernier recours. Mon coup de gueule énervé a un écho redoutable, il est pris très au sérieux. J'en suis d'ailleurs le premier surpris !

Depuis vingt ans, ma fondation, la « Fondation Nicolas Hulot pour la nature et l'homme », œuvre afin que la société française intègre les paramètres et les contraintes de l'écologie. En 2005, par le biais d'une grande campagne appelée « Le Défi pour la Terre », nous avons réussi à faire en sorte que des centaines de milliers de Français s'engagent sur des changements comportementaux. Les politiques sont sceptiques : « Les Français ne sont pas prêts, ces sujets ne les préoccupent pas... », me disent-ils. Chacun se renvoie la balle. Pourtant, 700 000 personnes se sont inscrites et nous avons vérifié qu'elles ont, pour la plupart, tenu leurs engagements. Ce n'est pas une simple pétition mais une véritable mobilisation. Ainsi ai-je montré aux politiques qu'il y a une conscience, une disponibilité voire une appétence de la société française pour l'écologie. Jusque-là, nous étions dans les mots, à présent nous allions entrer dans les actes.

Simultanément, la fondation lance le Pacte écologique qui repose sur un triptyque dont le premier volet est de demander aux citoyens de soutenir un certain nombre de propositions que nous allons soumettre aux candidats. À notre grand étonnement, le jour du lancement du Pacte, des dizaines de milliers d'entre eux s'inscrivent. Je saisis alors à quel point le dialogue avec la société française que ma fondation a initié porte ses fruits. Désormais, devant une telle adhésion à notre démarche, aucun candidat ne pourra tourner le dos aux enjeux écologiques.

Ensuite, nous demandons aux candidats d'évaluer nos propositions, entre autres l'instauration de la taxe carbone, la nomination d'un vice-Premier ministre à l'écologie chargé du développement durable, des subventions pour une agriculture de qualité avec, par exemple, l'obligation de distribuer de la nourriture biologique dans la restauration collective, plus de démocratie participative, une grande politique d'éducation et de sensibilisation, etc.

Enfin, je demande aux politiques de ne plus s'affronter systématiquement sur les initiatives mais de valider au contraire les idées pertinentes d'où qu'elles viennent. Ce volet du Pacte où les politiques s'engagent à passer outre les clivages traditionnels devant la prédominance des enjeux écologiques est fondamental. Je sais qu'en situation de crise, si la gauche et la droite parlent d'une même voix, les citoyens peu enclins au changement accepteront de faire des efforts. Dans le cas contraire, ils s'engouffreront dans la brèche des hésitations et des atermoiements. S'il n'existe pas un esprit de concorde, alors que des mutations et des changements essentiels s'annoncent, nous assisterons impuissants à l'effondrement de notre planète.

*

Le Pacte est posé. J'invite officiellement les candidats à venir y souscrire. À partir de là, le « deal » est clair : je me retire de la course.

Grâce à ce succès médiatique, les politiques me reçoivent tous à bras ouverts. Je leur demande de signer des engagements moraux mais aussi d'évaluer, de commenter mes propositions et, éventuellement, d'y substituer les leurs si elles sont efficaces. Quelle que soit l'issue du résultat de la Présidentielle, je veux avoir la garantie que leurs promesses seront tenues. Mon offensive dure des semaines.

La mise en place du Pacte donne lieu à des scènes cocasses, comme le jour où je suis reçu à l'UMP par Claude Guéant et Nicolas Sarkozy. Avant même que je ne sois assis en face de lui, je vois le futur président, nerveux, prêt à exploser. Tout de suite, il s'exclame : « Si tu veux te présenter, moi ça m'arrange, tu peux y aller ! » Devant une telle entrée en matière, je m'apprête à repartir, mais Claude Guéant intervient en demandant « aux deux Nicolas » de se calmer et de se rasseoir. Le coup de bluff de Sarkozy a loupé. On peut commencer à discuter. Une autre fois, Ségolène Royal me reçoit dans son bureau de l'Assemblée nationale, et je découvre la présence d'une cohorte de journalistes prévenus par ses soins. Elle préviendra la presse à chaque rencontre alors que j'ai bien précisé qu'il y a un temps pour le travail, un autre pour la médiatisation. En vain. Elle aussi pensait que j'allais me satisfaire d'une poignée de main, qu'elle signerait vite fait mon « papier » et qu'on passerait à autre chose.

C'est une période très particulière où les médias

étrangers relaient abondamment l'idée du Pacte écologique. Je n'imaginais pas qu'il susciterait une telle curiosité. Comme je ne pensais pas non plus que des hommes politiques de très haut niveau me proposeraient des alliances au cas où je me présenterais malgré tout à la Présidentielle…

À commencer par François Bayrou qui me reçoit dans les locaux de l'UDF. Je le vois ouvrir un tiroir, prendre une clef et aller fermer la porte du bureau à double tour. « Je vais vous dire quelque chose, me dit-il, mais si cela se sait, je nierai vous avoir parlé… » Je me tais. Alors, il me fait toute une série de compliments louant ma droiture et ma sincérité – ce qui en général éveille ma méfiance –, et me propose tout de go une alliance avec lui, « les deux autres [comprendre Ségolène Royal et Nicolas Sarkozy] ne vont pas, on le sait, tenir leurs promesses. Si vous voulez être mon vice-Premier ministre ou quoi que ce soit, je ne discuterai pas ». En clair, l'idée est de faire un ticket et de cumuler nos deux pourcentages. À l'époque, on s'en souvient, Bayrou pesait d'un poids certain dans les sondages. Moi, Ipsos-Le Point me créditait de 10 % d'intentions de vote. Notre tandem pouvait produire un véritable électrochoc !

Ma surprise est énorme mais je n'en montre rien et demande à réfléchir. J'avoue que je me suis un peu défilé, sachant bien que je ne donnerais pas suite à sa proposition. J'avais passé un accord avec les politiques : pas question de les trahir en manquant à ma parole.

Deuxième surprise : à la même période, Laurence Parisot organise au siège du Medef une réunion avec tous les grands patrons. Si la taxe carbone que j'ai initiée était adoptée, elle pourrait avoir des conséquences sur les entreprises, et la patronne des patrons préfère prendre les devants en orchestrant la confrontation. L'échange se passe plutôt bien, et la discussion se poursuit même pendant le déjeuner, puis nous nous séparons et Laurence Parisot me raccompagne. Au moment où la porte de l'ascenseur se referme, elle me glisse avec un sourire mutin : « Je vais vous dire quelque chose que je nierai vous avoir dit : je trouve que vous devriez vous présenter… » Décidément, c'est une manie ! Le message est clair : quelle que soit l'adhésion des candidats au Pacte, présentez-vous ! Je suis troublé, d'autant que la vice-présidente de l'IFOP sait de quoi elle parle : les sondages me concernant sont bons. On imagine ma fébrilité en quittant les locaux du Medef.

Je passe rapidement sur Laurent Fabius qui, avant que Ségolène ne soit choisie par les socialistes pour conduire leur programme jusqu'à la Présidentielle, voulait faire de moi son vice-Premier ministre. De l'ombre à la lumière, la roue allait bientôt recommencer à tourner pour lui.

Last but not least. Quelque temps plus tard, c'est Jean-Louis Borloo qui me convoque un samedi matin à son ministère. Mon ami Jean-Paul Besset, maître d'œuvre du Pacte, m'accompagne. Et Borloo me dit la chose suivante : « Si tu te présentes, je te soutiens. Je t'amènerai Martin Hirsch, peut-être Simone Veil, Augustin Legrand des Don Quichotte, etc. » Là aussi, je me pince : je connais Jean-Louis Borloo depuis longtemps pour l'avoir parfois briefé sur l'écologie, sujet auquel il a toujours été sensible, et l'estime entre nous est réciproque. Je sais sa propension à faire valser les étiquettes mais de là à me proposer une telle alliance, lui, déjà encarté à l'UMP…

Jean-Paul, qui m'avait dit être « tombé de l'armoire »

quand je lui avais raconté mon entretien avec Bayrou, s'enflamme à cette dernière proposition : « Vas-y, Nicolas, fonce, c'est une occasion inespérée, ne te pose pas de questions ! Tu as rendez-vous avec l'Histoire ! » Même mon entourage m'y pousse. Cette pression grandissante me met mal à l'aise : je connais mes seuils de compétence, je ne suis pas prêt. Entre 2007 et 2012, j'ai beaucoup travaillé mes dossiers, mais, à cette époque, je me serais « ramassé » sur un certain nombre de questions que je ne maîtrisais pas. Non, je ne changerai pas de ligne : si les politiques signent le Pacte, je me retire ; ils ne signent pas, j'y vais.

« Tu as rendez-vous avec l'Histoire… » La phrase de Jean-Paul tourne et se cogne dans ma tête. Il va falloir trancher. Comme chaque fois que j'ai à prendre une décision importante, j'écoute les avis des autres puis je m'isole chez moi pendant une semaine, téléphone coupé. J'avoue m'être posé beaucoup de questions et n'avoir pas dormi durant plusieurs jours ! Une photo du *JDD* me montre marchant seul, sur la plage. Nicolas Hulot face à son destin. Effectivement, je réfléchis encore. Une petite voix me susurre : « Faut peut-être que tu y ailles… », une autre gronde : « T'es fou ou quoi ? » Cruel dilemme. D'autant qu'un sondage de décembre 2006 me gratifie d'un somptueux 15 % d'intentions de vote ! J'hésite jusqu'au dernier moment. Le 22 janvier 2007, au palais de la Découverte, mon discours contient toutes les bonnes raisons que j'aurais de me présenter, et à la fin *la* raison pour laquelle je renonce, cruciale à mes yeux : j'ai donné ma parole aux partis. La parole, c'est sacré.

Une semaine plus tard, tous les candidats viennent au musée des Arts premiers – Sarkozy, Royal, Bayrou, Buffet, Voynet, Lepage, Dupont-Aignan, Waechter,

France Gamerre et Jean-Marc Governatori –, en direct devant les caméras de télévision, pour proclamer et signer leur engagement. Avec quelques réticences pour Nicolas Sarkozy qui répugne à parapher le texte devant les caméras et qui durant tout son quinquennat me le renverra à chaque fois dans les gencives : « Cet exercice ridicule auquel tu m'as obligé à me prêter devant tes écologistes barbus… » (Jusqu'au jour où je lui demanderai d'arrêter de parler ainsi des écologistes sans les connaître : « Moi je ne me moque pas de vos costumes-cravates, alors tu arrêtes avec leurs barbes ! » Dont acte.)

Focus sur Sarkozy

Dès la signature du Pacte, Nicolas Sarkozy met ses conseillers et collaborateurs au boulot. Dont Nathalie Kosciusko-Morizet, hyperintelligente et carrée. Trop, parfois, quand sa fonction de porte-parole du président lui fait mettre un mouchoir sur certaines de ses convictions. Nous en avons souvent parlé ensemble, sans se mentir. Il y a eu des tiraillements. Mais elle est présente aux réunions, travailleuse, déterminée. Plus tard, Nathalie me racontera les coups de gueule du président quand je lui renvoyais pour la quatrième fois un texte « à revoir » par son équipe… « Mais qu'est-ce qu'il nous emmerde, celui-là ! Pour qui se prend-il ? Qu'il aille se faire voir avec son texte ! » Mes oreilles ont sifflé à maintes reprises mais, pendant ce temps-là, le travail avançait. J'en ai exaspéré d'autres, qu'importe. Sans cette pression constante, à la limite du harcèlement, rien n'aurait bougé.

Au début de nos rencontres, Nicolas Sarkozy me

considère comme l'aventurier, le « type sympa » d'*Ushuaïa*. Très vite, au fil des séances de travail, son regard change. Souvent il me jauge. Nous avons le même âge, mais pas le même profil, ni la même culture. Je crois que je l'énerve autant que je l'intrigue. Comme, pour lui, je ne suis pas « étiquetable », il manque de prises et cela l'agace. En même temps, il me reconnaît une certaine sincérité et il voit mon inquiétude. L'urgence. C'est un affectif, pour lui, cela compte.

Après les premiers tête-à-tête, la confiance s'installe, les relations sont franches, directes. Sarkozy tutoie immédiatement, un tutoiement qui ne dépassera jamais le cadre professionnel. Jamais nous ne dînerons ensemble, ou il ne viendra à mon domicile. Si j'ai eu du respect pour la fonction et pour l'homme, nous ne sommes pas devenus amis.

À ce propos, je me souviens du jour où Nicolas Sarkozy a voulu me rendre visite chez moi à Saint-Lunaire. C'était en 2007 entre les deux tours de l'élection présidentielle. J'étais sorti du jeu mais Ségolène comme Sarko me faisaient de l'œil. On ne sait jamais. Nathalie Kosciusko-Morizet m'appelle et m'informe que Sarkozy est en Bretagne, à Saint-Malo, et qu'avant de repartir vers Paris, il passera me saluer. Elle a l'air ravi de cette rencontre, et ma réponse n'est pas vraiment ce qu'elle attendait : « Je crois qu'on ne s'est pas bien compris, Nathalie, j'ai fait acte de neutralité, une visite du candidat Sarkozy ici n'est pas envisageable… » Silence glacial au bout du fil. « Mais enfin, Nicolas, est-ce que tu te rends compte de ce que cette visite représentera pour toi comme consécration, comme valorisation de ton engagement ? Le président… parce que, c'est sûr, il va devenir président ! » À son irritation, je comprends que tout a été programmé, à la minute près, pour sa venue chez moi et que mon refus va autant chambouler le planning qu'heurter les susceptibilités. « N'y pense même pas, Nathalie, je suis désolé, c'est non. » Je crois que c'est une des rares fois où elle et moi nous sommes accrochés un peu durement. « Ah bon, on n'est pas assez fréquentables pour venir chez toi, c'est ça ? » Ce sont ses derniers mots avant qu'elle ne raccroche, furax.

Du coup, le staff de campagne organise en catastrophe une visite improbable au Centre régional opérationnel de surveillance et de sauvetage de Corsen, dans le Finistère nord ! Sur le parcours, Sarkozy sourit aux Bretons venus l'applaudir, mais face à ses collaborateurs, il fulmine : « Qu'est-ce qu'on va foutre dans un centre opérationnel sinistre à regarder un radar ? Qui a eu cette idée de demeuré ? [...] Je me fous des Bretons. Je vais me retrouver au milieu de dix connards en train de regarder une carte ! »

C'était du *off* et de la mauvaise humeur, mais ses propos fracassants paraîtront dans la presse et les Bretons promettront de s'en souvenir. Ce qui n'empêchera pas Sarkozy d'être élu quelques jours plus tard.

Quarante-huit heures après ce rendez-vous manqué, je reçois un SMS de Nathalie : *On comprend mieux pourquoi Sarko n'a pas pu venir chez toi... Bravo !* Je joins aussitôt mon attachée de presse que je trouve dans tous ses états : « C'est une catastrophe, va lire *Le Parisien...* » Effectivement, un titre énorme barre la une du journal : « Nicolas Hulot soutient Ségolène Royal ». Sur toutes les radios, j'entends cette information fausse qui passe en boucle et qui me tétanise parce qu'il s'agit d'une véritable manipulation. Il faut arrêter la déferlante. Dans la seconde, j'appelle les radios, les unes après les autres, et je démens catégoriquement. La rumeur se calme, retombe et disparaît peu à peu des ondes. Quand j'ai demandé à l'auteur de l'article quelle déclaration de ma part lui permettait d'écrire cela, il a été incapable de me le dire. Fin de l'histoire.

*

Un rendez-vous avec Nicolas Sarkozy, c'est très particulier. Tout de suite, comme avec les autres politiques, j'ai imposé les règles du *on* et du *off* et il les a acceptées. Les rendez-vous informels ne figureront pas sur les agendas transmis à la presse et, ainsi que je procédais déjà avec Chirac, j'entrerai plus souvent par la petite porte de l'Élysée que par le perron.

Je suis accueilli par un grand sourire et une solide poignée de main. En général, durant la première partie de l'entretien, à peu près quinze minutes, il m'explique combien la situation en France et dans le monde serait terrible, bien pire en tout cas, s'il ne s'occupait pas de tout. Il valorise son action et fait son autopromotion.

Ensuite, il passe un certain nombre d'individus en revue, souvent les mêmes, qui en prennent pour leur grade, sans aucune retenue, sachant que je connais les cibles qu'il habille pour l'hiver, des ministres, des parlementaires… Jacques Chirac y a droit à chaque fois. Il a beau savoir notre lien d'amitié, cela ne l'empêche pas de le descendre en flammes. (Chirac avait des défauts, mais je ne l'ai jamais entendu dire du mal de qui que ce soit.) Pendant ce temps, l'heure tourne, j'attends en silence. Je sens bien que cette « mise en jambes » lui est indispensable pour installer le dialogue.

Ce rituel terminé, nous pouvons examiner l'ordre du jour. Là, il devient très attentif, sérieux, notant tout, avec une grande capacité de compréhension et de mémorisation. Et, je le répète régulièrement, l'écologie, c'est très compliqué. Souvent, il s'approprie des arguments comme s'il les avait inventés. Ça, on le fait tous… Je dois reconnaître qu'il « planche » vraiment et les raisonnements qui peuvent lui manquer lors d'un rendez-vous, il les aura la fois suivante. Nathalie, Chantal Jouanno qui était mon « interface » quand je ne discutais pas directement avec Sarkozy, ses conseillers et membres du Cabinet, Boris Ravignon, François Pérol et Henri Guaino, participent souvent à ces séances. Après avoir initié les contacts, j'y envoie ensuite des experts de ma fondation.

Quand Sarkozy et moi nous séparons à la porte de son bureau, je pense souvent à cette soirée où Chirac m'avait ramené à mon scooter. Nous étions en juillet 1998, pendant la Coupe du monde de football. Le président et moi nous sommes entretenus longuement à l'Élysée et l'heure a tourné. Il doit être près de 22 heures, la nuit tombe sur un Paris vidé de ses habitants, l'air est doux. Nous quittons son bureau et marchons ensemble jusqu'à mon scooter garé dans la cour latérale dont on trouve la porte fermée. Les lieux sont déserts. « Tu vois, me dit-il, je suis censé être l'une des personnes les mieux gardées au monde et y a même pas un abruti pour nous ouvrir… Viens, on va se marrer. » Nous retraversons la cour et pénétrons dans la salle des gardes où trois gendarmes, vestes tombées, sont en train de regarder un match à la télévision. « Hum… hum..., tousse Chirac en me faisant un clin d'œil. Messieurs, on aimerait bien sortir ! » Les trois hommes se sont levés d'un bond, ont renfilé leur veste d'uniforme et se sont mis au garde-à-vous. Ils se voyaient déjà revenir à la circulation ! Je connais un président que l'incident aurait rendu fou furieux. Chirac a ri, il a demandé où en était le match et chacun est rentré dans ses foyers.

On m'a souvent demandé si Sarkozy était vraiment sincère et concerné par les problèmes environnementaux, ou bien s'il s'était laissé coincer par le Pacte et ses engagements pour le Grenelle. Qu'en sais-je ? Sans doute, au départ, a-t-il été pris dans un processus et y a-t-il eu de sa part un peu d'opportunisme. Ensuite, il a travaillé le sujet, ni plus ni moins que les autres. Et ce ne sont pas forcément ceux ou celles qui avaient l'air le plus concerné au début qui ont fait le mieux avancer la cause. Il n'y a rien que lui et moi ayons acté ensemble qu'il n'ait pas tenu.

« Est-ce que tu sais comment s'appelle la cause de tous les désordres environnementaux… *La* cause principale ? » lui demandai-je un jour. Silence. « C'est le libéralisme », lui dis-je. Il tique, bien sûr. Entendre que son modèle politique et économique de société est obsolète parce qu'il épuise les ressources de la planète, ça ne fait pas plaisir. Il m'observe et je vois à ce moment dans son regard que « le p'tit Hulot », il va falloir un peu le calmer. Je ne suis plus, à ses yeux, l'écolo qui s'accommode de quelques mesures symboliques, mais un « veilleur actif » qu'il retrouvera sur son chemin au moindre dérapage écologique. Pourtant, il n'a pas fui. Nicolas Sarkozy reprendra même à son compte la taxe sur les transactions financières qui était, au départ, une mesure altermondialiste considérée par les cénacles avec beaucoup d'ironie. Un comble pour quelqu'un que beaucoup jugent comme ultralibéral !

Après chaque entretien, il n'a de cesse, dans les jours qui suivent, de me montrer ses progrès, ou à quel point il a bien fait ses « exercices » d'une manière un peu enfantine, sur le mode : « Tu m'as entendu hier à la télévision ? T'as vu comment j'ai défendu ta proposition ? » Fier comme s'il avait des comptes à me rendre. Je ne le connais pas bien, mais j'imagine que cet homme qui a concentré sur lui les pires attaques, et à un rythme hautement soutenu, a de temps à autre envie qu'on lui exprime un peu d'estime ou de sympathie.

En dehors de ces rendez-vous et selon l'actualité, Sarkozy peut me téléphoner (et inversement) juste quelques secondes pour une précision sur un sujet concernant l'environnement. Quand il n'est pas content, il prend son temps. Je me souviens de sa colère le jour où NKM avait osé claquer la bise à José Bové pour le soutenir dans son combat contre le maïs transgénique ; de mon côté, je ne sais plus quelle déclaration j'avais faite ce jour-là, mais Sarkozy imagina une fronde contre lui et je me pris une volée de bois vert au téléphone, à mon domicile. Entre deux hurlements, j'arrivai à en placer une : « Écoute, Nicolas, là je suis en famille. Retrouve ton calme et rappelle-moi... » Ce qu'il fit. Colérique mais pas buté. Peut-être un point que nous avons en commun : il m'arrive aussi de « monter dans les tours » quand je suis mécontent, mais ça retombe comme un soufflé. Mes collaborateurs le savent : il faut juste fermer les écoutilles. Et attendre que ça passe.

Au cours de son quinquennat, il est arrivé que Sarkozy sollicite mon avis sur la nomination de tel ministre qui ne concernait pas toujours l'environnement. Lorsqu'en 2007, il a pensé nommer Claude Allègre à son gouvernement, il ne me l'a pas demandé mais je le lui ai donné quand même. Je reconnais m'y être opposé à deux reprises. Pour une bonne raison : dans une période aussi sensible, alors qu'il y avait pour une fois l'émergence d'une conscience sur les sujets écologiques, nommer un négationniste de la crise climatique au gouvernement n'était pas gérable. Je suis peut-être « un imbécile », comme aime à le répéter Allègre, mais pour moi faire et défaire, ce n'est pas du travail. Et il y a urgence à présent.

Brise-glace

J'aime l'idée d'être le brise-glace, celui qui ouvre l'espace dans lequel mes troupes s'engouffreront pour aller échanger avec d'autres experts. À l'époque de la crise de la vache folle, Jacques Chirac a fait interdire les farines animales après de longues discussions. Dieu sait pourtant qu'au début, il m'écoutait d'une oreille distraite ; mes conseils n'étaient pas suivis d'effet. Peu à peu, sa conscience s'est aiguisée. Jusqu'à accepter de modifier la Constitution pour y adosser la Charte écologique avec le fameux principe de précaution…

Concernant ce principe de précaution qui fit tant hurler la droite, mon intervention auprès de Chirac et, d'une manière générale, ma présence auprès de lui, en dérangèrent plus d'un dans son entourage. À l'époque où Jean-Pierre Raffarin était Premier ministre, j'avais émis quelques critiques dans la presse sur la politique environnementale du gouvernement et la fiscalité écologique, en soutenant que les choses n'avançaient pas assez vite à mon goût. Peu après, Thierry Lybaert, un des experts de ma fondation, se retrouve dans un groupe de travail à Matignon pour parler de la communication du gouvernement, sans que personne ne sache qu'il était de mes proches. Au début de la réunion, François Bonnemain, le directeur de la communication de l'époque, déclara qu'on allait oublier l'ordre du jour prévu pour lui en substituer un nouveau : « Nicolas Hulot ». « Nous allons travailler, dit-il, pour savoir comment nous pouvons briser son image. Trouvez-moi des idées et des angles d'attaque. » Au sortir de la réunion, Thierry Lybaert, très choqué par ce qui s'était passé, m'appela illico pour me prévenir de ce qui se tramait contre moi, m'autorisant même à mentionner son nom si je devais citer mes sources, au risque de se faire exclure de toutes les prochaines rencontres. Dans la foulée, je téléphonai à Chirac, qui prévint Raffarin. Celui-ci me rappela aussitôt, me disant qu'il n'était pas au courant de cette histoire et qu'il en était sincèrement désolé... Vu mes relations avec Jacques Chirac, je m'en tins là et l'incident fut clos. Je n'ai jamais oublié cette mésaventure. Le monde politique est d'une très grande violence. J'imagine bien ce qui se dit, ici et là, sur ma personne, ma fondation, mon combat. Au fil des années, j'ai appris à être extrêmement méfiant. Je me livre peu et, hormis deux ou trois personnalités, je n'ai aucun ami dans ce milieu.

Il n'est pas facile d'entretenir un dialogue et de garder son indépendance de parole. Il y a ceux qui acceptent ma liberté, comme Chirac ou Hollande. Et ceux qui s'en offusquent et qui sont prêts parfois à utiliser tous les procédés pour me barrer la route ! On m'aime bien jusqu'à une certaine limite.

Les intrigues et les menaces ne m'empêchent pas de poursuivre ma quête. J'ai ainsi réussi à établir un dialogue avec les présidents successifs sans avoir à moduler mon langage ! En 2008, quand le maïs Monsanto risquait d'être mis sur le marché français, j'ai alerté Nicolas Sarkozy. Pour finir, il y a eu un moratoire sur les OGM, invalidé ensuite par le Conseil d'État, réinstauré depuis. Idem en 2008, pour le projet Cambior de mines d'or en Guyane. Là, c'est moi qui suis furieux quand j'appelle Sarkozy : « La France, qui donne de grandes leçons d'écologie aux pays du Sud, est le seul pays d'Europe à détenir une fraction du territoire amazonien dans un haut lieu de la biodiversité, et tu veux y installer des mines ! Faut pas déconner ! » Je ne sais pas si je l'ai « eu » à l'affectif mais il m'a entendu : « Tu as raison... », répondit-il. Une décision qu'il a prise contre son camp, comme d'autres plus tard… Le lendemain, après deux ans de controverses, le dossier Cambior était définitivement rejeté. « Définitivement », je l'espère, parce que la multinationale canadienne n'a pas dit son dernier mot et je sais d'avance que préserver ce territoire exceptionnel et les peuples qui y vivent sera une lutte pied à pied. Un pas en avant, deux en arrière. Si on pouvait inverser la cadence…

*

Hormis François Mitterrand qui m'a complètement « snobé », je pense avoir échangé avec tous les responsables politiques. Je n'ai jamais compris ce qui s'était passé avec le président socialiste : il ne m'a pas décroché une phrase. Je suppose qu'un de ses conseillers avait dû noter mon nom sur son agenda sans le consulter. (J'apprendrai plus tard que Jean Audouze, son conseiller technique et scientifique, trouvait judicieux que l'on se rencontre…)

Nous sommes en juillet 1992. C'est la première fois que j'entre à l'Élysée et je me suis mis sur mon trente et un, à savoir une veste, une chemise et un pantalon autre qu'un jean. Les couleurs ne sont pas très bien assorties, mais dès que je veux faire un effort, c'est pire que tout. La cravate, n'en parlons même pas. Une fois mon identité déclinée, on me fait entrer dans le bureau présidentiel. Je marche sur la pointe des pieds jusqu'à une chaise face à lui, m'assois sur un bout de fesse, tandis qu'il continue à parapher une pile de documents. « Alors, qu'est-ce qui vous amène ? » me demande-t-il sans lever la tête. Renonçant à lui dire que c'est lui qui a demandé à me voir, je parle de ma fondation que je suis en train de créer, lui débite mon petit laïus pendant dix minutes, et n'ayant aucune réaction de sa part, je rajoute deux ou trois demandes plus précises. Visiblement, je ne l'intéresse pas et même je l'agace. Je crois que nos regards ne se sont pas croisés une seule fois. « Il ne m'a pas calculé ! » dirait mon fiston. À un moment, je sens qu'il faut conclure et je me tais. D'ailleurs, il semble m'avoir assez vu. M'a-t-il même entendu ? Il se lève, me tend une main indifférente, je la serre et je sors, plus sidéré que dépité. Lui doit déjà être passé à autre chose.

Pour la petite histoire, ce Jean Audouze dont j'avais complètement oublié l'existence me rappela que lui et moi nous étions déjà rencontrés dans ma petite maison en rondins de Rambouillet, lors d'un déjeuner où étaient également présents Paul-Émile Victor, le commandant Cousteau et Maurice Herzog. Je ne me souviens plus avec lequel des trois il était arrivé, j'avais la tête ailleurs. Et pour cause. Ce jour-là, moi, l'aventurier en herbe, je recevais des figures de légende et j'avais mis les petits plats dans les grands. Or, entre chaque aller-retour vers la grille pour accueillir mes convives, j'avais omis de surveiller la cuisine et une fois que tous furent là, au moment de servir, je m'aperçus que Scoop, mon setter irlandais, avait entièrement dévoré le repas que je leur destinais ! La panique dans laquelle je m'étais trouvé avant d'appeler un ami restaurateur à la rescousse, je m'en souviens encore, mais ce M. Audouze, lui, était passé à la trappe !

Je n'ai jamais revu François Mitterrand ou plutôt si, vite fait, chez *Lipp* où, lorsqu'on nous présenta, il dit m'avoir déjà rencontré. J'aurais été curieux de savoir ce qu'il avait retenu de notre « entretien » ! À sa décharge, quand il m'a reçu, le président était déjà très affaibli par sa maladie, il rentrait d'un voyage épuisant à Split en ex-Yougoslavie et avait sans doute d'autres soucis en tête que les préoccupations environnementales de Nicolas Hulot…

Heureusement, par la suite j'ai croisé des hommes de gauche comme Hubert Védrine ou Michel Rocard plus enthousiastes et à l'écoute ! Bernard Kouchner, lui, m'avait accueilli au ministère des Affaires étrangères avec cette phrase : « Vous savez, moi, sur les changements climatiques, je suis à moitié convaincu... » Ce à quoi j'avais répondu : « C'est embêtant, mais je ne désespère pas de vous faire faire la moitié du chemin qui vous manque. » Embêtant, ça l'était, et plus encore quand on sait l'importance de la diplomatie française dans les négociations internationales sur les changements climatiques. J'ai senti qu'il m'avait reçu plus par politesse que par nécessité, en tout cas qu'il ne faisait pas le lien entre un thème qui lui était cher comme l'humanitaire, et l'écologie. Tout de même, je lui avais rappelé que les événements du Darfour avaient été précipités par les dérèglements climatiques. Mais ça n'avait pas fait déclic. Preuve en est qu'on ne s'est plus revus.

Les hommes passent, les problèmes écologiques s'aggravent. Toute oreille qui veut se tendre vers moi, dès lors qu'elle ne compromet pas mon indépendance, je lui parle. Dans la presse, un jour, je suis « l'homme de Chirac », un autre « l'homme de Sarko », peut-être demain celui de Hollande. Il y aura toujours les mêmes esprits chagrins qui considèrent que, quoi que je fasse, je mange à tous les râteliers. Ne comprenant pas que j'incarne, là, ma transversalité, parce que l'écologie est transversale et ne peut pas s'accommoder des divisions politiques.

Mon seuil de tolérance s'arrête aux portes du Front national. Ce parti s'est érigé sur un socle nauséabond et j'en ai une aversion absolue. Il y a des choses, des mots qui à jamais condamnent. Marine Le Pen… je ne saurais pas lui parler.

Dans ce travail de fourmi, il me faut convaincre les acteurs de tous bords. Et quand on a des convictions, la première chose à faire c'est d'aller repérer ceux qui en sont le plus éloignés. Depuis vingt-cinq ans que je m'y attelle, je me sens comme un « pollinisateur » et j'aime la diversité plus que tout. Diversité : ce mot m'accompagne en permanence, qu'elle soit biologique ou culturelle. Si quelque chose me désespère dans notre monde, c'est bien sa tendance à l'uniformité.

On me reproche de créer des rencontres avec les acteurs économiques et de dialoguer avec eux. Pour revoir le modèle capitaliste, il faut parler aux grands patrons. On obtient aussi des résultats avec de l'écoute et de la constance. Pour les « coups de force », on n'a pas besoin de moi : les altermondialistes, Greenpeace font ça très bien, qu'est-ce que j'apporterais de plus ?

Rocard, Védrine, Michel Barnier… Ces hommes m'ont consacré des heures de leur temps, dans le secret de leur bureau, simplement pour m'instruire. Le premier, dont j'avais admiré, quand il était Premier ministre, l'opiniâtreté à reconduire le traité de l'Antarctique, m'a expliqué en détail l'échec des 35 heures. Le second m'a fait une analyse sur l'état du monde et les conséquences géopolitiques du changement climatique. Il y a parmi ces politiques des personnes d'une dimension supérieure, habitées, qui donnent, qui transmettent. Ce sont elles qui m'ont construit. Sans dogmatisme. Elles ont su dépasser le carcan de leur parti, sans jamais brader leurs valeurs. Avec Michel Barnier qui est devenu un ami, nous rions souvent de nos divergences.

« Il faudra un jour que tu m'expliques comment tu peux voter Mélenchon et accueillir chez toi Albert de Monaco ! » m'a demandé dernièrement Michel Penhouët, le maire de Saint-Lunaire, en riant. Le grand écart lui paraissait improbable. Pas à moi. Il se trouve que dans la campagne présidentielle de 2012, Mélenchon a fait entendre trois propositions très pertinentes concernant l'écologie, il est le seul à avoir parlé de « règle verte », de planification écologique et de la nécessité de remettre la finance au pas. Et il était bien meilleur pédagogue et orateur que d'autres.

On m'a aussi reproché de dialoguer avec Olivier Besancenot que je pense honnête, intègre et cohérent avec le métier qu'il fait. Quoi qu'on pense de ses méthodes et de son appartenance, il est heureux qu'il existe des gens comme lui pour défendre les travailleurs quand les usines ferment, et parler en leur nom. Derrière les discours qui peuvent sembler surfaits, il faut entendre les choses qui sonnent juste et sortir du carcan idéologique. Il y a de la pertinence et des excès partout et peu de partis peuvent se permettre de donner des leçons aux autres.

Quant à Albert de Monaco, nos fondations ont, à plusieurs reprises, croisé leurs projets, et j'ai toujours considéré que son rang de chef d'État pouvait, à l'occasion, me donner l'accès à des décideurs étrangers. Échange de bons procédés. S'il met sa notoriété au service de l'environnement, je suis preneur. Même si je suis conscient de l'antagonisme entre la Principauté de Monaco et ce que représentent les enjeux écologiques. Je ne désespère pas de lui faire organiser un Grand Prix de Formule 1 avec des véhicules électriques !

Le Grenelle de l'environnement

Le Pacte écologique est un véritable tournant dans la vie politique française : Nicolas Sarkozy élu président de la République, un ministère de l'Écologie conséquent voit le jour avec son ministre d'État, numéro 2 du gouvernement : Alain Juppé, quelques semaines avant qu'il ne soit battu aux législatives et qu'il démissionne, puis Jean-Louis Borloo. Fait unique dans les annales et même dans le monde. Le Pacte débouchera bientôt sur le Grenelle de l'environnement dont ma fondation est la cheville ouvrière. À partir de septembre 2007, des rencontres politiques sont organisées pour prendre des décisions à long terme en matière d'environnement et de développement durable.

Les propositions et les engagements du Grenelle sont multiples, les débats souvent mouvementés avec parfois des clashs retentissants. En mars 2010, ma fondation quitte même la table des négociations, le vote de la taxe carbone étant à chaque fois repoussé *sine die*. À cette époque, les membres de ma fondation qui assistent à toutes les réunions me disent que le vent tourne, que les comportements se durcissent, que les engouements tombent. On commence à vouloir nous faire avaler des couleuvres. Il fallait montrer notre désaccord, marquer le coup. Notre départ a profondément déplu à Jean-Louis Borloo, qui, au téléphone, me passe un savon mémorable, disant que je l'ai « trahi » en agissant ainsi. Moi, j'estime avoir été parfaitement dans mon rôle. À sa décharge, je suppose qu'il doit essuyer beaucoup de critiques de la part de son camp politique qui, pour une large majorité, est hostile au Grenelle. Il n'a pas supporté que je le lâche, moi aussi.

Jean-Louis m'invite ensuite à dîner chez *Thiou*. Cuisine thaï, l'une de mes préférées. Il tient à s'excuser, j'imagine… Il arrive faussement décontracté, s'assoit à la table, commence à parler sans me laisser en placer une, le ton monte progressivement, il s'échauffe, critique les écolos en disant qu'on ne comprend rien à rien et, brusquement, il me traite de traître et d'autres noms d'oiseaux ! Comprenant qu'il doit passer ses nerfs sur quelqu'un et qu'il ne s'arrêtera pas de lui-même, je le coupe : « Jean-Louis, je ne vais pas t'imposer de dîner avec un traître, alors si cela ne t'ennuie pas de payer l'addition, moi je me barre. » Là-dessus, je me lève et je sors. Autour de nous, il y a un silence. Des gens se sont arrêtés de manger comme pour regarder un couple en train de se disputer.

Je suis déjà sur mon scooter, prêt à enfiler mon casque, quand je le vois surgir du restaurant, la serviette à la main, me cherchant des yeux. Du coup, les officiers chargés de la sécurité, croyant qu'il se passe quelque chose, sortent de leur voiture et courent vers lui. Jean-Louis les arrête d'un geste, finit par me voir et s'approche, l'air dépité : « Je suis désolé, Nicolas, je n'aurais pas dû dire ça, excuse-moi... » Faute avouée complètement pardonnée. Nous sommes revenus dans le restaurant nous expliquer et poursuivre notre discussion. La cause en vaut la peine. Je sais tout ce que

Jean-Louis a produit comme énergie et comme travail pour le Grenelle, et il n'est pas toujours compris. Entre autres par nous, les écolos, qui avons souvent le défaut de ne pas acter les progrès, trop minimes à nos yeux. L'urgence nous rend ingrats. Elle nous est chevillée au corps, à l'esprit.

C'est la raison pour laquelle, le 27 mai 2010, j'ai eu envie d'écrire cet article dans *Le Figaro* : « Grenelle, merci et encore ! ». Un bilan après trois ans de travaux et à l'orée du Grenelle II. Devant l'ampleur des menaces, moi-même j'oublie parfois de saluer le travail accompli. (Et que n'ai-je entendu, y compris de la part des Verts, au sujet de ce Grenelle « coquille vide » qui ne servait à rien !) Là, j'ai voulu marquer le coup, me réjouir de manière objective des choses qui ont été faites. Jamais on ne mesurera l'impact du Pacte et du Grenelle : ils mettent les enjeux écologiques au cœur de la société. 461 mesures ont été prises et, depuis, chaque commune française a son Agenda 21, l'engagement des collectivités locales à favoriser sur le plan local une politique de développement durable. En matière de bâtiments, de transports, beaucoup de transformations ont été actées. Désormais, les bâtiments neufs construits par l'État seront tous à basse consommation. J'ai vu près de Rennes des HLM si bien isolés qu'en période de grand froid, les locataires ne paient qu'un euro par mois de facture de chauffage. (Le surcoût pour l'investisseur est de moins de 10 %, et compte tenu de la hausse du prix de l'énergie, l'opération sera rentable à moyen terme.)

Le Grenelle est parvenu à faire asseoir côte à côte des patrons, des syndicalistes, des agriculteurs et des écologistes, alors qu'ils se regardaient en chiens de faïence.

Avant le Pacte, les ONG environnementales, même si elles étaient reçues de temps à autre au ministère de l'Environnement, n'avaient jamais accès à Matignon ni aux processus de discussion avec le gouvernement. Grâce à lui, deux jours après la nomination de Nicolas Sarkozy, les membres de Greenpeace sont reçus en réunion à l'Élysée !

Culturellement, ce sont des étapes importantes. Le souffle que le Grenelle a créé dans la société n'est pas quantifiable mais il est inestimable, et même si, conjoncturellement, la prise de conscience est un peu redescendue depuis, les prochaines contraintes devraient nous sensibiliser à nouveau. Dans la moisson du Grenelle, on a oublié que le Conseil économique et social est devenu le Conseil économique, social *et* environnemental. Cela associe ces trois mots dans une institution à laquelle j'essaierai, à l'avenir, de donner un poids politique et constitutionnel important. Les ONG y ont leurs représentants. Aujourd'hui, on ne s'en étonne plus, oubliant qu'avant rien de tout cela n'était envisageable. Sans oublier la création, à l'Assemblée nationale, d'une nouvelle commission du développement durable.

Dans cette dynamique, l'écologie devient un point de focalisation de la société française qui va profiter à ses représentants : le 7 juin 2009, le mouvement Europe-Écologie obtient un vrai succès aux élections européennes, 16,8 %, un score aussi important qu'inattendu. Je ne me suis pas engagé dans ces élections, car ce n'était pas le moment. N'ayant pas l'esprit partisan, je considérais à l'époque que mon rôle était complémentaire de l'action politique traditionnelle. Même si la posture a ses limites, elle me semblait très précieuse. Je veux pouvoir dialoguer de la même façon avec Sarkozy, Hollande ou Bayrou, le patron de la FNSEA ou Laurence Parisot. Besancenot ou Nathalie Kosciusko-Morizet et Chantal Jouanno, les « Vertes » de l'UMP. Dans un langage de vérité. Dès lors que je rentrerais dans un parti, je n'aurais plus cette marge de manœuvre et je ne veux pas qu'on me soupçonne, quand je parle, de servir la cause de ma formation. D'autres gens ont plus de talent et, surtout, plus de vocation que moi à être député européen. D'autant que, même si je peux travailler collectivement, mon mode de fonctionnement est plutôt spontané, intuitif et solitaire.

Cécile Duflot, Daniel Cohn-Bendit, Noël Mamère et d'autres écologistes ne l'entendent pas ainsi et n'ont de cesse de me culpabiliser pour ne pas les avoir rejoints lors de ces élections, oubliant, au passage, que ma fondation avait une exigence d'indépendance et d'autonomie. Je ne pouvais pas m'engager avec eux sans la quitter. Et, encore une fois, je n'étais pas prêt. D'ailleurs, leur excellent score montre qu'ils n'ont pas eu besoin de moi, ils ont fait preuve d'une grande maturité. Mais peu importe : pour eux, je suis un « déserteur », je me fais « désirer », je ne veux pas mettre « les mains dans le cambouis ». À certains, le succès donne de l'arrogance et de la méchanceté. Plus tard, Cécile Duflot reconnaîtra qu'ils ont été bien sévères. Déjà aux élections de 2007, les mêmes m'avaient rendu responsable du faible score de Dominique Voynet, considérant que j'avais capté toute l'attention des médias et qu'ils s'intéressaient plus à mon Pacte qu'à elle !

Décembre 2009 : Conférence de Copenhague sur le climat. Copenhague, tout le monde l'attend. On va enfin passer aux engagements post-Kyoto. L'humanité se retrouvera pour définir le calendrier, les feuilles de route. Nous vivrons un pur moment d'œcuménisme. Pour moi, c'est l'aboutissement d'années de combat, presque la réalisation d'un rêve. Je suis extrêmement confiant.

Je m'y rends avec une équipe de ma fondation. Sur place, je navigue entre elle et la délégation française, Nicolas Sarkozy m'ayant demandé d'être à ses côtés aux moments clé de certaines négociations. Un jour, il m'appelle pour que je le rejoigne : la réunion à laquelle il assiste s'enlise et les engagements des autres pays sont si minces qu'il songe à créer un incident. J'arrive dans une petite pièce qui jouxte la grande salle de conférences : « Nicolas, lis le communiqué final. On le signe ou on fait un clash ? » me dit le président. Une trentaine de regards me scrutent. Un ange passe, du goudron aux plumes. Je serais plutôt partisan du clash même si je n'aime pas ça, et tant pis si l'on donne de ce sommet une image pitoyable. Il faudrait marquer le coup. Sarkozy hésite. Finalement, on s'incline. La diplomatie l'emporte. Pour obtenir quoi ?

Copenhague est un échec, un échec cuisant, chacun des participants se renvoyant les responsabilités dans un ping-pong honteux. Il n'y a pas eu de réponses collectives. Pourtant, aucun des pays présents n'avait contesté le diagnostic ! Jamais je n'aurais pensé que ce qui devait être une formalité se déroulerait d'une manière aussi calamiteuse. Le sommet se termine avec des vœux pieux. Chacun rentre la queue basse.

Tout le monde pense que c'est un échec. Mais je n'aurais pas dû le dire aux médias qui m'ont interviewé sur place ! Sarkozy est furieux : « Échec ! Tu as employé ce mot, du coup tout le monde l'a repris ! » Borloo fulmine : « Tu ne te rends pas compte de tout l'argent qu'on a promis aux pays du Sud ! » Peut-être,

Jean-Louis, mais à ce jour, aucun centime ne leur est encore parvenu. À Copenhague, il n'y a eu que de vagues promesses et, au final, un texte insipide sans aucun engagement contraignant des États. Le fiasco total.

Le pire, c'est que la délégation française était sans doute la plus motivée ! Sarkozy et Borloo ont fait le job, il n'y a rien à dire ! On le sait, le président aime aller jusqu'au bout de ce qu'il entreprend, il a tenu tête. Mais que pouvait faire la France toute seule ? On espérait que le président Obama ferait sauter les derniers verrous mais il avait l'esprit ailleurs. Il risquait d'être battu au Congrès. Son sort se jouait à un sénateur près. Pour rien au monde, il n'aurait risqué de perdre la voix pour une sombre histoire de dérèglement climatique. Désespérant.

Deux jours après notre retour en France, Sarkozy convoque les ONG, dont ma fondation. J'ai envoyé un mot d'excuse : « Je ne peux pas souscrire à l'amertume de Nicolas Hulot, dit sèchement le président. Qu'il ait besoin de vacances, je peux le comprendre, mais son jugement n'est pas objectif. » Pour une fois que quelqu'un me pousse à aller faire du kitesurf…

Longtemps, j'ai cru que le chemin serait long mais qu'on finirait par se mettre en marche en France et en Europe. Copenhague a été la démonstration que la cause n'est jamais gagnée, et que tous ces sommets ont atteint leurs limites d'utilité et d'efficacité. À partir de ce jour, mon niveau d'exigence et d'inquiétude s'est accru. Depuis, l'espérance s'est considérablement réduite. Tous les signaux se sont mis au rouge. Les phénomènes que nous essayons d'enrayer s'aggravent, les émissions de gaz à effet de serre n'ont jamais été aussi importantes, la biodiversité dans un tel déclin.

La taxe carbone

Le 29 décembre 2009, dix jours après la douche froide de la Conférence sur le climat, c'est le projet de taxe carbone qui prend du plomb dans l'aile. Ce qui s'est passé autour de cette taxe est un exemple frappant de pratique politicienne et de perte d'un temps précieux. Il est vrai qu'elle me tient à cœur au point que certains de mes détracteurs l'ont surnommée « l'impôt Hulot », un sobriquet qu'il me serait bien égal d'endosser si elle voyait enfin le jour. Hélas, pour l'instant, c'est l'Arlésienne. La taxe carbone est plus difficile à défendre que les baleines à bosse et les bébés dauphins.

Petites précisions et rappel des faits. Plus personne ne nie que les changements climatiques sont la pire menace qui pèse sur l'humanité. Dans le Protocole de Kyoto, en 1997, les pays présents se sont engagés à diviser les émissions de gaz à effet de serre par quatre d'ici à 2050. C'est l'objectif à atteindre pour rester dans la « fourchette basse » d'élévation de température, environ 2 degrés d'ici à la fin du siècle, ce qui, d'après les spécialistes du GIEC (Groupe d'experts intergouvernemental sur l'évolution du climat), occasionnera de multiples changements et perturbations, mais ne détruira pas nos sociétés. En revanche, si on les laisse se développer dans la « fourchette haute », on peut craindre des scénarios catastrophes qui affecteront toutes les économies, toutes les démocraties.

Le dioxyde de carbone (CO_2) est, en quantité, le principal gaz à effet de serre produit par l'activité humaine. Pour l'industrie lourde, les « gros émetteurs » qui représentent 38 % des émissions de gaz à effet de serre, un quota est distribué auquel on attribue un prix.

Quand on donne un prix à un produit, inévitablement le consommateur regarde s'il n'en existe pas un autre à moindre coût. Le système n'est peut-être pas parfait, les quotas laxistes et les prix un peu faibles mais, au moins, il incite chacun à essayer de faire des efforts.

Pour les 62 % qui restent, à savoir les émissions diffuses (ce que consomment les ménages dans le transport, le logement, l'agriculture...), il est impossible de faire des quotas. Les économistes ont donc donné un prix au carbone présent dans l'essence ou le charbon, qui ne cessera de monter et qui poussera progressivement les ménages à s'équiper différemment en choisissant de préférence des véhicules ou de l'électroménager qui consomment moins. Ce nouveau comportement doit inciter les industriels à proposer sur le marché des produits plus écologiques et créer ce qu'on appelle de la « vertu collective ». À notre époque, elle ne serait pas superflue.

Aucun interlocuteur politique que j'ai vu en tête à tête, aucune personne sensée ne conteste l'efficacité de la taxe carbone. Tous les candidats de la campagne de 2007 ont signé le Pacte qui l'incluait. Deux ans plus tard, fort de son engagement, Nicolas Sarkozy la fait voter à l'Assemblée nationale. Nous touchons enfin au but. Et là, patatras ! Dans la demi-heure qui suit le vote, Ségolène Royal se répand sur toutes les radios et dans la presse pour demander le retrait de cette taxe qu'elle estime « socialement, profondément injuste », elle qui l'avait pourtant approuvée comme les autres ! Sa réclamation auprès du Conseil constitutionnel porte ses fruits : ce dernier annule la contribution carbone. Retour à la case départ.

Ce que beaucoup de gens ignorent, c'est qu'avant que le gouvernement ne vote cette taxe en juillet 2009, ma fondation a participé à la mise en place d'une commission, présidée par Michel Rocard, réunissant des associations de consommateurs, des syndicats, dont le seul but était d'assurer l'équité de la taxe en termes d'impact social. Un grand nombre de dispositifs avaient été proposés pour qu'elle n'ait pas de conséquences sur les plus démunis (dont un système de compensation évitant de pénaliser les classes moyennes et les ménages en difficulté). Tout avait été pensé dans le détail, la protection des uns et des autres, et l'anticipation de cette mesure sur le long terme qui aurait permis de résoudre durablement la crise énergétique et climatique. D'une phrase, pour des raisons purement politiciennes mais habillées de préoccupations sociales, parce que Nicolas Sarkozy en a été l'initiateur, Ségolène Royal a torpillé la taxe et anéanti plusieurs mois de travail. Faire resurgir ces divisions factices, s'agissant d'enjeux qui ne sont pas idéologiques mais humanistes, c'est tout simplement irresponsable. Dommage qu'elle n'ait pas compris que ce combat n'était pas celui d'une partie de la société contre une autre.

Je n'ai pas beaucoup travaillé avec Ségolène Royal qui, je l'ai dit, donnait surtout dans la « com' » : à Paris ou à La Rochelle, les journalistes étaient planqués ou en meute devant son bureau, convoqués par elle, sans même savoir si on allait parvenir à un accord. Je veux bien lui reconnaître des qualités de courage et de détermination, mais sur la taxe carbone, elle a seulement voulu faire du spectacle. Si elle n'était pas d'accord, il lui suffisait de demander à revoir la copie.

Évidemment, depuis, les prix du gaz et du pétrole se sont envolés et les consommateurs en ont été les premières victimes. Je ne sais pas de la rage ou de l'abattement lequel a été le plus fort. Tant de temps perdu alors que nous sommes déjà le dos au mur ! Heureusement, le fait que la taxe carbone ait été votée en France, même si ensuite elle a été « retoquée », a sensibilisé les pays voisins. Il ne fait aucun doute qu'elle reviendra à l'ordre du jour et qu'elle sera bientôt votée au niveau européen. C'est une arme capitale contre les changements climatiques. Joseph Stiglitz, Prix Nobel d'économie, avec qui j'ai discuté quelques fois, m'a confirmé que donner un prix au carbone était la seule manière de diminuer les gaz à effet de serre.

Rendez-vous avec DSK

Je ne suis pas naïf, mais je n'imaginais pas qu'après avoir signé le Pacte écologique devant la nation, et que la loi Grenelle I eut été votée à l'unanimité par la droite et par la gauche, les politiques allaient oublier à ce point leurs engagements et faire abstraction d'un sujet aussi fondamental. Les bonnes résolutions dureront deux ans avant que les politiques ne soient rattrapés par leurs vieilles lunes. La gauche comme la droite ont oublié leur promesse. Dans une belle unanimité, pour une fois.

La politique politicienne repart de plus belle. Le plébiscite des écologistes aux Européennes contrarie fortement la droite qui considère que c'est elle qui a créé le Grenelle et qu'au lieu que ce bon résultat profite à sa formation, c'est la gauche qui en bénéficie. Agacée de ne pas avoir raflé la mise électorale, je sens que la droite va faire marche arrière ; et pour avoir eu quelques discussions avec Dominique Strauss-Kahn et d'autres, je vois aussi qu'à gauche la conversion n'est pas là.

C'est Jean-Marie Le Guen qui me fait rencontrer à plusieurs reprises son grand ami Dominique. J'imagine qu'ils se posent des questions sur mon éventuelle candidature à la Présidentielle et qu'ils viennent tâter le terrain. DSK est encore le très puissant directeur du FMI, il n'a pas déclaré ses ambitions. Notre premier contact est très sympathique, il me fait l'effet qu'il doit faire à tout le monde : un homme très souriant, à l'allure débonnaire, à l'intelligence fine et vive. Une carrure et un charisme indéniables.

Lors de nos entretiens, j'obtiens qu'il étudie l'idée d'un fonds international alloué à des investissements technologiques et économiques dans le domaine du développement durable. Peu de temps après, ce « fonds vert » est créé. « À l'époque du Pacte, me dit-il, je considérais toutes ces questions comme accessoires et optionnelles. J'ai bien évolué depuis… » Effectivement, en 2007, il m'avait donné l'impression de s'en fiche complètement !

Les discussions qui ont suivi, ont-elles été une manière de préparer le terrain, oserais-je dire une « entreprise de séduction » pour rallier autour de lui le plus de suffrages possible ? Je l'ignore. Toujours est-il qu'en mai 2011, il m'invite chez un de ses amis, boulevard du Montparnasse, pour croiser nos points de vue, et je comprends à ses réponses qu'il se projette vers un grand destin, autrement dit qu'il se présentera à la Présidentielle. Pour la petite histoire, à classer dans les fausses rumeurs parues dans la presse, on m'a soupçonné d'être allé le voir à Washington pour solliciter un poste de vice-Premier ministre…

Moi-même étant en campagne, je lui explique quel est le sens de ma démarche en me présentant, et ce que j'espère de la gauche. C'est une conversation très franche, directe, sans baisser les yeux : l'heure est grave, on a assez perdu de temps. « J'attends de la gauche qu'elle ne sous-traite plus ces sujets-là mais, au contraire, qu'elle surenchérisse sur ces propositions », lui dis-je. J'évoque des sujets sur lesquels j'interviendrai, tels que la fiscalité ou l'agriculture, pour qu'il sache sur quels terrains nous pourrons, éventuellement et sous certaines conditions, nous retrouver en fin de campagne.

Je me souviens de notre dernier rendez-vous, la semaine où on l'avait vu avec Anne Sinclair se préparant à monter dans une Porsche, une photo qui avait tant fait jaser. « Premier accroc sur la carrosserie d'une candidature jusqu'ici… nickel » avait écrit *Le Point*. On était loin d'imaginer la suite des événements, quelques jours plus tard…

*

Salon de l'agriculture, mars 2010. La volte-face de Nicolas Sarkozy après le succès des Verts aux Européennes ne s'est pas fait attendre : « L'environnement, ça commence à bien faire ! » lâche-t-il, fanfaron, devant les agriculteurs. La violence de cette phrase me surprend. Il faut croire que les pêcheurs et les céréaliers lui ont bien remonté les bretelles. À partir de là, je redoute un coup de frein dans les décrets d'attribution des mesures du Grenelle. Et d'un retour en arrière.

Le vent de l'espoir tombe, les voiles faseyent. Est-ce pour cette raison que, dans mon entourage, les milieux associatifs, les ONG, on aimerait bien me voir revenir sur le devant de la scène ? Que je sois *le* prochain candidat à l'écologie. Pour l'instant, j'écoute sans l'envisager vraiment. 2012 est encore loin.

Naissance d'Europe Écologie-Les Verts

Le 13 novembre 2010, à Lyon, la création d'Europe Écologie-Les Verts est officialisée et tous les ténors sont là : Cécile Duflot, Eva Joly, Daniel Cohn-Bendit, José Bové, Noël Mamère, Dominique Voynet. Pascal Durand m'a envoyé un mail pour m'inviter à ces premières assises : *Je vais me prendre une énième veste, mais je n'en suis plus à une près : est-ce que par hasard l'idée que tu viennes à la création d'Europe Écologie-Les Verts et que tu fasses une intervention serait possible ? Je connais déjà ta réponse, mais qui ne risque rien...* S'il craint de prendre une veste, c'est que jusqu'alors, j'ai dit non à tout. Là, je n'ai pas de raison de snober un parti écologiste qui se crée. C'est une grande espérance, une fête. « Pour une fois, tu ne pourras pas t'habiller pour l'hiver : c'est envisageable », lui dis-je. C'est décidé, j'irai.

Dans le TGV qui m'emmène à Lyon, j'écris mon texte, presque une supplique, dans lequel j'enjoins de ne pas reproduire tout ce qu'on déteste en politique, de respecter le sens et le poids des mots. Je dis qu'il faut apaiser le discours, éviter le vocabulaire martial, « les ennemis à abattre », être à l'écoute de ceux qui ne sont pas forcément de notre bord. Souvent, les écolos ont tendance à se conforter dans « l'entre-soi ». Mais il faut aller vers ceux qui doutent. Parce que nous avons des convictions et que nous pensons être détenteurs d'une vérité, nous croyons *ipso facto* être compréhensibles et convaincants. C'est une erreur. Il faut commencer par connaître les conditionnements culturels de ceux à qui l'on s'adresse. Prendre en compte leur point de vue. Tout cela, je vais le dire.

Je dis aussi que ce nouveau parti ne devra pas réitérer les défauts des autres formations qui poussent les électeurs à voter blanc ou à s'abstenir. Il faut s'éloigner de la politique médiocre pétrie de phrases revanchardes, faire de la politique autrement. Mon discours est sans doute un peu naïf mais il était sacrément prémonitoire au regard de ce qui allait se passer en 2012 !

Les Assises terminées, à la sortie, les journalistes se ruent sur moi, tous la même question à la bouche : « Est-ce que vous envisagez toujours de vous présenter ? » Moi : « Ce n'est pas ce que j'ai en tête en ce moment. Mais comme j'ai appris à ne fermer aucune porte, rien n'est exclu. » Évidemment, ils ne retiennent que les trois derniers mots et, le lendemain, la presse titre : « Nicolas Hulot, candidat à la Présidentielle ». J'ai beau connaître leur fonctionnement, je suis toujours surpris. À partir de là, la pression a commencé à monter.

Je ne suis pas sûr que mon discours aux Assises ait été compris, même si j'ai été vivement applaudi. Daniel Cohn-Bendit me reproche déjà de « faire la danse du ventre ». « Il faudra qu'on le dépucelle », dira-t-il avec élégance, à une autre occasion. Toujours la violence des mots, l'ambiguïté. Il m'a beaucoup sollicité, directement ou par des intermédiaires, pour que je rejoigne la nouvelle formation, disant qu'il fallait que je « franchisse le pas »… Je ne sais jamais comment faire avec ceux qui me tendent une main et me poignardent de l'autre. C'est un exercice dans lequel Dany est passé maître. Au mois de mai 2009, nous partageons un dîner en tête à tête très amical au cours duquel il m'a longuement interrogé sur ma notion de la croissance sélective. Quelque temps après sort *Le Syndrome du Titanic*, le film que Jean-Albert Lièvre et moi avons réalisé et dans lequel nous montrons la planète telle qu'elle est et qu'elle deviendra si les politiques ne réagissent pas. Un film aux antipodes des images magnifiques d'*Ushuaïa*. Beaucoup de gens ne comprennent pas et nous accusent de forcer le trait. *Le Syndrome du Titanic* surprend, choque, mais il nous oblige à nous regarder tels que nous sommes devenus. C'était le but.

L'avant-première a lieu à Paris, sur les Champs-Élysées, où j'ai invité diverses personnalités politiques de toutes tendances pour lesquelles j'ai de l'estime, entre autres Michel Barnier, Jacques Chirac, Jean-Louis Borloo et Daniel Cohn-Bendit. Le film se termine. Avant même que le générique ne s'achève, ce dernier sort de la salle avant tout le monde, se précipite vers les caméras des journalistes qui attendent et pendant un quart d'heure assassine copieusement le film : « Trop alarmiste, extrémiste, culpabilisateur. C'est honteux. » En aparté, il dira qu'il a été particulièrement irrité et scandalisé de me voir assis à côté de Jacques Chirac. Les bras m'en tombent.

Qu'il n'aime pas le *Syndrome*, je peux l'accepter, mais je trouve la manœuvre excessivement grossière et inamicale. Il s'excusera ensuite, par SMS. Platement : *Je ne devrais pas aller dans ces trucs médiatiques. Je ne sais pas pourquoi j'ai fait ça*, m'écrit-il. De quoi ces mots sont-ils l'aveu ? De pouvoir dire et faire n'importe quoi ? Je découvrirai dans le magazine *Marianne* que, le matin de la projection, il y a donné une interview dans laquelle il m'a torpillé avant même de voir le film. Quoi qu'il en soit, pour le *Syndrome*, le mal est fait : des critiques négatives suivront la déclaration de Dany alors que, jusque-là, elles étaient plutôt bonnes. Entre autres, une « divine surprise » pour *L'Express*... Pour finir, le film fera 360 000 entrées cinéma, mieux que *Home* de Yann Arthus-Bertrand. Et on n'a pas perdu d'argent. (À ceux qui me reprochent de m'être enrichi avec la laideur du monde que je dénonce, je précise que je n'ai pas touché un centime sur les recettes.)

Une autre fois, Dany me fait inviter à une émission de télévision de France 3 où il me couvre de compliments et, dix jours après, alors qu'il ne s'est rien passé dans l'intervalle, il m'éreinte dans une tribune écrite au vitriol. Incompréhensible. Au moment de m'engager pour la Présidentielle de 2012, je l'appelle en lui demandant si je peux compter sur lui, non pas pour voter pour moi à la primaire écologiste s'il ne le sent pas, mais, au cas où je serais choisi, pour qu'il me fasse bénéficier de ses compétences en matière européenne. Daniel s'y engage de manière absolue. Non seulement, durant toute la campagne, je n'aurai de sa part ni coup de fil ni encouragement ni conseil, mais au contraire des mots blessants, des attaques. « Il est chatouillé par la Présidentielle », a-t-il déclaré à mon propos. En tout cas, lui ne m'a pas fait beaucoup de guili-guili !

Je dis souvent que pour comprendre Cohn-Bendit, il faut avoir fait « psy +25 ». Sauf que je ne suis pas entré en politique pour ça. Dany est une figure particulièrement complexe, un vrai subversif qui s'amuse depuis quarante-cinq ans à faire dérailler le système chaque fois qu'il le peut. Il y a eu beaucoup de calculs chez lui. Je n'exclus pas complètement l'hypothèse selon laquelle lui et d'autres m'ont encouragé à les rejoindre pour m'empêcher de me présenter, seul, contre eux, sur le créneau de l'écologie. Et pour mieux m'éliminer ensuite.

Ma déclaration

Jusqu'au dernier moment, les journalistes se sont demandé si j'allais leur refaire « le coup » de 2007... Ira ? Ira pas ?

Nous sommes en février 2011, j'envoie un SMS à Éric Julien : *Éric, dis à nos amis Kogis que ma décision est prise.*

Je veux qu'ils soient les premiers à le savoir.

Éric Julien est un aventurier, ancien guide de haute montagne. Alors qu'il explorait leur région, il fut victime d'un œdème pulmonaire et secouru par les Indiens Kogis qui lui ont sauvé la vie. Dix ans plus tard, il est revenu en Colombie après avoir fondé l'association Tchendukua afin de leur racheter des terres ancestrales pillées par les Blancs. Cette année, j'ai fait la promesse à Éric de les aider de façon conséquente. Je voulais que les grands chefs Kogis sachent que j'ai suivi leur conseil, que je me lance dans l'aventure, « quelle qu'en soit l'issue »...

Ce matin du 13 avril 2011, j'arrive à la salle des fêtes de Sevran sur mon scooter. Déjà m'attendent ma future équipe de campagne, cinquante photographes, cent cinquante journalistes, avec un timing imposé pour respecter le direct. Déclaration prévue à 11 heures pile. La veille, j'ai envoyé un SMS à Annabelle Jaeger, fidèle collaboratrice de la fondation : *A-t-on pensé à un minimum de sécurité pendant que je m'exprimerai ? Si on peut éviter un entartage au premier mot, c'est pas plus mal.*

À moins d'être complètement inconscient, imbu de soi-même ou animé par une ambition hors norme, ce qui n'est pas mon cas, s'entendre prononcer sur une estrade les mots : « J'ai décidé d'être candidat à l'élection présidentielle » est un moment d'émotion et de gravité indescriptibles. Suivent quinze minutes de discours que j'ai voulu écrire seul : « J'ai vu le monde changer… L'humanité est en mesure d'anéantir sa propre espèce… Ne plus regarder le monde se défaire… Renouer avec l'espoir… J'en appelle à celles et à ceux… Un autre monde possible et nécessaire… » Pour m'adresser aux Français, j'ai trempé ma plume dans mon inquiétude, mon énergie, mon espoir.

Je scellais mon destin. Dans quoi vais-je me jeter ? Avant même de me lancer, j'ai conscience de ce que cela représentera comme contraintes, comme sacerdoce, moi qui suis tant attaché à ma liberté. « En décidant d'y aller, tu aliènes librement ta liberté pour une cause. » Mon ami Toto a trouvé l'oxymore parfait.

Pourquoi avoir choisi Sevran pour ma déclaration officielle ? J'aurais pu opter pour une simple dépêche AFP, un lieu symbolique dans la nature – sous un chêne, comme le bon roi Saint Louis ? – ou le très chic *Presse club* parisien. Je me suis souvenu alors de Stéphane Gatignon, élu d'Europe Écologie et maire de Sevran, très impliqué dans le devenir des quartiers populaires. (Celui-là même qui, fin 2012, fera une grève de la faim en face de l'Assemblée nationale pour sauver sa ville de la déroute financière.) Mon objectif n° 1 dans cette campagne étant de concilier écologie et social, de montrer comment les deux sont liés, le choix de la ville de Sevran s'imposait.

De retour dans ce qui me sert de loge, je me sens soulagé. « Tu l'as dit ! Tu l'as dit ! » me souffle Florence, ma femme, en m'embrassant. Pendant des semaines, elle a vécu mes hésitations au quotidien et elle a été, comme toujours, attentive et aimante, alors que je n'étais pas un modèle de patience et de calme. Mes amis m'entourent, la pression retombe. Voilà, c'est fait, c'est dit, je ne peux plus revenir en arrière. Tout peut commencer. Dans ma poche, sur mon téléphone, les SMS pleuvent : Cécile Duflot félicite « la chouette ». Ellen Mac Arthur, « Dame Ellen » la navigatrice anglaise, me prédit « un long voyage ». (Je n'imaginais pas à ce moment que je rentrerais au port cinq mois plus tard…) Un ami poète : *Un souffle d'air frais va secouer la vie du citoyen. Merci d'avoir fait le choix de partir au front. Ne cède jamais aux sirènes.* À chaque message, quelque chose en moi bondit côté cœur et se serre l'instant d'après. Ils attendent tous tellement de ma candidature. Pourvu que je sois à la hauteur de leurs espérances !

Une sonnerie. Je souris au nom qui s'affiche. Quelqu'un qui ne se mettra jamais aux textos et c'est tant mieux : Jacques Chirac, premier à dégainer pour me souhaiter bonne chance. Avec émotion. Et en toute simplicité, comme notre amitié, depuis bientôt vingt ans.

Il ne connaissait pas grand-chose aux enjeux écologiques ni à l'environnement lorsqu'il me fit venir à lui afin que j'éclaire sa lanterne. Je crois qu'il m'aimait bien, en tout cas il ne ratait pas un numéro d'*Ushuaïa* ! Une vraie groupie, au point même de jouer les Cassandre : « Tu vas finir par te casser la figure, tu sais… », me disait-il, une pointe d'inquiétude dans la voix. Je souriais, flatté par tant de sollicitude. Il voulait participer à la création de ma fondation et que je lui dise tout du sort de la planète et de l'acharnement des hommes à la détruire. Alors nous ne nous sommes plus quittés. Je lui ai apporté mes fiches et ma littérature écologiste, des piles de livres que je lui laissais après chaque entretien. Il a questionné, noté, appris. Avec humilité et détermination. En 2002, son discours fera sensation au Sommet de la Terre à Johannesburg. Même Noël Mamère le trouva « remarquable » !

C'est peut-être son immense passion teintée de regrets pour les civilisations anciennes et disparues qui m'a le plus touché en lui. Son regard attentif quand il détaillait une poterie chinoise, un masque africain, comme s'il voulait en absorber les secrets avant qu'ils ne retombent dans l'oubli. On connaissait de lui son coup de fourchette (ah, la tête de veau sauce ravigote !), son goût pour la bière et les polars. Il avait tu ses sensibilités esthétiques. Peut-être pour qu'elles ne soient jamais moquées.

Il y a des rencontres qui sonnent comme des retrouvailles et des amitiés qui durent toute une vie sans qu'on puisse vraiment en expliquer les raisons. « C'est ton meilleur agent... », m'avait dit Claude Chirac en riant. C'est vrai qu'entre lui et moi, le dialogue ne s'est jamais interrompu.

Deux mois avant l'annonce de ma candidature à la presse, nous avions déjeuné ensemble au *Benkay*, son restaurant japonais préféré, sur les bords de Seine. « Explique-moi ce que tu veux faire et pourquoi tu veux le faire… », me demande-t-il, ayant eu vent de mon intention. Les raisons, il les connaît déjà, nous en avons si souvent parlé. Mon inquiétude, ma rage, il ne les découvre pas non plus. Cette fois, j'y vais, c'est tout. Ma peau au bout de mes idées. J'arrête mes activités pour ne me consacrer qu'à la Présidentielle, avec la primaire écologiste comme première étape. Le président m'écoute religieusement. Son regard se pose sur moi avec sa bonté habituelle. Il sourit, l'air un peu navré : « Bon, je suppose que tu veux mon avis… Tu veux savoir franchement ? Tu vas t'en prendre plein la gueule, mais je pense que tu dois y aller… »

C'est en substance ce que me dit Ingrid Bétancourt passée me voir à Saint-Lunaire alors qu'elle est en vacances en Bretagne. Assis sur la terrasse, la mer et le vent face à nous, sur fond de vagues brisées, nous échangeons nos points de vue et j'écoute les conseils de celle qui, avant de devenir l'otage la plus célèbre du monde, a été candidate aux élections présidentielles de son pays : « Surtout, n'oublie pas que ceux auxquels tu t'adresses ne sont pas des convaincus. N'emploie pas les formules que tu utiliserais pour rasséréner une salle de milliers de personnes, il faut s'intéresser à ceux qui sont très éloignés de tes préoccupations. »

Une recommandation que je ferai souvent aux militants d'EELV au cours de la campagne : sortir de « l'entre-soi », qui frôle parfois le mépris. Ingrid me répète que la primaire sera « rude », comme le sont, j'imagine, toutes les batailles politiques à ce niveau, à la différence qu'elle a risqué sa vie et qu'elle gardera, de sa séquestration par les FARC, des plaies ouvertes. Moi, je ne risque que mon confort. Quelques coups bas, des trahisons, des désillusions, sans doute. J'en ai connu d'autres. Je m'en remettrai.

Plusieurs mois avant l'annonce officielle, ceux qui constitueront mon équipe de campagne se sont réunis à Paris pour réfléchir à mon éventuelle candidature. La plupart d'entre eux espéraient déjà que je me présenterais en 2007. Mus par l'envie de me voir y aller, ils ont commencé à travailler sans moi. Autour de la table, ce sont toujours les mêmes, mes fidèles : Jean-Paul Besset qui sera mon porte-parole, Annabelle Jaeger, codirectrice de campagne avec Pascal Durand, qui a rallié mon camp ; Matthieu Orphelin de l'ADEME (Agence de l'environnement et de la maîtrise de l'énergie), Gilles

Lacan, tous impliqués dans l'écologie, et Gérard Feldzer, commandant de bord, l'ami de toujours, dont la péniche devant l'Assemblée nationale deviendra bientôt notre QG de campagne. (Déjà, en 2007, lorsque j'ai mis en place mon Pacte écologique, il m'avait accueilli sur le bateau.) Viendront s'ajouter à la troupe, Denis Baupin, Yves Cochet, qui retire sa candidature pour soutenir la mienne, auxquels se grefferont certains élus d'EELV, des députés et des sénateurs.

De cette décision, j'ai prévenu TF1, mon employeur/producteur d'*Ushuaïa* et mon interlocuteur, Nonce Paolini. Depuis toutes ces années, nous avons des relations cordiales, et lui, quand il m'écrit, signe ses SMS d'un « ton pote » que je crois sincère. Mais, comme il me le dit aussi : « J'ai une entreprise à gérer, ta parenthèse politique entraîne des conséquences qu'il me faudra bien assumer en chef d'entreprise à la fois humain et rigoureux. Tu es libre de ton choix et je le respecterai. » À cause de ma campagne, l'émission *Ushuaïa* risque de s'arrêter brutalement et je me demande ce qu'il va advenir de mes collaborateurs, journalistes, cameramen, preneurs de son, monteurs, mes compagnons depuis vingt-cinq ans. Le mot « rigoureux » m'inquiète. Je ne dors plus de la nuit à l'idée que mon choix risque de mettre au chômage des personnes qui ont été si dévouées, si créatives.

L'avenir de mon équipe sera un de mes plus grands sujets de préoccupation. Je vais me séparer d'une famille qui m'a donné le meilleur d'elle-même. Nous sommes soudés par vingt-cinq années passées ensemble sur les chemins du monde. Et nos routes vont se séparer. Ils m'encouragent néanmoins à entrer dans la bataille. Car il s'agit aussi de leur combat.

Ma déclaration de candidature à Sevran a focalisé tous les projecteurs vers le mouvement. Dès mon entrée en campagne, mon action est très médiatisée. D'une part, je suis considéré comme un véritable ovni, d'autre part, EELV a prévu d'organiser une primaire, la première avant celle des socialistes. Ce qui, au départ, n'était pas programmé. « Si tu viens, Eva Joly se retirera… », me dira-t-on souvent. Ce sera une « simple formalité ». Ça, c'est ce que j'entends. En écoutant les uns et les autres à l'intérieur du mouvement, j'ai le sentiment d'être le bienvenu. La réalité sera tout autre.

En solo ou pas ?

J'ai longuement réfléchi à l'opportunité de me présenter seul. Autour de moi, les avis sont partagés : Jean-Paul Besset considère que se lancer dans la Présidentielle sans parti ni structure est suicidaire. Pascal Durand, lui, préférerait que je fasse cavalier seul. Mais le gros des troupes estime que ma candidature en solitaire serait purement et simplement une déclaration de guerre aux écologistes, qu'elle sera interprétée comme un coup d'État médiatique et un acte vaniteux de ma part. Je m'incline.

Un mot sur ces deux entités importantes de mon groupe : Jean-Paul Besset, ex-trotskyste, et Pascal Durand, petit-fils de communiste. Apparemment, ils n'ont pas le profil de personnes prêtes à me soutenir. Si j'en juge par le sectarisme de certains membres du parti à mon endroit, je devrais représenter tout ce qu'ils détestent ! Eh bien, non, Jean-Paul et Pascal sont l'exception qui confirme la règle, deux personnes ouvertes d'esprit, qui ne m'ont pas jugé sur les apparences mais sur pièces, et ont considéré ce que j'avais obtenu plutôt que mes échecs. Bref, ils ont mis de côté leurs préjugés pour travailler avec moi. Vu nos itinéraires respectifs, l'attelage était singulier, mais, pour moi, il était la preuve que devant l'essentiel, les clivages pouvaient tomber. Depuis toutes ces années, je leur fais une confiance absolue. Jamais ils ne l'ont trahie.

Ma rencontre avec Jean-Paul a été à la fois un coup de foudre intellectuel et amical. En 2005, sur le conseil insistant d'un ami, je me procure son livre qui vient de sortir : *Comment ne plus être progressiste sans devenir réactionnaire ?* Effectivement, l'ouvrage est passionnant, nous sommes exactement sur la même ligne de pensée. Comme je le fais souvent quand un livre me plaît, je cherche à en rencontrer l'auteur. M. Besset, qui doit connaître M. Hulot-animateur-de-TF1 et qui aurait pu l'envoyer paître, accepte de me recevoir : ce déjeuner qui aurait dû durer une heure ou deux s'est prolongé jusqu'au milieu de l'après-midi. On ne s'est plus jamais quittés, nous nourrissant et nous enrichissant réciproquement. J'ai un grand respect pour son intelligence, sa vision, son humanisme et sa capacité à évoluer. Jean-Paul a structuré ma pensée, il est devenu mon mentor sur beaucoup de sujets. Souvent, lorsqu'il écrit un texte pour moi, je ne change pas un mot. Dans la manière de dire les choses, nous sommes semblables, fusionnels. Il était évident que je lui confie la maîtrise d'œuvre du Pacte écologique.

*

Je suis les conseils de Jean-Paul qui a été élu député européen sous l'étiquette EELV, car je sais que depuis 2007 où il aurait tant voulu que je me présente, il a fait évoluer le parti et l'a préparé à me recevoir. En espérant que je m'y reconnaisse. Il me l'a fait comprendre sans le dire vraiment. Peut-être, moi-même, n'ai-je pas eu envie de l'entendre pour ne me sentir contraint en rien.

Je pense avoir fait une erreur. C'est un regret que j'ai encore aujourd'hui. J'aurais dû me présenter seul, sans parti. Après coup, je continue à croire que nous aurions pu conduire une campagne « à l'économie », demander le soutien inconditionnel des écologistes, solliciter les nombreux bénévoles prêts à m'aider et saisir les opportunités d'expression qu'on me donnait. Si j'ai renoncé à une candidature en solitaire c'est, aussi, que je me sentais redevable au parti écologiste depuis 2007 où l'on m'avait reproché d'avoir volé la vedette à Dominique Voynet. Je ne voulais pas qu'ils se sentent agressés si je choisissais de marcher seul. En fait, je ne leur devais rien, la suite me le prouva.

J'ai fait preuve de faiblesse. J'aurais dû être plus rigoureux et poser des actes forts. En me présentant sous l'étiquette EELV, je me suis réduit à une formation politique. Ce qui est à l'opposé des enjeux écologiques. Seul, mes chances d'influer sur cette élection et de faire bouger les choses dans la société auraient été plus grandes. En osant taper dans la fourmilière, j'aurais pris quelques salves d'artillerie (et peut-être moins fortes que celles que j'ai subies ensuite !). Mais un grand nombre de militants, de sympathisants qui ne se reconnaissaient pas dans l'état d'esprit d'EELV et tous les écologistes qui ne voulaient pas d'un ancrage politique – cette conditionnalité d'être forcément de gauche – m'auraient fait confiance.

Certes, il y aurait eu une scission chez les écologistes, mais elle aurait été salutaire. Aurais-je pu imprimer mon âme, mon état d'esprit, imposer mon souffle ? Je l'ignore. Aurais-je été soutenu par la base et les caciques ? Mystère. Ce qui est sûr, c'est qu'au moment où j'ai fait acte de candidature, les sondages sont montés, et qu'à partir du moment où je me suis retrouvé dans la primaire, ils se sont usés.

Oui, j'aurais été plus à l'aise dans une démarche individuelle plutôt que de me mouler, avec mon parcours atypique, dans un parti dont je ne suis pas issu. EELV a sa propre culture, ancrée dans des habitudes, des histoires communes anciennes auxquelles je suis étranger. La greffe n'a pas pris.

*

En me lançant dans cette campagne, j'ai imaginé différents scénarios. Celui que j'envisage le moins, trompé sans doute par ces sondages et les multiples messages d'encouragement que je reçois sur notre base de données, c'est d'échouer à la primaire. Pour être franc, je n'ai aucune idée de ce qu'elle va donner. Je redoute plus l'attaque des grandes formations politiques, dès lors que je serai investi candidat, au nom du fameux principe du « corps étranger ». On ne va pas me louper ! J'ai même appris que le Parti socialiste préparait à mon intention une « attaque virale » ! L'expression m'a glacé. Ma crainte la plus grande est de ne pas être à la hauteur en tombant dans les pièges qu'on va me tendre. Voulant servir ma cause, je risque de la desservir. Une hypothèse qui me ronge. J'ai imaginé le pire et le meilleur. Mon objectif était de finir cette campagne avec un score se situant entre 8 et 12 %, ce qui me permettrait de négocier des propositions structurantes et des engagements. Et peut-être même, une fois la campagne achevée, avoir un groupe à l'Assemblée.

Dans mes négociations avec le prochain président, et quel que soit son bord, je compte bien exiger que, dans notre politique européenne, nous ayons la détermination absolue de faire revenir dans l'économie réelle le monde de la finance. Engager une réflexion avec un ministère dédié à la régulation de la finance et au rôle des banques centrales et privées. Sans oublier l'agriculture. En fin d'année 2012, aura lieu la révision de la politique agricole commune, la Pac, qui conditionne une partie de notre économie, de notre alimentation et les rapports Nord-Sud. C'est un sujet central. Il est urgent que l'agriculture s'affranchisse des importations, notamment des protéagineux, le soja qui sert à nourrir notre bétail. Il est cultivé principalement au Brésil, au détriment de la forêt amazonienne. Raoni et son peuple en savent quelque chose. Voilà les sujets sur lesquels je voudrais exposer mes points de vue et obtenir des engagements. Encore faudrait-il pour cela que les écologistes obtiennent un résultat probant. Nous n'en sommes pas encore là…

Une gentille petite dame

Hormis sa réputation et ses faits d'armes, je ne connais pas Eva Joly. De très bons amis pénalistes m'ont dit qu'elle était dure, intransigeante. (Je me souviens combien j'avais été choqué qu'elle compare Chirac à Pinochet quand, pour des raisons médicales, l'ancien président ne pouvait pas assister à l'un de ses procès : « Le coup de la maladie de la personne inculpée, c'est très classique », avait-elle insinué. Moi qui ai côtoyé Jacques Chirac ces derniers mois, je suis bien placé pour dire qu'il ne simule pas sa maladie. Ce serait plutôt l'inverse... Et c'est tellement mal le connaître !)

On me dit aussi qu'elle a la détention préventive facile... Qu'à cela ne tienne, je n'ai pas commis de délit : rencontrons-nous. Suivront deux dîners en tête à tête. Je me souviens être sorti du premier avec l'impression d'avoir dîné avec une gentille petite dame. Elle semblait acquiescer à tout ce que je disais en souriant gracieusement. Je pars donc avec un excellent a priori, même si je la mets tout de suite en garde : « Si nous laissons nos équipes nous monter l'un contre l'autre, ce sera préjudiciable pour notre combat. Affirmons nos différences, faisons de la politique autrement. Et attention aux mots, Eva, ils sont importants... » Là aussi, elle est d'accord. Le pacte de non-agression, nous le signons tacitement. Une promesse sur l'honneur.

On m'a dit que l'élection primaire aurait lieu uniquement entre Eva Joly et moi. Cependant je découvre que je vais avoir à me frotter à deux autres candidats, Henri Stoll, membre des Verts depuis 1989, un vieux et pittoresque routier de l'écologie pour qui je suis quantité négligeable, et Stéphane Lhomme, qui va trouver là une occasion de pouvoir proclamer au monde toute la haine qu'il me voue. Une haine sans limites et dont la violence me stupéfie. Ce combattant de la première heure, farouche opposant au nucléaire, considère que mes nuances sur le sujet font de moi à tout jamais un vendu. Durant toute la campagne, il n'aura pour objectif que de me discréditer et m'injurier. Dommage que Louisa Benzaïd et Moncef Kdhir, les deux autres candidats qui se présentaient, n'aient pas obtenu suffisamment de parrainages pour concourir. Il me semble qu'ils avaient plus de bon sens et d'idées innovantes que lui.

Peu à peu, tout ce qu'on m'avait dit de l'organisation de cette primaire et que j'approuvais s'effondre. Il ne devait y avoir qu'un seul débat non retransmis à la télévision et, en définitive, plusieurs sont programmés, tous filmés. Stéphane Lhomme multiplie les agressions verbales sans que Cécile Duflot, dont c'est le rôle, n'exerce son autorité pour le calmer. Mais que penser d'elle qui, en tant que Secrétaire nationale, ne peut afficher sa préférence ? Mais elle m'appelle souvent et m'encourage. Qui soutient-elle vraiment ? Durant toute la campagne, elle me dispense ses conseils : *Tu es libre de les suivre ou pas. Ils ne sont pas au service de mes intérêts mais plutôt des tiens*, m'écrit-elle dès le départ.

À cette organisation inattendue se rajoute l'équipe de campagne d'Eva, sa garde rapprochée, Noël Mamère, Sergio Coronado, Patrick Farbiaz, Yannick Jadot et Elliot Lepers (son directeur de la communication, créateur des petites lunettes rouges puis vertes). Ils commencent à distiller dans la presse un certain nombre de suspicions à mon égard, de formules haineuses, contrairement au code de bonne conduite qu'elle et moi avions promis de ne pas transgresser. On nous accuse, avec mon équipe, d'utiliser le fichier du Pacte écologique pour établir notre mailing, ce qui est totalement faux, ou de ne pas respecter les règles de financement, que sais-je encore… Chaque jour apporte son lot d'accusations toutes plus mensongères les unes que les autres.

Ce début de primaire est désastreux et donne de l'écologie une image épouvantable. Je suis sidéré, effondré et j'entrevois l'étendue de la déflagration. Sans parler des journalistes partisans, pro-Eva ou neutres qui, pour le même événement, écrivent des articles totalement différents. Ou en créent de toutes pièces. Dans *Nice-Matin*, une femme raconte que je l'ai giflée lorsque je travaillais à France Inter, suite à quoi j'aurais même été renvoyé pour un temps. Ne me souvenant pas de cette histoire, et pour cause, j'appelle Pierre Wiehn, le directeur de la radio de l'époque, qui dément formellement m'avoir jamais mis à pied. Mes anciennes collaboratrices me disent également ne pas se souvenir de cet incident. Lorsque j'appelle la rédaction de *Nice-Matin* pour leur demander de vérifier leur information auprès de Pierre Wiehn, ils ne font même pas l'effort de le joindre et encore moins de démentir.

Un autre jour, j'apprends dans la presse que je me suis fait fabriquer un 4 x 4 « sur mesure » en Allemagne. Sur mesure… c'est tellement grotesque que ça me ferait presque rire. Des malveillances de cette teneur, il y en a régulièrement qu'il faut gérer au quotidien. Heureusement, mon équipe de campagne trie les nouvelles, m'informant des mauvaises après coup pour ne pas me déconcentrer ou me démoraliser. Globalement, les journalistes politiques se comportent plutôt bien avec moi, sans cynisme ni moquerie. Hormis une journaliste du *Monde*, Sylvia Zappi, qui dissimule à peine son antipathie et dont les articles transpirent le soutien à Eva Joly. Jusqu'à publier des informations erronées. Le jour où j'ose l'appeler en demandant, calmement, pourquoi elle ne restitue pas la simple réalité, je me fais envoyer sur les roses et suspecter de vouloir entraver la sacro-sainte liberté de la presse ! Même le journaliste du *Figaro*, pourtant pas un écolo acharné, trouve des qualités aux rencontres que j'organise dans les banlieues. Elle, jamais. J'avoue ne pas l'avoir pleurée quand elle a été remplacée.

*

Eva s'est lancée bien avant moi dans la campagne. Dès le départ, ce profil de « justicier » irrite certains et plaît à d'autres. On la trouve courageuse, droite, bosseuse. Et c'est vrai. Elle se prend au jeu, y consacre tout son temps et son énergie. La campagne a débuté rudement mais, contre toute apparence, je suis armé, serein, fort de mes convictions et de ma légitimité d'y participer. De plus, je suis porté par une équipe très compétente, courageuse et motrice.

À peine ai-je mis un orteil dans l'arène que les flèches empoisonnées fondent sur moi. Dix minutes après ma déclaration à Sevran, Noël Mamère se rend sur les plateaux de télévision et me plante des banderilles parce que je ne me suis pas, selon lui, « assez » engagé contre le nucléaire. Le même qui m'avait invité à déjeuner pour faire acte de contrition après m'avoir malmené en 2007 en me disant que je devais être leur candidat.

Il est vrai que j'ai longtemps été réservé sur la question du nucléaire mais après Fukushima, j'ai dit, haut et fort, que cette catastrophe était la démonstration de trop et qu'en l'état, il ne pouvait pas être une énergie d'avenir. En revanche, une sortie précipitée du nucléaire aurait pour premier effet de réactiver notre usage des énergies fossiles comme le charbon ou le pétrole, ce qui accroîtrait les dérèglements climatiques, pour moi la pire des menaces. Nous nous retrouverions coincés entre la peste et le choléra ! Ne pas être assez engagé, comme me le reproche Noël Mamère, est donc une mesure raisonnable, et j'ajoute qu'il faudra aussi avoir la volonté d'augmenter le « bouquet énergétique », c'est-à-dire la diversité des sources énergétiques et, dans le même temps, baisser notre consommation.

Très vite, dans cette campagne des primaires écologistes, je vais découvrir deux types d'attitude vis-à-vis de moi, presque deux extrêmes : une sympathie, un véritable espoir de la part de gens qui connaissent mon engagement, ou bien un rejet quasi irrationnel des autres, des visages méfiants voire haineux. Pour eux, je suis un arriviste inféodé au pouvoir pour avoir osé discuter avec Chirac puis avec Sarkozy, l'homme des multinationales. De plus ma fondation reçoit le mécénat de grands industriels, et, infamie suprême, je suis l'aventurier de TF1. Tout cela fait de moi une personne peu fréquentable pour qui l'écologie n'est qu'une niche économique avec laquelle je me fais « plein de fric ».

Lors des premières réunions publiques, je passe mon temps à me justifier et à m'expliquer. Chaque jour, j'ai l'impression d'être mis en examen et d'avoir à délivrer mes certificats d'honorabilité et de conformité. Je rentre dans des salles remplies de militants qui m'aiment bien et, d'autres, glaciales, qui ne viennent que pour m'agresser. Heureusement, neuf fois sur dix, j'arrive à les convaincre de ma bonne foi mais je mesure combien les préjugés à mon égard sont tenaces.

Une chose est sûre : cette campagne m'aura permis de faire l'inventaire de tout ce que l'on me reproche ! Ma fondation, ses méchants sponsors, encore et toujours mon goût pour les hélicoptères et ma participation à un « demi-Paris-Dakar ». C'était il y a trente-cinq ans, monsieur le juge, depuis j'ai grandi, j'ai évolué. Et il y a longtemps qu'à ne plus piloter d'hélicos, j'ai perdu ma licence. Si certains sont nés vertueux, ce n'est pas mon cas et j'essaie au fil des ans de réduire mes incohérences. L'ennui serait que je sois toujours ce jeune homme fou de vitesse que j'ai été. J'ai changé et seul compte, me semble-t-il, le chemin parcouru. Je crois avoir pris conscience de ce que je dénonçais.

Un mot sur ma fondation si souvent décriée à travers mon nom. Même si le cuir s'épaissit, malgré l'âge et l'expérience, il y a des attaques qui font mal. J'ai beau expliquer que tout engagement nécessite des moyens d'agir, que d'une façon pragmatique, je vais chercher l'argent là où il est – sans contrepartie et sans que cela n'entrave ma liberté de parole et d'action –, je ne suis pas entendu. Contrairement à l'expression bien connue, l'argent a toujours une odeur. L'important est de s'en éloigner le plus possible. C'est, me semble-t-il, ce que je fais. Je n'ai pas de scrupules à ce que les pollueurs participent financièrement à la protection de l'environnement et à aller frapper à la porte d'EDF plutôt qu'à celle des citoyens qui sont déjà très sollicités. Si j'avais adhéré à la politique de la multinationale, on pourrait me le reprocher, mais ce n'est pas le cas. Est-ce que d'utiliser pendant toutes ces années l'argent d'EDF m'a empêché d'exprimer mes réserves sur le nucléaire ? Pas une seconde. (Est-ce que la publicité des journaux conditionne la liberté de ceux qui y écrivent ? Non plus.) Mécénat ne signifie pas aliénation. J'ai eu d'ailleurs des discussions houleuses avec le dernier P-DG, Henri Proglio, à tel point qu'il a annoncé la fin de son mécénat. Pendant vingt-cinq ans, et malgré nos divergences, les précédents P-DG avaient respecté ma liberté de parole. Pas lui. C'était méconnaître mon caractère d'imaginer que j'allais y renoncer. Je préfère que la fondation se passe de ce soutien important plutôt que de contraindre notre expression et nos convictions. (J'ajoute que, par dépit ou par représailles, Proglio est allé soutenir la fondation de Claude Allègre dont les statuts prennent le contrepied de la mienne...)

De la même façon, j'ai rompu notre partenariat avec les Centres Leclerc et Marque Repère, la marque de distribution quand, dans un petit livre vert sur les écogestes destiné aux consommateurs, ils ont voulu censurer une phrase où l'on demandait de privilégier les commerces de proximité plutôt que les grandes surfaces. Soit environ l'équivalent de 500 000 euros dont ma fondation s'est privée pour sauvegarder notre indépendance.

Les moralisateurs professionnels critiquent les mécènes de la fondation, mais pas un n'est venu enquêter sur ses activités depuis vingt-cinq ans, ces centaines de projets que nous avons développés ou soutenus. Durant cette campagne, jamais nous ne parlerons du fond ni ne partagerons ensemble une vision de l'écologie. Il n'y aura que des stratégies minables, des petites alliances, tout au ras du sol.

Face à ces attaques de bas étage, je résiste à l'envie de surenchérir, me contentant de répliquer deux ou trois fois en évitant de rentrer dans la spirale que je dénonce. Même s'il est difficile de ne pas donner du grain à moudre aux médias, je veux m'en tenir au fond, aux propositions. Les petites phrases revanchardes ne m'ont jamais réussi. Comme le jour où j'avais dit que la nomination de Roselyne Bachelot au poste de ministre de l'Écologie était une « erreur de casting ». C'était idiot de ma part. Je l'avais regretté dans la seconde et m'en étais excusé. Les mots sont des armes. Déjà, la société est au bord de l'exaspération, ce n'est pas la peine de l'attiser encore plus avec des phrases cruelles. On peut s'opposer d'une autre manière. Je rejette les mœurs politiques qui créent l'émulation des militants avec des ennemis désignés. Être contre n'a jamais produit un projet.

Ainsi, durant la campagne, je refuse de dire du mal de Nicolas Sarkozy pour faire applaudir une salle. Il faut reconnaître que tenir cette ligne devient de plus en plus difficile quand on est agressé. Malheur à l'homme seul. La vérité du dicton, je n'ai pas fini de la vérifier.

Chez certains écolos – et pas uniquement les plus radicaux –, on a de la haine contre ceux qui ne partagent pas vos idées. Si vous ne dites pas qu'il faut impérativement sortir du nucléaire dans les dix années à venir, vous êtes le diable, le responsable de tous les morts de Tchernobyl et, maintenant, de Fukushima ! Quand je demande à réfléchir sur les modalités d'en sortir le mieux possible sans se précipiter, je lis la réprobation sur les visages. Pas de place pour la moindre nuance. Pour eux, tout est blanc ou noir, l'écologie est un kit complet dont on doit cocher toutes les cases. Idem sur la fin de la force de dissuasion. J'ai beau être pacifiste, il n'est peut-être pas inutile, de nos jours, de conserver une capacité d'intimidation. D'autant que le désarmement nucléaire n'est pas multilatéral et que certains pays n'ont pas notre délicatesse… Là aussi, il aurait fallu avoir un avis tranché.

De la même façon, on me somme de me prononcer en faveur de la procréation assistée des couples homosexuels ! N'ayant, je l'avoue, jamais réfléchi au sujet, je demande à consulter des pédiatres et des psychologues, même si spontanément je suis tenté d'être favorable. Je vois tout de suite que cette simple réserve de bon sens déplaît et que j'ai intérêt à me déterminer rapidement sous peine de passer pour un indésirable. Et c'est ainsi pour tous les sujets !

Peut-être est-ce propre au parti de privilégier « la consigne à la conscience », comme le dit Victor Hugo, mais je ne me retrouve pas dans cet esprit-là. Les enjeux sont trop importants, il en va de notre civilisation, de notre bien-être, de notre bonheur et du progrès. Je pensais qu'on pourrait se retrouver sur ces terrains. Je me suis trompé.

Par bonheur, en permanence je suis porté par des messages de soutien, des SMS qui tombent sur mon téléphone, comme par miracle toujours au moment où je doute. Ainsi, Alain Génestar : *Dis-toi que tu as l'essentiel pour un candidat : la conviction que tu as quelque chose à dire d'essentiel. Et c'est toi qui le diras le mieux.* Je me suis souvent demandé ce que devait être « l'essentiel » pour être un bon candidat. La stature, le charisme, la capacité à galvaniser ses troupes… J'ignore si j'ai ces qualités, mais ce dont je suis certain, c'est de l'urgence que je porte en moi. Cette flamme qui ne me lâchera pas de sitôt.

Tout cela n'est pas tombé du ciel. Moi qui ai fui l'école à dix-sept ans, la vie m'y a ramené par le col et m'a remis à l'étude. Pendant vingt ans, j'ai passé des centaines d'heures en réunion, ingurgité des rapports par dizaines, des documents, des ouvrages sur l'économie, la fiscalité, la finance et la mondialisation. Sans oublier les règles du commerce international. C'est ardu et compliqué ! Pour faire bouger une société dans un engagement comme le mien, il ne suffit pas d'aller pérorer au 20 heures. C'est un travail permanent de plaidoirie, il faut parler, parler sans relâche pour tenter de convaincre. Dans ces primaires, c'est peut-être une des choses qui m'est le plus pénible, cette façon qu'ont certains militants de laisser penser que ne connaissant rien à la politique, j'ai tout à apprendre du reste. En quelque sorte, que je débarque chez les Verts comme un bleu !

Message de Denis Baupin : *Nicolas, on va faire une super campagne !* Que le ciel t'entende, Denis, elle commence un peu trop fort ! *Un immense soutien de la base grossit tous les jours. Tu es celui qui incarne l'espoir sans bataille dans les tranchées. Rien à foutre des attaques, on répondra à ta place. Les chiens aboient, la caravane passe*, m'écrit mon ami, Gérard Feldzer, toujours à mes côtés pour les pirouettes auxquelles l'existence me convie. On en a fait de plus périlleuses mais aussi de plus drôles ! Des militants écologistes, des anonymes, mes amis laissent des messages à la fondation. Tous sont très optimistes.

De mon point de vue, ils sous-estiment la force de l'adversité. Ce n'est pas une mince affaire et si je dois être lapidé, j'aimerais le savoir un peu avant ! « Sache qu'il y a infiniment plus de gens qui veulent te soutenir que de lapideurs », me dit Jean-Paul Besset qui voit déjà notre victoire. Enfin, Sandrine Bélier, député européenne d'Europe Écologie qui marche avec moi : *Nicolas, tu es celui qui incarne l'écologie, le changement, c'est le nouveau défi fou de ta vie qui n'a été faite que de dépassements. Fais-toi confiance ! Mesure ton envie (là, d'être utile) et fonce !* Les mots sont des couteaux, ils sont aussi des baumes, des philtres, des caresses qui peuvent nous ressusciter.

La primaire s'organise

Selon *Le Journal du Dimanche* du 6 février 2011, 61 % des Français interrogés souhaitent ma candidature. Sondages et médias me plébiscitent. Mon équipe pense que je passerai dès le premier tour, qu'il n'y en aura pas de second. Le camp d'Eva, lui, est tellement sûr de ma victoire qu'il s'apprête déjà à contester les résultats en nous accusant d'avoir bourré les urnes électroniques ! Pour tout le monde, c'est quasi joué. Moi, je reste prudent : les modalités d'organisation des primaires ne sont pas à mon avantage. Loin de là.

J'avais préconisé que tout le monde puisse voter de manière à rassembler le plus largement possible « le peuple » de l'écologie. Je voulais que le vote soit gratuit et, si possible, que la primaire ait lieu après l'été, afin de régler au mieux la situation de mes collaborateurs d'*Ushuaïa* et de la fondation que je quitte pour un temps indéfini. Aussi, pour avoir le temps de convaincre le plus de militants possible dans les fédérations, les sections de province. Tout m'a été refusé.

Pour finir, les votes concerneront un corps électoral restreint, 12 000 adhérents et 2 000 « coopérateurs » (les sympathisants ayant signé le manifeste d'EELV) avec une procédure rébarbative pour les non-initiés et assez dissuasive puisqu'il faudra s'acquitter d'une somme de 20 euros. (Contribution que je parviendrai à faire baisser de moitié.) Autant de procédés qui réduisent le corps électoral et qui le réservent aux plus motivés : les anti-Hulot ! Devant tant de mauvaise volonté, j'ai failli tout envoyer balader. *Si c'est comme cela, vous la ferez sans moi cette primaire*, ai-je même écrit à Cécile Duflot et Eva Joly. Coup de sang pour premiers coups bas. Je n'ai encore rien vu.

Avant de partir en province à la rencontre des militants et des sympathisants, je travaille d'arrache-pied avec les membres de mon équipe et des collaborateurs ponctuels qui planchent comme des bachoteurs, en noircissant des fiches à mon intention. Moi, les fiches, les blocs-notes, les calepins me rassurent, j'en ai toujours à portée de main. « Tu dois être capable de répondre sur tous les sujets... », m'explique Pascal Durand. Je ne suis pas vraiment d'accord. Ils sont nombreux mes « angles morts », les thèmes que je ne maîtrise pas bien : l'emploi des jeunes, la réduction de la dette, mais aussi la culture ou les droits LGBT. LGBT, kesaco ? Lesbiennes, gays, bisexuels et transgenres. J'écoute, j'apprends, mais je ne suis pas « Monsieur-réponse-à-tout » ! Je ne pense pas que les électeurs attendent que j'aie des avis tranchés tous azimuts. Jean-Pierre Elkabbach qui me reçoit en juin 2011 au micro d'Europe 1 s'en étonne et s'exclame : « Voilà bien le premier candidat qui ose dire "je ne sais pas" ! » Compliment ou reproche ?

J'écoute, j'apprends et j'élargis le spectre de mes connaissances en plongeant dans la vie et les difficultés de mes concitoyens. Augustin Legrand passe me voir à notre QG et parle de la crise du logement, évidemment. À une échelle différente, lui et moi nous occupons de la maison et de ceux qu'elle abrite. Entre nous, le courant passe : nous sommes tous deux enfants de Don Quichotte, un peu rêveurs, idéalistes, en quête de justice.

Nantes, Rennes, Marseille, Nice, Montpellier et la banlieue parisienne dans la douceur du mois de mai, partout l'accueil qu'on me réserve est enthousiaste, chaleureux. Dans cette tournée en province, je privilégie le dialogue avec les quartiers populaires. À Marseille, arrêt dans la cité qui a vu grandir Zidane, un quartier dur à forte délinquance. Alors que je marche le long d'un immeuble, des youyous sortent d'une fenêtre. Est-ce un signe amical ? Une moquerie ? Je lève la tête, un sourire me répond, une main s'agite. À ce moment, trois jeunes arrivent vers moi, torse bombé, épaules en arrière, survêt', crâne rasé, casquette basculée sur le côté. L'air pas commode. Je ne les connais pas. Eux oui. « Toi, on sait pas très bien ce que tu viens faire là, mais une chose est sûre : tu t'es présenté et t'as rien à y gagner. On va te faire confiance... », me dit le plus grand. Cette entrée en matière me scotche, mais elle est belle ! À moi de ne pas les décevoir.

Ils m'emmènent vers une salle où d'autres jeunes, prévenus de ma visite, nous attendent. Nous parlons. Longuement. Certains connaissent *Ushuaïa*, pas tous, ils expliquent aux autres, c'est un bon sésame. À chaque fois, ces rencontres explosent mon planning, je ne vois pas le temps passer. C'est exaltant, on se parle franco, sans formules, sans distance et sans préjugés. Le tutoiement que j'utilise spontanément prend ici tout son sens. Dans toute ma campagne, c'est auprès de jeunes comme eux que j'ai trouvé le plus de tolérance, le meilleur crédit de confiance.

Alors, je me suis senti redevable envers eux. Et peu à peu, un rêve s'est échafaudé. J'ai imaginé créer une réconciliation entre les quartiers et la société en élaborant un programme politique coproduit avec eux, avec tout un dispositif d'élus, de représentants de jeunes de ces cités. Un projet incluant, évidemment, une dimension écologique, avec de nouveaux emplois et des filières qui seraient réservés en priorité à ces jeunes. Au fil des jours, j'ai été obsédé par l'envie de leur apporter quelque chose qui ne soit pas purement symbolique.

En cours de campagne, j'apprendrai qu'il y a eu, via les réseaux sociaux, un appel des quartiers nord de Marseille vers les banlieues parisiennes pour soutenir ma candidature. C'est un des gestes qui m'a le plus touché pendant cette rude période.

Un an plus tôt, j'avais rencontré d'autres jeunes de la Seine-Saint-Denis, à l'invitation de Paul Orsatti, un ami corse, ancien entraîneur de foot à Ajaccio. De jeunes adultes souvent en échec scolaire, certains ayant fait de la prison, tous en processus de réinsertion grâce au football. « Tu es sûr que mon domaine les intéresse ? demandai-je à Paul. – Je n'en sais rien, mais viens, ça serait bien que tu leur parles… »

Quand j'arrive dans leur cité, les jeunes sortent d'un entraînement et me regardent à peine. Leur vie ne m'est pas familière et ce ne sont pas eux qui assistent à mes conférences. La rencontre me motive d'autant plus. Paul me présente, ils me toisent un peu, pas de sourire, mais ils veulent bien discuter. On s'assoit ensemble, c'est un bon début. Est-ce que l'écologie les intéresse ? Je ne pose pas la question, je parle de l'homme, l'homme dans le temps et l'Univers, pour arriver jusqu'à aujourd'hui, à la planète. Ce qu'elle est, ce qu'elle est devenue et nos responsabilités. « Est-ce que vous savez qu'il y a autant d'étoiles dans l'Univers que de grains de sable sur toutes les plages du monde ? Pourtant, il n'y a qu'une seule planète où la vie humaine s'est développée. Vous, je ne sais pas, mais moi ça me donne envie de la protéger… »

Les questions surgissent, timides au début, puis la discussion part dans tous les sens. Ils veulent tout savoir et j'en suis bouleversé. Lorsqu'un journaliste déboule avec sa caméra, envoyé sans doute par la mairie pour fixer « l'événement », les visages se ferment. Un instant, la méfiance pointe. Quelques mots au journaliste qui repartira sans images et les questions reprennent. De notre rencontre, il restera les photos que les jeunes prendront avec leur téléphone portable au moment de nous séparer. Et, j'espère, quelques réflexions qui tourneront dans leur tête.

De toutes ces discussions, ces échanges, je reviens gonflé à bloc. Trop d'ailleurs. Je me sens pousser des ailes, je m'envole… et fais une superbe chute à vélo près de chez moi à Saint-Lunaire. Bilan : triple fracture du poignet et obligation de porter un plâtre pendant toute la campagne. Bien joué, mon gars ! Chute de vélo… C'est la version officielle. Petit mensonge cosmétique. Pouvais-je décemment, en pleine campagne pour la Présidentielle, avouer que j'étais tombé en essayant un skateboard électrique et « en faisant le con » avec un ami ? Impossible, la presse se serait moquée, avec raison, et je n'avais pas besoin de ça. La vérité est rétablie. *Mea culpa.*

Tempête dans un verre d'eau

L'« affaire Borloo », si je puis dire, tant elle a fait de remous chez les écologistes, a lieu le 4 juin 2011, lors du congrès des Verts à La Rochelle où Cécile Duflot doit être à nouveau plébiscitée. Eva et moi y sommes descendus avec nos équipes respectives. Florence, ma femme, m'accompagne. Ce soir-là, mon staff a convié une trentaine de journalistes pour un dîner. Deux heures et demie de questions précises, dans une ambiance à la fois sérieuse et bon enfant. Il est presque 22 h 30, je sens que je ne vais pas tarder à quitter la table lorsqu'un journaliste me « branche » sur Jean-Louis Borloo en me demandant s'il serait envisageable que nous fassions « quelque chose » ensemble. Quelque chose, cela veut dire une alliance. « J'y ai pensé, dis-je, mais je n'ai pas retenu cette option car, en l'état, elle n'est pas compatible. Pour l'instant, nos électorats potentiels sont trop éloignés. » Les questions se tarissent, l'heure tourne et je me rends compte qu'il y a comme un flottement dans l'air, un malaise, et que mes collaborateurs ne seraient pas fâchés si j'allais me coucher maintenant, tout de suite. Le « commandant Couche-tôt », comme on m'a appelé très justement, s'exécute, pas mécontent d'aller se reposer de cette soirée intense.

Le lendemain, à l'aube, je découvre mon téléphone portable saturé de messages. Jean-Paul Besset, catastrophé, m'apprend que l'AFP a sorti sa dépêche à 23 h 30 et que les médias reprennent en boucle l'information selon laquelle je préparerais un partenariat avec Borloo. Au même moment, l'équipe d'Eva inonde les rédactions pour dire que mon objectif était de rallier la droite et Nicolas Sarkozy via Borloo. Si ma nuit a été courte, je sens que cette journée va être *très* longue…

Effectivement, lorsque je rejoins les miens, tout le monde parle de ma « boulette ». À l'Espace Encan où doit avoir lieu le congrès, une meute de journalistes accourent vers moi pour que je m'explique, ce que je fais avec l'impression de m'enfoncer parce que je dis et redis toujours la même chose : oui, j'ai de l'estime pour Jean-Louis Borloo et, non, je ne ferai pas alliance avec lui. L'ambiance est électrique. À mesure que j'avance dans la foule, j'entends les cris des partisans d'Eva scander violemment « Hulot collabo ! » « Hulot Sarko ! » Patrick Farbiaz, une des figures historiques des Verts, hurle quelque chose du genre « Hulot et Borloo n'ont rien à faire chez les Verts » avec un visage déformé par la haine, presque la bave aux lèvres. Inouï. Je retiens mon envie de le saisir par le collet. Ce jour-là, je vois et entends une intolérance et un dogmatisme que j'ai dénoncés toute ma vie. Je réalise combien l'incompatibilité avec ceux qui, semblait-il, étaient de ma famille, sera définitive.

Car, enfin, de quel crime me suis-je rendu coupable pour être à ce point vilipendé ? Dans mon souci d'apaiser les esprits, je minimise ce qu'ils considèrent comme un faux pas, alors que je devrais profiter de cet événement pour dire que l'hypothèse d'une ouverture quelle qu'elle soit n'est pas forcément haïssable. Nous pouvons nous retrouver avec d'autres partis sur des objectifs et des modalités identiques. C'est ce que j'aurais dû faire. Mais pour calmer cette panique, j'ai botté en touche. Par la suite, je l'ai beaucoup regretté. Ce jour-là, on est tous devenus fous, moi y compris. Il n'y avait plus de relativité, plus de distance. Pour la petite histoire, je me souviens que Florence, qui a assisté à ce pugilat, est rentrée du congrès avec un profond dégoût de la sphère politique et qu'elle n'a plus jamais voulu m'accompagner en meeting. J'ai alors compris que les digues étaient rompues.

*

Les premiers débats à Toulouse et à Paris se déroulent plutôt bien, et s'ils n'ont pas la même audience qu'une confrontation entre Sarkozy et Hollande, ils sont très suivis et commentés. À Paris, je marque même quelques points, soutenu par la salle que nos querelles de clocher exaspèrent, en réagissant violemment contre une charge, une de plus, de Stéphane Lhomme. Je suis devenu son caillou dans la chaussure, il ne me supporte plus.

Jusque-là, Eva Joly me confiait qu'elle avait du mal à tenir ses équipes, qu'elle ne maîtrisait pas toujours leur agressivité envers moi. Jusqu'au jour où elle-même se lâche dans les journaux et les réunions. Elle devient dure, méprisante, y allant de ses piques telles que : « La notoriété ne fait pas la compétence. » Je suis atterré. « Ben dis donc, on peut dire qu'ils ne vous aiment pas chez Eva ! » s'exclame un militant de Marseille. Dans chaque ville où nous nous rendons, on me raconte tout le mal que son équipe dit de moi.

Arrive le 15 juin, le fameux débat de Lille. Le dernier. *Ce débat restera sans doute un des moments les plus pitoyables de l'histoire de l'écologie politique française*, écrira Matthieu Orphelin dans son journal de bord de notre campagne. Quand Eva entre dans une salle chauffée à blanc par Elliot Lepers, son équipe exulte comme si Madonna débarquait. On me siffle. Je croise des visages ironiques et un peu cyniques qui ont l'air de me dire « on va s'occuper de toi… »

La suite, je vais la vivre dans un état second après le coup de gourdin que m'assène Eva dès les premières minutes et qui va m'étourdir pour le restant de la soirée. Tout se passe très vite : au détour d'une phrase, Eva me regarde fixement et me qualifie de « consensuel », de « naïf », elle me reproche de caricaturer ses idées et, ainsi, de ne pas donner aux électeurs l'envie de voter pour elle. Le ton monte, elle semble indignée, comme si je l'avais traînée dans la boue et traitée d'une façon intolérable. Tandis qu'elle parle, visiblement très offusquée par ce que j'aurais dit ou fait, je la regarde, stupéfait. À quoi fait-elle référence ? Que me reproche-t-elle exactement ?

En arrivant à Lille, mon équipe m'a dit : « Fais gaffe, ils préparent quelque chose… », mais j'avoue que je ne m'attendais pas à ça ! Depuis des semaines, j'encaisse sans rien dire, ordonnant à mes collaborateurs qui commencent à piaffer de ne pas répliquer, de laisser couler, pour ne donner à la presse aucune raison de nous tomber dessus. N'étant pas l'homme le plus calme de la terre, comme le sait mon entourage, cette retenue me coûte ! Et voilà que je me retrouve dans le rôle de l'agresseur !

Eva Joly se tait. Tous les visages se tournent vers moi. Il faut que je réponde, oui, mais quoi ? Alors je laisse aller mon étonnement et je m'entends lui parler plus durement que je ne l'aurais souhaité. Et encore, je me contiens. Après lui avoir rappelé notre pacte de non-agression, je termine ma diatribe par une réplique, bonne ou mauvaise, chacun jugera : « L'écologie de combat, Eva, ce n'est pas l'écologie des coups bas. » Dans la salle, il y a un rire, des huées, quelques applaudissements. Tout cela n'a pas de sens, nous sommes pitoyables.

Plus tard, j'apprendrai qu'Eva s'est sentie visée quand j'ai parlé d'« écologie punitive », pensant – ou prétextant – que je dénonçais son accent, et son air sévère. Je regrettais seulement que l'écologie soit souvent considérée comme un impôt de plus, un effort supplémentaire, une punition alors qu'elle pourrait être une opportunité de vivre différemment, de redonner une chance au progrès. Je pensais avoir été clair. Pas pour tout le monde, apparemment.

Ce qui me désole, c'est de savoir qu'on est en direct sur toutes les chaînes d'info, et d'imaginer la consternation des écologistes face à nos disputes.

Quand Eva en a fini, c'est Stéphane Lhomme qui prend le relais et repart de plus belle dans la critique et les diatribes. Tout cela donne un spectacle navrant auquel les non-initiés ne comprennent rien et je souffre intérieurement en pensant que je le cautionne d'une certaine façon puisque j'y participe. Moi qui ai conclu mon intervention en parlant de « l'incapacité de l'homme à se fixer des limites », n'ai-je pas aujourd'hui franchi les miennes ?

Ce soir-là, il n'y aura pas de dîner dans un petit restau typique ainsi que nous l'avions prévu avec l'équipe. Une fois le débat achevé et fixée la photo des quatre candidats, bras dessus bras dessous comme les meilleurs amis du monde, je me suis sauvé pour aller m'affaler dans ma chambre d'hôtel en évitant de revivre mentalement ce maudit débat. Mes amis me retrouvent allongé sur un canapé, le front soucieux, les yeux dans le vague. Ils me réconfortent, mais leurs paroles se heurtent à ma tristesse.

Le lendemain, je me réveille avec la gueule de bois. Je voudrais, en un claquement de doigts, être téléporté sur la plage de Saint-Lunaire et que les embruns me lavent la bouche de ce sale goût de gâchis. Premier texto de la journée. C'est « tante » Cécile : *Flegme désormais. Tiens bon. Souris et passe au-dessus, c'est pas grave, c'est comme ça qu'on apprend, ça prouve que tu es humain.* Conseils d'amie et de femme politique. J'ai rarement vu Cécile se laisser démonter et submerger par l'émotion ou l'énervement. Même dans l'adversité, elle garde son calme. Le métier, sans doute. Elle m'a néanmoins dit combien cela lui coûtait de sourire parfois, de ce sourire paisible et maîtrisé, alors qu'elle a envie de pousser une gueulante. Je n'ai pas ses vertus de stratège. *Ça prouve que tu es humain*... Je relis cette phrase. Humain, j'aurais préféré l'être moins, hier soir, et faire preuve d'un peu plus de sang-froid.

La douche froide

Une dizaine de jours après le débat calamiteux de Lille, la campagne se termine et les votes pour le premier tour ont lieu. Le 28 juin, matin du dépouillement, une partie de l'équipe et moi sommes sur la péniche de Gérard Feldzer pour discuter de ce que l'on fera si l'on gagne au premier tour et comment préparer le second. Nous apprenons que, trompés par la procédure un peu complexe du vote, certains électeurs ont voté deux fois, par courrier et par Internet. Plusieurs centaines d'enveloppes qui font doublon seront donc ouvertes à La Chocolaterie, le siège d'EELV, avant d'être détruites. Un imprévu qui aura valeur de test. Yves Cochet est sur place. Nous attendons.

Plus tard, Yves nous rejoint à la péniche avec des nouvelles fraîches. Fraîches et inquiétantes. Il nous révèle que 80 % de ces votes nuls contiennent des bulletins « Eva Joly ». Autour de moi, c'est la stupeur, l'incompréhension. On me dit aussi que si les votes « papier » me sont défavorables, ils ne représentent que 39 % des votes. On veut encore y croire. L'après-midi, les résultats tombent : 53 % pour Eva, 35 % pour moi. L'écart entre nous est énorme.

Le lendemain, après avoir dépouillé les votes électroniques, on nous transmet le résultat définitif : Eva : 49,75 % moi : 40,22 %. (Henri Stoll et Stéphane Lhomme récoltant environ 5 % des suffrages chacun.) Jean-Paul est choqué, Pascal presque en larmes, les autres sont effondrés. Ils n'imaginaient pas une telle claque. Moi, ne m'attendant à rien, j'encaisse. Les dés sont jetés. Peut-être… on ne sait pas. Malgré moi, je balance entre lucidité et optimisme.

Dans la péniche, l'ambiance est lourde. Je sors m'asseoir quelques minutes sur le pont, face au soleil, la tête un peu vide. « Il faut toujours viser la lune car même en cas d'échec, on atterrit dans les étoiles », a dit Oscar Wilde. Des petites étoiles tournent autour de ma tête, c'est le choc. La déception, mais je ne suis pas sonné. Dépité, pas détruit. C'est un rendez-vous manqué, oui, mais *tout* est-il perdu ? Faut-il se maintenir ?

Le reste de l'équipe arrive du siège d'EELV, petites mines, yeux rougis. Certains me serrent dans les bras. Leur fidélité me touche. Réunion générale, l'heure est grave. Qu'est-ce qu'on fait ? Les avis sont partagés : Jean-Paul, Pascal et Matthieu me conseillent de jeter l'éponge, d'appeler à voter pour Eva au second tour et de me déclarer « disponible » pour la suite. Ce qui laisse toutes les portes ouvertes. J'avoue que c'est un peu dur à entendre de la part des trois qui me sont si proches, même s'ils ont sans doute raison. Avec un corps électoral fermé, je ne vois pas quel miracle pourrait inverser la tendance. L'écart est irrattrapable. Les autres me poussent à continuer : « Il faut respecter les électeurs… », disent-ils. Cet argument fera pencher la balance. « Les victoires qu'on apprécie le plus sont celles qu'on va chercher avec les dents. Faut pas laisser tomber. Si tu arrêtes au vu de tous les enjeux que tu portes, tu passeras ton temps à le regretter. On compte sur toi… », me dit Denis Beaupin. Ma décision est prise. Sans acharnement ni rage, j'irai jusqu'au bout.

Un dernier conseil de Cécile achève de me persuader : *On reste zen, chouette, c'est le moment où il faut avoir des nerfs ! Il y a beaucoup, beaucoup d'hésitants, donne-leur envie…*

Dans cette campagne, j'aurai bu la coupe jusqu'à la lie. À Nantes, le 9 juillet 2011, trois jours avant les résultats définitifs, alors que le parti m'a demandé de venir avec eux soutenir les opposants au projet d'aéroport de Notre-Dame-des-Landes, quelques minutes après mon arrivée, je reçois sur la tête un seau d'épluchures de carottes jeté par un type qui s'est approché lâchement derrière moi. Il n'y a eu aucun service d'ordre pour l'en empêcher. En revanche, les photographes et les cameramen, bienheureux, immortalisent l'événement : enfin du spectacle ! Personne non plus pour s'interposer quand une bande d'excités me prend à partie en me traitant de collabo. Là, j'en attrape un par le col. Je ne peux quand même pas tout subir sans broncher ! On m'a enlevé mon plâtre depuis une semaine, je vais vérifier si j'ai encore quelques muscles.

Vers le stand du point presse, j'aperçois Eva Joly et son entourage, François de Rugy, un petit sourire aux lèvres, comme s'il appréciait la bonne blague. Plus loin, je vois un stand de restauration baptisé *Fuckushuaïa*. Décidément, c'est ma fête, aujourd'hui ! Je commence à en avoir plus qu'assez. Si je ne suis pas atteint personnellement et que mon orgueil en a vu d'autres, l'idée que mes enfants voient à la télévision l'image de leur père insulté et souillé d'épluchures me rend triste pour eux. Puisque je ne suis pas le bienvenu ici, inutile de faire de vieux os. Sans même attendre la fin de la conférence de presse, je m'éclipse.

Je rentre à Saint-Lunaire en voiture. De temps à autre, je regarde mon téléphone portable. Durant les trois heures que durera le voyage de retour, je ne recevrai pas un seul appel de la part des gens d'EELV, un signe d'amitié après le sale quart d'heure que je viens de passer. Certes, tout ça n'est pas très grave, mais un peu d'humanité aurait été la bienvenue. Non, ils s'en fichent. En rentrant à la maison, je trouve Florence en pleurs, ayant eu vent de ce qui s'est passé à Nantes, les télévisions faisant déjà leurs choux gras de l'info. J'ai eu peur pour mes enfants, et c'est elle que l'incident a blessée. Tout cela m'attriste infiniment. Il faut que cette histoire s'arrête.

12 juillet 2011. Le second tour se résume à deux chiffres. Eva Joly : 58,16 %. Moi : 41,34 %. La messe est dite.

Pendant la campagne, Europe Écologie-Les Verts et notamment Jean-Vincent Placé ont négocié un accord avec le Parti socialiste sur un certain nombre de députés. Eva Joly, qui avait d'abord marqué sa désapprobation, est très vite revenue dessus. Moi-même, j'aurais été en rupture avec cet accord et, pour cette raison, je regrette moins d'avoir perdu. Conditionner l'engagement écologique à un ancrage politique m'aurait mis en difficulté, j'aurais eu un problème majeur avec ceux qui m'auraient poussé à rallier le camp socialiste, et toute la suite de ma campagne aurait été perturbée par des tensions internes. À quoi bon aller en campagne si tout est plié à l'avance ?

Il aurait fallu que je proclame ma symbiose absolue avec la gauche alors que, sur les sujets qui m'importent, elle n'est pas plus éveillée ou instruite que ne l'est la droite. Si leurs priorités diffèrent, leurs modalités sont identiques. Notre campagne devait être autonome et indépendante. Plutôt que de rejoindre un camp, j'ai cherché à rassembler.

Écologiste et humaniste, simplement. C'était possible, en tout cas je le croyais. Aurais-je été capable de recréer un parti, une formation sur d'autres bases, d'autres valeurs, d'autres modalités, une autre charte comportementale ? Je l'ignore, mais je ne pense pas qu'il y ait de fatalité dans la manière de faire de la politique. Aucune raison que tout le monde tombe dans ces affres-là, avec ces clans, ce sectarisme qui fait que tout ce qui ne vient pas de votre camp est forcément à bannir. J'ose espérer qu'il y a un espace pour une autre forme de politique. Je ne me résigne pas à ce qu'elle soit forcément agressive et violente.

J'ignore si l'avenir de l'écologie doit passer par l'écologie politique mais, dans l'état d'esprit actuel, je sais que l'avenir de l'écologie politique ne passera pas par cette formation. Il y a quelque chose de profondément vicié à l'intérieur d'Europe Écologie-Les Verts. Jean-Paul Besset a ouvert et fait évoluer le parti mais le fond est resté le même. Certes, il y a eu une espérance, de nouvelles adhésions aux Régionales et aux Européennes, mais la mentalité de la base n'a pas bougé. C'est une matière trop ancienne pour qu'elle se remette en cause. Il faudrait reconstruire sur de nouvelles fondations avec des codes, des principes et une charte comportementale… qui irait jusqu'au bon usage du vocabulaire ! Vaste programme.

Avant de quitter Paris, je réunis pour les remercier les membres de mon équipe de campagne, tous ceux qui m'ont soutenu. L'humanité que j'attendais, je l'ai trouvée auprès d'eux. Tous ont été exceptionnels et ces mois de complicité nous lieront désormais d'une façon très particulière. Dans cette campagne, si j'ai souffert, j'ai aussi fait de très belles rencontres, y compris avec les militants et certains cadres d'EELV. Des gens formidables. Dommage que la minorité qui insufflait la haine ait été la plus influente.

J'embrasse mes amis, chaleureusement : les caciques

du parti comme Denis Baupin ou Yves Cochet, fidèles parmi les fidèles, qui m'ont nourri de leur science avec patience et brio. (« Patience, ton tour viendra… », me dit Yves, oubliant que ce n'était pas une fin en soi pour moi d'être candidat.) Ceux qui comme Anne ou Benoît appartiennent à ma fondation et qui voulaient « être de l'aventure » y retourneront dès demain : du travail les attend ! Les adhérents d'Europe Écologie-Les Verts, comme Matthieu et Annabelle (qui sera élue EELV au Conseil régional des Bouches-du-Rhône), reprendront leurs fonctions, certains se tenant à distance de la suite de la campagne sans pour autant en dénigrer la candidate. Pascal, après le chagrin de l'échec, deviendra porte-parole d'Eva. Le combat continue et l'intérêt de la cause prime tout.

Ce jour-là, la tristesse est prégnante, il y a un vrai désarroi. De tous, Jean-Paul Besset est sans doute le plus profondément affecté. Il avait tellement misé sur notre travail, pensant que, culturellement, quelque chose avait bougé dans son parti et qu'on allait passer à une autre étape dans l'écologie politique ! Chaque matin de cette campagne, nous nous sommes appelés pour préciser un point, faire une analyse, prendre le pouls de l'autre. J'aimais ce moment où le jour pointait, où Jean-Paul rodait sur moi ses premiers mots d'humour de la journée, nos rires, notre belle complicité. Depuis un an, il a tout lâché pour ma campagne, y laissant au passage quelques plumes de santé et de cœur. Je sens, à ma grande tristesse, qu'il vit cet échec comme un échec personnel.

« L'équipe a besoin de toi pour continuer à y croire. » « Tu restes pour nous tous la meilleure voix de la cause que tu défends. » « C'est nous qui avons raison. Ne perds pas le cap ! »… Jean-Paul, comme tous ceux qui m'écrivent, ne comprend pas que je retourne à ma fondation, comme j'en ai l'intention. Je vais rebondir d'une manière ou d'une autre. Beaucoup pensaient que la primaire serait une première étape, et que j'allais ensuite continuer à creuser le sillon. Cette option m'a traversé l'esprit. Il y a quelque chose à reconstruire, c'est évident, un espace à combler. Les fondamentaux écologiques ne sont portés par aucun parti et mal représentés par Europe Écologie. La société française ne se reconnaît pas en elle alors qu'elle aspire naturellement à ces sujets. Mais je ne me sens pas l'énergie aujourd'hui de construire un parti.

J'ignore si je referai un jour une autre incursion en politique. J'ai fait, semble-t-il, la démonstration que cette voie-là pour moi est sans issue. Elle ne fait pas partie de mon ADN. Mais j'ai aussi appris à ne plus dire « jamais plus »... À ce stade, ce que je sais, c'est que demain mon attitude sera dictée par l'intuition de la plus grande utilité. Je n'en sais pas plus.

Après coup

Après avoir réfléchi quelques mois posément, j'ai réalisé qu'il y avait eu un sérieux antagonisme chez les membres d'Europe Écologie-Les Verts. Ils voulaient m'avoir à leur côté pour utiliser ma notoriété puis m'ont rejeté. Quand je l'analyse, je pense aux rumeurs qui ont couru dès que je me suis présenté aux primaires.

J'ai entendu que toute cette « opération » était « cousue de fil blanc » ; que cela permettait au parti de m'avoir à l'œil ; qu'on me neutralisait pour éviter que j'aille faire mon show tout seul comme en 2007 ; qu'on profitait, en passant, des effets bénéfiques de ma notoriété et qu'on pouvait, éventuellement, aller puiser dans le stock d'idées et de propositions de ma fondation. Tout cela, on me l'a dit et répété. *Ad nauseam.*

On m'a dit aussi que le parti m'aurait accueilli pour mieux me « carboniser » et se débarrasser de moi. Dernière rumeur qui m'est revenue aux oreilles : dans ce collège électoral très faible de la primaire, socialistes et écologistes auraient mobilisé leurs troupes pour m'empêcher de passer, les premiers craignant que les suffrages en ma faveur constituent autant de voix de réserve de moins pour eux.

Il y a sans doute un peu de vrai dans tout cela. Mais je ne voudrais pas laisser penser que je me construis une histoire pour me dédouaner de mes propres responsabilités. Comme un mauvais perdant.

Y a-t-il eu une stratégie organisée des Verts pour me neutraliser ? Ma conviction profonde me fait dire que non. L'opinion qu'ils avaient de moi n'a pas dû beaucoup varier quand je suis entré dans le mouvement. En revanche, ils se sont aperçus que j'avais une certaine capacité à mobiliser sur nos sujets, différemment et parfois plus efficacement qu'eux. Je pense que c'est pour cette raison qu'ils sont venus me chercher.

Peut-être, aussi, pensaient-ils récupérer la communauté de ma fondation qui avoisine à peu près un million de personnes. Mauvais calcul, et je sais pourquoi : pour la majorité de ceux qui me suivent depuis des années dans mon engagement, il ne doit pas être conditionnel de se situer à la gauche de la gauche pour être écologiste. Et ce n'est pas négociable.

Pour être tout à fait franc, et sans fausse modestie, peut-être aurais-je obtenu un meilleur pourcentage qu'Eva Joly aux Présidentielles, mais je n'aurais pas fait de miracle, justement à cause de cette question de positionnement. Les dizaines de mails reçus après coup me l'ont dit : « On vous suit depuis longtemps, on approuve votre engagement mais dans cette primaire, vous nous contraigniez à nous définir politiquement et pour nous ce n'était pas compatible. »

J'ai parlé d'Eva, de ses équipes, des doubles langages de Cohn-Bendit et de Noël Mamère, de l'obsession destructrice de Stéphane Lhomme. Je pense que Cécile Duflot a été sincère avec moi. Dès le départ de la campagne, elle m'a soutenu, m'accordant une attention que son devoir de réserve en tant que secrétaire nationale ne lui permettait pas d'outrepasser. Ses conseils étaient bienveillants et pertinents. En revanche, je lui reproche de ne pas avoir « tenu » la primaire comme elle aurait dû le faire en tant que patronne, de ne pas avoir fait respecter les règles auxquelles nous avions tous souscrit. Nous nous sommes retrouvés dans un barnum monstrueux où tous les coups étaient permis et personne n'est monté au créneau pour s'en plaindre. Ce manque d'autorité a été préjudiciable au mouvement et, plus grave, à l'écologie. Avec cette campagne calamiteuse, les écologistes ont créé une irritation dans la société française. Un rejet. J'espère qu'après avoir reproduit des erreurs qu'il avait déjà commises dans le passé, le parti aura fait son autocritique. Mais j'en doute.

*

Les jours qui suivent la fin de la campagne, je reste discret. Trop sans doute pour Cécile qui m'écrit et qui aimerait bien me voir rebondir tout de suite. Revenir vers le mouvement. Quand Eva Joly cherche à me joindre, je lui fais répondre que nous nous parlerons… plus tard.

Lorsque, fin juillet 2011, je lui téléphone, elle pense sans doute que je vais déverser ma bile. Je suis dans ma montagne corse, avec Florence et les enfants, et j'ai déjà programmé le voyage que je vais faire avec eux durant les six prochains mois. D'un ton cordial, Eva essaie de m'expliquer la vie : « Tu sais, Nicolas, dans une campagne politique, on est obligés de dire certains mots. Ce sont des artifices... » J'écoute silencieusement, en pensant que je ne suis pas d'accord. Non, non, Eva, on n'est pas obligé de dire « certains mots » si on ne les pense pas. Je n'ai rien répondu, à quoi bon, j'ai dit au revoir, raccroché poliment. Cette conversation depuis le « territoire des cochons sauvages » me semble presque incongrue, dérisoire. Le lien est rompu. Sans regret. (Surtout quand j'apprendrai qu'après avoir su que j'avais voté Mélenchon au premier tour de la Présidentielle, Eva s'est exclamée : « Grâce à moi, Nicolas Hulot a découvert la gauche ! »)

Plus de motivation, non plus, lorsqu'elle me propose de venir fin août aux Universités d'été d'Europe Écologie-Les Verts, à Clermont-Ferrand, l'idée étant sans doute de montrer à tous que pour le lancement officiel de la campagne d'Eva, la hache de guerre est enterrée. Je diffère ma réponse mais ma décision de ne plus remettre les pieds dans le mouvement est déjà prise. Daniel Cohn-Bendit dira que je suis vexé et que je sois là ou pas, « [il s']en fout ! » Cécile Duflot utilisera tous les moyens pour me faire changer d'avis, amicaux d'abord, plus rudes ensuite, lorsqu'elle me prédit de finir « comme un vieil animateur aigri ».

Après la victoire d'Eva Joly, certains ont interprété mon silence comme de l'amertume ou une forme de vengeance en ne la soutenant pas comme je l'avais annoncé. Ils ont oublié que, dans notre pacte, nous

nous engagions à respecter un certain nombre de règles dont celles de non-agression. Ces règles transgressées, la parole d'Eva a perdu toute valeur et je ne peux plus entendre celle qu'elle va tenir aux Français. Mon respect est tombé, la confiance envolée. Pas besoin d'être devin pour voir que la campagne s'achèvera de manière calamiteuse. Hors de question de m'abîmer là-dedans.

Je n'excluais pourtant pas de revenir quelques mois après pour donner un « coup de main » aux Verts, jusqu'à ce que je réalise que cela ne servirait à rien. Mes partisans n'auraient pas compris que j'y retourne, que je m'entête. Pour être très franc, mon « capital de confiance » n'ayant pas été trop entamé, je ne tenais pas à ce qu'il soit mis à mal en poursuivant l'aventure avec un parti qui ne me correspondait plus.

I had a dream

Ainsi que je le dis souvent, je ne suis pas né écologiste, je le suis devenu à la faveur d'un certain nombre d'événements. Les gens ne sont pas ignorants ou égoïstes mais, pour des raisons diverses, ils n'ont pas les mêmes éléments d'appréciation que moi. Beaucoup résument l'environnement à quelque chose d'extérieur au sort de l'homme, à la préservation de quelques espèces, à la gestion de quelques ressources, c'est une contingence parmi d'autres. Pour eux, c'est souvent un confort sensoriel, intellectuel ou spirituel. Peu ont conscience que c'est un sujet majeur qui conditionne l'avenir de l'humanité. Et c'est cette conviction profonde basée sur une réalité scientifique qui fait tout mon engagement.

Cette campagne était pour moi l'opportunité de leur donner de manière synthétique un ensemble d'éléments, de faire appel à leur bon sens. Qu'ils prennent conscience de l'échelle des enjeux, de l'ampleur de la menace. Cette campagne était une occasion rêvée car j'allais bénéficier d'un espace d'expression et d'attention extraordinaire auquel je désirais donner du sens, du corps, de l'épaisseur. Une tribune exaltante pour les idées et la pédagogie. Je suis incapable aujourd'hui de dessiner à quoi ressemblera le monde de demain mais je voulais expliquer quel devait être le chemin pour y parvenir. Je voulais créer un nouvel imaginaire collectif.

Me lancer dans la Présidentielle, c'était l'ultime engagement pour passer à une autre étape après le Grenelle de l'environnement. J'avais l'intention d'entrer dans « le dur », de proposer des mesures fiscales et constitutionnelles excessivement structurantes. Et donner aux Français des éléments d'appréciation pour qu'ils comprennent que l'écologie est une affaire majeure. Tant qu'on n'est pas convaincu du diagnostic, le statu quo est envisageable, on peut continuer comme avant. Nous sommes à un carrefour et il existe des voies de transition qui nous permettraient de faire un saut qualitatif, de redonner du sens au progrès, de flécher notre technologie, notre recherche, nos investissements en fonction des nouvelles contraintes du XXIe siècle. Construire un monde. Ne plus le regarder se défaire devant nos ordinateurs…

Cette campagne était un immense espoir. Je sentais que la société française était réceptive, que je pouvais faire une jonction entre elle et l'écologie, au sens apolitique et humaniste du terme. Forts de notre poids, nous aurions pu faire en sorte que la France soit motrice dans la construction européenne, que l'écologie soit son fer de lance, notre fierté, et que le pays des droits de l'homme soit celui de l'homme de demain. C'était la carte que je voulais jouer en me présentant, un objectif à plusieurs coups. J'ai fait un rêve.

*

J'ai imaginé, un temps, faire une plate-forme commune avec Jean-Louis Borloo compte tenu des multiples points de convergence que nous avions et de sa capacité d'évolution par rapport à sa propre culture politique. Pour cela, il aurait fallu que je l'emporte sur Eva Joly, que je monte dans les sondages en persuadant les électeurs potentiels d'Europe Écologie des valeurs communes avec les électeurs de Jean-Louis. Électeurs qu'à l'inverse nous pouvions nourrir de nos convictions et, pourquoi pas, enrichir de nos différences. Dans la mesure, évidemment, où Jean-Louis se présentait au centre et où il rencontrait une certaine adhésion. En combinant l'électorat écologiste et le sien, nous pouvions peser d'un vrai poids. L'un se désistant ensuite pour l'autre, nous aurions pu réaliser un résultat probant, et peut-être devenir la troisième force, en position d'arbitrer. C'était une hypothèse crédible, en faisant, bien sûr, abstraction de tous les imprévus d'une campagne.

Une utopie ? Peut-être pas. Pour les analystes politiques et les sondages, le domaine d'incertitude me concernant était plus important que pour les autres candidats qu'ils savaient mieux « mettre » en statistiques. Et deux mois avant que je ne me présente, 61 % des Français souhaitaient ma candidature, contre 30 % pour Eva qui battait la campagne depuis huit mois. Il y avait peut-être des raisons d'y croire… Jean-Louis et moi nous entendions bien, et j'ai pensé qu'avec lui, il y avait un espace à créer. Pas sur un plan politicien, mais en terme d'efficacité pour mon combat. Les clivages sont stériles quand on considère l'urgence écologique et on voit bien que même si les citoyens se rangent à gauche ou à droite, ils sont las de cette bipolarisation de la vie politique française. J'en veux pour preuve la « tentation » de Bayrou en 2007. Comme lui, Jean-Louis Borloo aurait rêvé d'avoir un centre autonome. Avant d'imaginer une troisième voie avec moi.

Après mon échec aux primaires écologistes, nous nous sommes revus. C'était au mois de septembre 2011. J'avais déjà entamé mon long périple avec ma famille, mais lors d'une escale à Paris, nous avons dîné ensemble. Pour moi, ce devait être juste un moment de retrouvailles amicales, il n'y avait pas d'ordre du jour. Pas pour lui. Il voulait me convaincre de le rejoindre et pensait qu'écœuré par l'attitude des Verts, je n'hésiterais pas. Ce soir-là, il espérait que nous allions nous unir pour les Présidentielles de 2012 ! J'ai secoué la tête : « Non, non, Jean-Louis, je ne suis plus dans cette logique, j'en suis sorti et je n'y crois plus. Et puis, si je te disais oui, je t'apporterais mon nom mais pas d'électeurs… » Il n'a rien répondu. Je l'ai vu se décomposer et j'ai compris que, seul, il n'irait pas plus loin. Ce soir-là, il a jeté l'éponge. Le mois suivant, il retirait sa candidature. Six mois qu'il avait quitté l'UMP. Il lui en faudrait six autres pour officialiser son soutien à Sarkozy.

En février 2012, quand je le retrouve à mon retour de voyage, Jean-Louis semble morose. Il me déverse toute son amertume sur les ONG et les écologistes : « Vous ne m'avez pas soutenu, vous n'avez pas valorisé mon action. En fait, vous êtes des militants politiques… » Je sens en lui un profond découragement, un dépit, pour ne pas dire un dégoût. Je comprends son sentiment. Il a travaillé sans compter et s'est fait houspiller par sa majorité, par la gauche et par les écologistes. Malmené sur tous les fronts, il a fini sur la touche. On le sait, la politique est ingrate.

*

Après mon échec aux primaires, Nicolas Sarkozy a souhaité me voir. La nouvelle de ce déjeuner a fuité et la presse s'en est emparée. Que n'ai-je entendu alors ! Que j'étais passé « à l'ennemi », que sais-je encore, alors que notre relation se résume à la dernière phrase de notre conversation : « Beaucoup de choses nous opposaient, mais nous avons eu des relations franches et loyales. » De la même façon, deux jours après son départ de l'Élysée, je l'ai appelé : « Je t'appelle simplement pour te dire que si on n'a pas toujours eu des relations faciles, j'ai apprécié que tu aies tenu tout ce que tu m'avais promis, et qu'il n'y ait pas eu de coups tordus entre nous. C'est tout. Au moment où tu quittes le pouvoir, je tenais à te le dire. » Il m'a remercié. Je l'ai senti très ému.

*

La suite des primaires, on la connaît. Face aux grands partis en lice, la cote d'Eva Joly n'a cessé de tomber et on ne l'a pas épargnée. Reconnaissons-lui un certain courage ! Vertigineuse a été la chute : 2,3 % à l'arrivée ! Si au moins ce maigre résultat avait été couronné d'une certaine audience pour l'écologie, si EELV avait contraint les autres candidats à s'emparer de ses thèmes, sa campagne aurait servi à quelque chose ! Je compte sur les doigts d'une main les candidats des grandes formations politiques qui ont prononcé les mots « écologie », « énergie » ou « changement climatique ». Et encore, du bout des lèvres. La biodiversité, la santé et l'environnement n'ont même pas été évoqués. C'était misérable et d'une indigence absolue. Pour les écologistes, un échec total.

*

Le sommet de Rio + 20 en juin 2012 restera la grande mystification de l'année. Je l'ai dit tout de suite : je ne m'y rendrais pas. 1992-2012 : il y a vingt ans, avec ma fondation nous étions à Rio pour le Sommet de la Terre. Sur 90 objectifs envisagés, à peine 4 ou 5 ont été vaguement réalisés, et les phénomènes que nous avions identifiés et que nous étions censés combattre n'ont cessé de se développer. Ce nouveau sommet est donc voué à l'échec. Les grandes puissances ne se déplaceront même pas. Elles ne font même plus semblant ! François Hollande y va, lui. À peine élu, il peut difficilement faire autrement, et sans doute espère-t-il peser dans les débats d'une manière ou d'une autre. Dans son discours d'ouverture du forum France Rio + 20 à la Villette, avant de se rendre au Brésil, il en appelle à « une prise de conscience », « un sursaut », il parle d'« un nouveau modèle de développement », des mots que j'ai prononcés des milliers de fois et qui sont restés comme lettres mortes. Je ne doute pas de sa bonne volonté, mais lorsque je monte à la tribune après lui, je casse un peu l'ambiance. « L'heure n'est plus aux constats mille fois faits, mais à l'action... », dis-je. Nous sommes dos au mur. Mieux vaudrait un incident diplomatique qu'un consensus mou. Je suis sceptique et las. Je le dis aussi.

Pour ce sommet dont je n'attends rien, j'ai demandé au président d'essayer d'obtenir deux ou trois choses dont l'inscription, dans le texte définitif, de l'Organisation mondiale de l'environnement et celle de la taxe Tobin. En exigeant que les fruits de cette taxe aillent aux pays du Sud pour les aider à s'adapter aux changements climatiques. C'est bien le moins qu'on puisse faire pour eux, nous qui les avons pillés sans vergogne pendant deux cents ans. Évidemment, ces clauses ont disparu du texte qui n'est qu'une suite de mots creux, insipides, sans calendrier ni contrainte pour personne. Un sommet resté au ras du sol.

Au vert, toute !

Après cette mésaventure, cap sur le plaisir, les très longues vacances. Quel bonheur de prendre du champ en compagnie de ceux qui n'en peuvent plus de me voir le front soucieux, Florence et les enfants ! Puisque mon combat n'a plus aucune efficacité, mieux vaut m'éloigner. Pour la première fois de ma vie, mon agenda est vide de tout rendez-vous professionnel. Rien n'est plus urgent qu'aller respirer, retrouver la beauté, chérir mes proches, rire, nous balader. Pour le reste, je rebondirai plus tard.

On m'a imaginé malheureux, meurtri dans un coin, ruminant ma défaite et traînant ma blessure comme une ombre. La vérité est qu'après quelques jours d'abattement, j'ai tourné la page. Je sais combien l'amertume peut être destructrice. J'ai voulu me distancier et, surtout, ne plus m'exprimer. Le silence s'imposait.

Les destinations sont décidées au dernier moment. Nous savons seulement que nous avons du temps devant nous. Six mois. Jamais une telle occasion ne se représentera. Nelson et Titouan sont encore petits, ce qui simplifie les choses pour leur scolarité. Nous leur ferons l'école avec travaux pratiques sur le terrain. Six mois de voyage et d'aventures : pour eux, c'est une éternité. On imagine la joie le soir où on a rempli les sacs à dos ! Si Leah, notre grande fille, avait pu se joindre à nous, notre bonheur aurait été complet.

J'ai coupé mon ordinateur, mes mails, changé mon numéro de téléphone. Injoignable. Seulement une fois par mois, j'appelle Anne de Béthencourt à ma fondation pour faire le point. Les journalistes ont cherché à me contacter mais, apprenant que j'étais parti en voyage avec ma famille, ils ont cessé leur traque. (L'un d'eux se rendra jusqu'à l'école de mes enfants pour tenter d'avoir des tuyaux.) Rarement, je me suis senti aussi libre.

J'ai sillonné une grande partie de la planète et très peu l'Europe. Pour commencer, nous visitons la Toscane où je ne suis jamais allé. Nous roulons dans ces paysages de vignes, tout en rondeurs ensoleillées, jusqu'à Venise.

Ensuite, l'océan Indien vers l'île Rodrigues : un mois et demi de navigation dans des paysages paradisiaques. Lagons turquoise, bassins naturels aux poissons exotiques, criques sauvages et blanches, si virginales que nous avons le sentiment d'être les premiers à les découvrir. Rodrigues, j'y reviens souvent. C'est mon refuge. Ma terre d'essentiel. L'un des rares endroits où je pourrais vivre une année entière, tant ses habitants sont souriants, paisibles, d'une gentillesse immédiate. De plus, l'île est un spot idéal pour le kitesurf…

Le kitesurf que je pratique depuis cinq ans est devenu une véritable addiction, une drogue dure que Florence partage avec moi – elle est encore plus accroc que moi, je crois ! Quand le vent s'engouffre dans le cerf-volant et qu'il m'arrache aux vagues de la mer, j'ai l'impression de danser avec lui, de lui résister pour ensuite m'abandonner à sa force et à sa fantaisie. C'est un jeu autant qu'un sport, une joute complice entre l'eau, le ciel et le kitesurfeur, petite brindille envolée, bringuebalée, retournée dans tous les sens mais qui retombe (presque) toujours sur sa planche. C'est une drogue et un authentique remède contre le stress, la fatigue, la lassitude. Combien de fois me suis-je réveillé à l'aube avec l'envie de partir en mer avec mon kite ! Une envie si puissante que mon copain Jérémie Eloy, qui vit en Bretagne à deux pas de chez moi, n'y résiste pas non plus, surtout quand je l'appelle à 6 heures du matin en plein mois de décembre et que je lui dis : « On y va ? » Lui pratique le « kite » depuis près de quinze ans, c'est un grand champion. Je me souviens de la virée que nous avions faite ensemble aux Bahamas pour *Ushuaïa*, où nos deux planches glissaient en parallèle sur une eau turquoise et transparente, d'où je voyais, parfois, la faune et la flore affleurer. Nous voguions à toute allure, grisés d'air et de soleil, le vent nous portait toujours plus loin. Il a fallu se faire violence pour revenir, je crois que j'aurais pu continuer à caresser ainsi la peau de l'eau jusqu'au bout du monde.

Après Rodrigues, nous avons navigué jusqu'à Madagascar, ses hauts plateaux, le grenier de l'île, ses rizières à perte de vue sous l'immensité du ciel. J'ai montré à mes enfants toutes les facettes de l'île, l'artisanat, les usines de textile, les petites fabriques de savon et d'objets en raphia, les planteurs de cacao, les pêcheurs ou les gardiens de zébus. Nous dormons chez l'habitant, visitons les associations que la fondation soutient. Je suis heureux qu'ils découvrent les coulisses de Madagascar, qu'ils réalisent qu'on peut trouver des élans de bien-être dans des choses toutes simples. Le sourire peut naître aussi sur le terreau de la misère.

L'Afrique noire, pour finir. Je leur avais promis de les emmener au Tchad, dans le nord du pays, où j'étais venu pour *Ushuaïa*, au Tibesti, un des lieux les plus sauvages et les plus beaux de la planète. Le désert comme le cœur d'un diamant, là où il est le plus pur, le plus dur. S'il est arrivé que mes enfants me rejoignent sur les tournages de l'émission, ils n'ont jamais pu rester très longtemps à cause de l'école. Cette fois, nous passerons un mois entier dans des paysages désertiques et rocheux, sur le territoire des Toubous dont certains, dans les coins les plus reculés, voient des enfants blancs pour la première fois de leur vie. Tout de suite, ils se prennent d'affection pour Nelson et Titouan, les guides deviennent des copains, ils ne les quittent pas, veillent sur eux. Mes garçons sont heureux. Chaque jour qui passe, leur peau blanche se tanne au soleil et à la chaleur, leur curiosité s'aiguise et, le soir, quand Flo et moi les couchons sous la tente, la lumière qui brille dans leurs yeux nous émeut. J'ai craint un moment que cette région si sauvage ne soit trop rude pour eux, et les conditions de vie très spartiates pénibles pour leurs tendres épidermes. Pas du tout. Le désert a imposé sa loi, naturellement. Il n'y a eu ni caprice ni plainte de leur part. Ils n'ont pas demandé ce que le désert ne pouvait pas leur donner. Chacun s'est adapté, sans poser de question. C'est avec les Toubous que nous passerons les fêtes de Noël et du Nouvel An. Dans une plénitude totale, assis sur le sable, le nez levé dans la nuit vers le ciel d'encre constellé d'étoiles. Derniers jours avant de rentrer en France. Nous sommes en janvier 2012.

Cette longue parenthèse d'intimité familiale et d'éblouissements a balayé les ultimes filaments nuageux. À Madagascar, j'en ai profité pour contacter des ONG avec qui je travaille ou compte travailler à mon retour. J'avoue que la tentation a été grande de poursuivre l'aventure quelques mois supplémentaires ! Une seule chose m'en a empêché : ma fondation. J'ai appris par Anne qu'elle risquait d'être pénalisée par mon absence et je ne veux pas mettre en péril la vie professionnelle de ceux qui y sont salariés. Tous m'ont vu partir à la bataille politique avec crainte et émotion, ne sachant pas combien de temps je les quittais. Quand je leur annonce que je vais demander à revenir à la présidence que j'avais dû abandonner pour me présenter aux primaires, ils sont soulagés. De la même façon, j'ai senti que le comité de veille écologique, les experts, les chercheurs, les scientifiques qui collaborent bénévolement à la fondation attendaient mon retour avec impatience. Il fallait les réunir et qu'on se retrouve.

J'avais hâte. Cette communauté que j'aime et que j'admire est ma deuxième famille. Quand j'ai quitté *Ushuaïa* et la fondation pour me présenter aux primaires, je suis passé d'un monde chaleureux et vivifiant à un autre où je ne savais pas à qui je pouvais tourner le dos sans risquer de me prendre un poignard ! D'avance, l'idée de revenir aux miens, de rentrer « à la maison » me fait chaud au cœur. Avec mes amis, je vais réfléchir aux manières de continuer…

Deux maroquins... Et après ?

La Présidentielle s'éloigne, les Français ont élu François Hollande et renvoyé Nicolas Sarkozy à la vie civile, un peu surpris de le voir disparaître du jour au lendemain de la presse et du petit écran. Les élections législatives achèvent de donner tous les pouvoirs à la gauche. Avec l'élection de dix-sept députés, Europe Écologie-Les Verts a pu former un groupe à l'Assemblée nationale. Compte tenu du « micro-score » d'Eva Joly, on peut dire qu'ils ont réussi leur pari ! Dix-sept, c'est très peu, et ce n'est pas sain que l'écologie soit à peine représentée. Vont-ils peser sur la politique de François Hollande ? J'en doute. Cécile Duflot a les clés du Logement, Pascal Canfin celles du Développement et ils ont déjà dû avaler leurs premières couleuvres. Et voilà qu'à présent Arnaud Montebourg, qui pendant la campagne n'a cessé de se référer à moi en disant que j'étais le meilleur interlocuteur écologiste, remet sur la table une question qu'on pensait réglée, à savoir l'éventuelle exploitation des gaz de schiste au nom du redressement industriel. Je comprends les contraintes économiques, mais en cédant sur cette ressource géologique, nous nous retrouverons à nouveau dans une vision à court terme qui fait abstraction des conséquences environnementales et de l'augmentation des gaz à effet de serre ! Il n'y a pas de révolution, aucune créativité, pas de remise en cause du système, mais toujours les mêmes petites et mauvaises recettes.

Avec si peu d'impact, comment les Verts imposeraient-ils des mesures structurantes et contraignantes au Parti socialiste ? Qu'ont-ils négocié ? Deux postes de ministre, une vague promesse que le nucléaire sera porté à 50 %

(sans préciser s'il s'agit de la production actuelle ou future) et la fermeture du site de Fessenheim pour fin 2016. L'important aurait été de partager une vision du modèle énergétique et d'étudier ensuite les modalités pour y parvenir. Le ministère de l'Écologie, qui était un ministère régalien et dont le territoire avait été élargi lors du gouvernement précédent, a rétréci comme peau de chagrin, et personne ne s'en est ému. Les écologistes auraient pu au moins demander à ce que la voilure ne soit pas réduite par rapport à ce que la droite avait réalisé. Premier raté du gouvernement : Nicole Bricq est « mutée » après quelques jours pour avoir tenté de revenir sur des permis d'exploration obtenus par Shell au large de la Guyane. Faut-il y voir un mauvais présage ? Delphine Batho la remplace, consciente de l'ampleur et de la complexité du sujet. Elle ne tardera pas, elle aussi, à être limogée pour s'être plainte publiquement des coupes budgétaires imposées à son ministère.

À l'époque où Jean-Louis Borloo et Nathalie Kosciusko-Morizet étaient aux manettes de l'écologie et tentaient d'accorder leurs tempéraments impétueux, tout ce qui émergeait de leur ministère était systématiquement « torpillé » par Matignon et par François Fillon, peu sensible aux questions environnementales. (Le même François Fillon qui, il y a peu, défendait un projet très coûteux de circuit de Formule 1, à Flins, aux portes de Paris, sur des terres agricoles où l'on pratique l'agriculture biologique !) Avec Pierre Moscovici à Bercy et Jean-Marc Ayrault à Matignon, tous deux un peu rétifs, me semble-t-il, à ces sujets, j'espère qu'on ne reproduira pas la même chose.

Le marqueur étant le projet d'aéroport de Notre-Dame-des-Landes, le « superbébé » du Premier ministre, symptomatique, pour moi, de la planification des Trente

Glorieuses. Le monde était en expansion permanente avec des besoins qui augmentaient. Il fallait anticiper pour ne pas être pris de court, alors on prévoyait de nouveaux aéroports, de nouvelles autoroutes… Il me semble pourtant que le transport aérien ne devrait pas « exploser » dans les années à venir, ne serait-ce qu'à cause du coût et de la raréfaction du carburant. Les experts disent que pour rentabiliser cet aéroport, il faudrait tabler sur une hausse du trafic aérien de 3 % par an. Ils savent déjà que cela ne se produira pas.

En attendant, on s'apprête à détruire des milliers d'hectares de terres agricoles, induisant, pour les populations, des méthodes d'expulsion héritées d'un autre âge alors qu'il existe déjà dans la région deux aéroports, à Nantes et à Rennes. En France, environ tous les huit ans, c'est l'équivalent de la surface d'un département qui cède à l'artificialisation des sols. Si on ne régule pas ce genre de chose, on peut imaginer à quoi l'Hexagone ressemblera dans cinquante ans !

La décision n'est pas encore validée et je veux croire que, sur l'autel de la rigueur et compte tenu de l'état de notre budget, Jean-Marc Ayrault trouvera un moyen de sortir de ce projet ruineux, inhumain et inutile. Idem pour la construction de nouvelles autoroutes et lignes de TGV qui n'ont pas de raison d'être. L'urgence aujourd'hui est de réhabiliter les lignes de TER et de RER. De les rénover pour que les voyageurs, et notamment les Franciliens, cessent de faire, chaque jour, des heures de transport dans des conditions déplorables. Elle est là l'urgence sociale et non pas de détruire des corridors pour gagner dix minutes sur un tracé ! Ce sont des mœurs d'une autre époque. Il faut réduire notre addiction à la vitesse, entrer en cellule de dégrisement et se fixer des limites. Se contenter d'aller à Marseille ou à Nice en trois heures et demie. Personnellement je rentre chez moi, de Paris en Bretagne, en trois heures et quart et je m'en porte très bien !

J'entends déjà ceux qui m'accusent de vouloir ramener la société à la lampe à huile ! Toujours les mêmes vieux clichés que l'on plaque sur les écologistes, nous les archaïques, « les anciens contre les modernes »... Au contraire, j'ai expliqué que la vraie modernité, c'est celle qui tient compte de tous ces paramètres, qui ne les occulte pas mais qui donne du sens au progrès. J'aimerais juste savoir si un troisième aéroport en région Bretagne est une obligation économique et si cela va rendre les gens plus heureux...

Je pense que non. Aujourd'hui, nous arrivons aux limites d'un système mais les élus et les technocrates continuent d'appliquer des recettes politiques et économiques dépassées. La plupart d'entre eux sont issus des mêmes écoles, leur analyse du monde est identique. Selon eux, nous vivons une ère d'abondance et la croissance quantitative est le remède universel, le modèle économique le plus vertueux. Ce postulat, ils ne veulent pas le remettre en cause. Alors qu'on sait maintenant que nos ressources sont en récession et que la planète nous impose des limites. Les lois humaines ne peuvent pas s'affranchir de la loi de la nature.

Qu'es-tu venu faire dans cette galère ? Mes amis n'ont cessé de me poser la question quand je suis entré dans la campagne présidentielle. La décision la plus paradoxale de mon existence. Pourquoi entrer dans cette ronde du pouvoir après avoir passé tant d'années avec la nature, sa simplicité, sa puissance et le message d'humilité qu'elle ne cesse de nous prodiguer ? C'est justement pour elle que j'ai endossé ce costume improbable. C'est *Ushuaïa* qui m'a mené vers ce combat. Encore aujourd'hui, je repars sans cesse en pensée dans ces aventures extraordinaires que nous avons vécues avec mon équipe, une famille.

Qu'es-tu venu faire dans cette galère ? La réponse est dans l'itinéraire d'une vie.

2

Ma maison est le monde

Je connais bien mieux les civilisations anciennes et lointaines que l'histoire de ma famille. À la maison, on ne se parlait pas. Peut-être, à certains moments, aurait-il fallu poser les bonnes questions, percer les mystères. Et ils étaient nombreux. Petit, je ne savais pas. Ensuite, je n'ai plus osé.

C'est un paradoxe de n'avoir rien su – ou si peu – de ce qui se passait à l'intérieur de mon propre cocon, et d'avoir passé ma vie à crapahuter pour prendre des nouvelles des autres. Enfant, la vision que j'avais du monde et de la vie était totalement stéréotypée. Mon voyage intérieur s'est construit sur mes voyages. Ils m'ont permis de me connaître, de me trouver en me dépassant. Mon école, mes universités ont d'abord été celles du voyage.

D'un regard classique sur le monde, parfois même désinvolte, je suis passé à un regard plus étayé. D'abord en position fœtale, la tête sur le nombril, le corps se redresse peu à peu, la conscience s'anime, un certain nombre d'événements vous ouvrent les yeux et l'on apprend à regarder autour de soi. Étriqué, à l'image de mon milieu, je me suis déployé pour aller vers les autres.

Chacun dans l'existence a son lot de tragédies et j'ai eu les miennes : la séparation brutale de mes parents, la tentative de suicide de mon père, sa mort prématurée dans une triste solitude, la disparition pendant plusieurs mois et sans explication de mon frère. Et la découverte de son corps, presque par hasard. Gonzague, suicidé, enroulé dans un tapis au fond de la cave de notre immeuble. Mon pied a cogné quelque chose dans le noir. C'était un soir de Noël, j'avais dix-neuf ans. Mon enfance s'est fracassée cette nuit-là. « Avec l'amour maternel, la vie vous fait à l'aube une promesse qu'elle ne tient jamais. » Cette phrase magnifique de Romain Gary, peut-être l'une des plus belles de la littérature, je l'ai reçue de plein fouet, en coup de poing.

On pourra aisément comprendre, selon le fameux aphorisme « tout ce qui ne nous tue pas nous rend plus fort », que cet événement m'a donné une perception des choses très différente que celles imaginées dans le nid ouaté où je végétais. J'ai appris brutalement que l'existence pouvait être fragile, éphémère. Aux pieds de mon frère gisait un mot griffonné : *La vie ne vaut pas la peine d'être vécue*. Jamais il ne m'en avait dit autant et il se sauvait sur ces mots définitifs. Je ne crois pas m'être interrogé sur ce que j'en pensais, mais dans les jours qui ont suivi, je me suis senti gagné par une extraordinaire appétence pour l'instant présent. J'ai pris immédiatement le contrepied de sa phrase en retournant le sablier. Désormais, chaque heure, chaque minute, chaque seconde seraient remplies par une urgence de vivre à tout prix. Avec ivresse. Oui, la vie, toutes les vies valent la peine d'être vécues. J'ai répondu à sa mort, à la souffrance par un souffle nouveau. Ce souffle-là reste au cœur de tous mes combats.

Mon frère était intelligent, sensible, nous aurions pu être les meilleurs copains du monde, mais nous ne nous entendions pas. Ses problèmes psychologiques, son agressivité l'isolaient. Moi, je ne comprenais rien à cette maladie de la Tourette, ou je ne voulais pas savoir. Peut-être étais-je mal à l'aise avec ce frangin « pas comme les autres ». Le fait est que nous n'avons rien partagé, ni confidences ni jeux. Il était malheureux, il ne le disait pas et je n'ai rien vu venir. Six mois avant son suicide, il avait disparu de la maison sans dire un mot, ce qui avait rendu ma mère folle d'inquiétude. Des nouvelles, nous en avions eu par la famille et les amis de province que Gonzague visitait, allant chez l'un, chez l'autre. L'air de rien, il faisait sa tournée d'adieu. Personne n'a compris qu'il programmait déjà sa sortie définitive.

Sans doute aurais-je dû sentir que quelque chose de tragique se tramait derrière cette fugue majeure. Mais ma mère nous protégeait, ma sœur Béatrice et moi. Elle masquait, dissimulait, prenait tout en charge, comme toujours, et encore plus après la mort de mon père. Elle a traversé toutes les épreuves de sa vie, sa dignité en étendard. Droite contre vents et marées. Et pudique, toujours, trop sans doute, c'était notre marque de fabrique : chez les Hulot, on cachait ce qui faisait mal et on ne parlait de nos problèmes qu'une fois réglés. Nous ne savions pas appeler à l'aide. Du reste, je n'ai jamais vraiment appris. J'ai la chance d'avoir des amis, ces amitiés vraies résistant à l'usure du temps et à mes fréquentes absences. Ils ont su me faire doucement violence pour que j'accepte de me livrer.

Pour ma mère, la mort de Gonzague a été le coup de grâce. Dans cette famille explosée puis mutilée, elle donnait le change, mais on voyait bien qu'elle était brisée. Quelque chose d'elle est parti avec mon frère. À jamais. Ce drame n'a pas resserré les liens pour autant, ni délié les langues. Chacun a porté sa tristesse et sa stupeur dans son coin, et la vie a continué un peu plus lourde. Surtout pour ma mère.

J'avais douze ans quand mon père quitta le domicile familial. J'ai peu de souvenirs de lui, d'autant que la séparation de mes parents se passant très mal, je le voyais peu. L'éloignement de celui qui était la joie de la maison posa une chape de plomb et de silence sur nos têtes. Car mon père était quelqu'un de gai, de sociable, adorant faire la fête. Une qualité dont ses amis se souviennent : « Quand ton père arrivait, me disent-ils, on savait que c'était la promesse d'une bonne soirée. Il avait mille projets, mille histoires à raconter. » Un être simple, authentique, comme je les aime. Il détestait les faiseurs, les suffisants. De ce point de vue, nous sommes semblables : je suis à l'aise partout sauf avec les prétentieux.

Ses récits d'aventures, il les gardait sans doute pour les copains d'apéro ou les fins de soirée, quand nous étions couchés. J'aurais adoré les entendre. La vie ne nous a pas laissé le temps de nous connaître et, lui, de me transmettre ce qu'il avait de plus profond, de plus précieux. Des années après sa mort, des gens sont venus vers moi en me demandant si j'étais « le fils de Philippe Hulot ». Et, là, la révélation. Mieux qu'un rêve. Mon père à moi, m'apprenait-on, avait été chercheur d'or en Amérique du Sud, au Venezuela, très précisément ! Il avait même connu Henri Charrière, le célèbre « Papillon », et Georges Clouzot. Lui, le petit directeur commercial des confiseries Saint-Jacques !

Chercheur d'or… Incroyable. Il me suffisait de fermer les yeux pour l'imaginer à cheval dans les montagnes, cigarillo aux dents, longeant le lit boueux du Rio Caroni ou arpentant la région d'Eldorado, le rendez-vous des aventuriers. De tous les tueurs, aussi… J'aurais adoré raconter ça à mes copains d'école, mais cette information, je ne l'ai eue que très tard, j'étais grand déjà. Joli cadeau que me faisait la vie en me redonnant un père mythique à aimer, à admirer, à atteindre peut-être, à dépasser pourquoi pas. Un baroudeur de père parti trop tôt mais qui, d'où il était, m'indiquait la direction à prendre.

Cette période de sa vie n'étant pas considérée comme très glorieuse dans le milieu bourgeois et conformiste des deux familles, ses faits d'armes m'ont été soigneusement dissimulés. Il ne faisait guère rêver que mes petits cousins avides d'aventures, dont Yves, l'un d'eux, se souvient de mon père illustrant ses propos en faisant jaillir des pépites d'or de sa poche !

J'appris aussi que pour se payer son voyage « aux Amériques », il avait « emprunté » les bijoux de sa mère (la femme de mon grand-père architecte dont Jacques Tati s'inspira pour le personnage de *Monsieur Hulot.* Il en copia surtout la silhouette, mon grand-père n'étant pas aussi fantasque. Loin de là…) Dire que l'initiative un peu « limite » de mon père déplut à ma grand-mère est un euphémisme : jamais elle ne le lui pardonna. Ce qui, a posteriori, explique beaucoup de choses qui m'échappaient, enfant. Entre autres, pourquoi nous ne vivions pas avec mes oncles, tantes et cousins dans le bel immeuble de famille ? Son dernier méfait l'avait discrédité aux yeux de ma grand-mère et déshérité à tout jamais. Tout cela, je ne l'ai su que beaucoup plus tard et j'ai compris les raisons de notre disgrâce, de notre rejet. Ce que je sentais confusément sans mettre de mots dessus.

Dans le bagage que j'ai reçu de mon père, il y a ce goût très prononcé pour les grands espaces, les fleurs, il avait une passion pour le jardinage, le bouturage, les greffes… D'où sa décision, quand j'avais douze ans, de quitter le gris Paris et d'envoyer valser les bonbons pour ouvrir un *garden-center* à Nice. Et au diable le qu'en-dira-t-on ! J'imagine la consternation dans le « camp » de ma mère ! Mais l'appel du large et du vert était trop fort. Il partit en éclaireur, et nous le rejoignîmes un an plus tard.

Cet amour de la nature, il me l'avait transmis avant, quand nous nous retrouvions tous à Épernon, sur un bout de terrain qu'il s'était fait prêter. Un espace qui me semblait immense mais qui se révéla minuscule lorsque j'y retournai des années plus tard, planté d'arbres et de fleurs, avec une cabane en planches au bord de la rivière construite par mon père, une bicoque de rien du tout mais dont nous avions fait notre « maison de campagne ». Je sais aujourd'hui qu'elle a été la maison du bonheur. Dans ces odeurs d'herbe coupée et ces parfums de roses, je me sentais bien et je voyais mes parents heureux, mon père penché sur sa bêche, ma mère s'extasiant sur la beauté d'une fleur.

Les dimanches soir, nous revenions à la maison avec une collection de tulipes, lui les ongles terreux, elle les bras chargés de lilas blanc nous les faisant sentir avec ravissement. Il m'en est resté une habitude tenace : chaque jour en Bretagne, je me penche pour respirer les roses de mon jardin – sans jamais retrouver le parfum capiteux, à la fois frais et envoûtant de celles de ma mère. Ces journées à Épernon étaient un temps de repos et de bien-être pour elle, une parenthèse dans sa vie professionnelle un peu rude. Je me souviens des pique-niques familiaux, à l'ombre d'un saule, et de mon exaltation, bras et visage dans l'herbe, à me sentir si proche d'elle. *Avec l'amour maternel, la vie vous fait à l'aube...*

Courageuse, infiniment généreuse et, qui plus est, d'une grande beauté, je ne l'ai jamais entendue se plaindre de son emploi de déléguée médicale, un métier ingrat et exténuant. J'avais une trentaine d'années quand elle nous a quittés. Son rêve, que je n'ai pas eu le temps de réaliser, aurait été de vivre à la campagne, tranquillement, loin de toute agitation. Entre une enfance difficile, un mariage qui a tourné court, elle n'a pas eu le temps d'être heureuse. Au moins ai-je la joie de l'avoir emmenée, quelques années avant sa mort, en voyage au Zimbabwe et au Botswana, elle qui suivait de près toutes mes expéditions. Aussi fière qu'inquiète, elle découpait et gardait les articles de presse qui les relataient.

Lorsque nous nous sommes installés à Nice, la relation entre mes parents s'est complètement délitée. Je n'ai pas senti le cataclysme arriver. Mes souvenirs sont vagues. D'où ai-je appris ainsi à me protéger ? Il a fallu les confidences récentes de Béatrice pour qu'ils remontent à la surface comme des bulles. Elle m'a appris que la police était venue plusieurs fois à la maison pour emmener mon père. Il avait un sérieux problème d'alcool. Peut-être était-il violent... Quand je ferme les yeux, j'ai une vision fugitive de silhouettes dans un couloir, la nuit, d'uniformes et de fourgon, peut-être une ambulance. Tout est flou. J'en étais resté à ses frasques, quelques infidélités, son imprévisibilité sans doute pénible à vivre pour ma mère, mais je n'imaginais rien de si grave. « Ton père est un très bon ami, mais un piètre mari » m'avait dit un cousin. Une manière gentille et pudique de présenter les choses... Aujourd'hui, mes parents sont partis, emportant avec eux leurs secrets. On peut s'étonner que j'apprenne si tard des histoires aussi essentielles de ma famille. Je ne sais pas s'il faut s'en réjouir ou le déplorer, c'est ainsi. Sans doute, inconsciemment, ai-je voulu à l'époque échapper à certaines réalités et prendre mon temps pour être capable de les regarder, non sans émotion, mais sans blessure.

Beaucoup de questions resteront sans réponse. Mais mon père a dû bien faire souffrir ma mère pour qu'elle coupe ainsi les ponts avec lui après leur séparation. Et ce jusqu'à sa mort. Jamais elle n'acceptera qu'il réintègre le domicile familial alors que, très malade, il me disait l'aimer toujours et qu'il me faisait passer des messages de remords et d'amour. « Dis-lui que j'aimerais bien revenir, la revoir... » Il espérait que les choses s'arrangeraient. Mais quand j'ai transmis l'information, je me suis heurté au beau visage fermé de ma mère qui a refusé jusqu'au bout d'entendre son repentir.

Vouloir tamiser la vérité, c'est bien beau, mais chez nous c'est allé très loin. Toute mon enfance, j'ai cru que mon grand-père maternel était mort, ainsi que le prétendait ma mère. Et c'était faux ! À cause de ce mensonge, je ne l'ai jamais connu. Béatrice et moi avons découvert longtemps après que, chaque année, lorsque nous partions en voiture en Bretagne, si ma mère faisait un détour par Romorantin, c'était pour aller embrasser son père. Nous, nous restions dans la voiture sans savoir qui était la personne mystérieuse à qui elle allait rendre visite. C'était l'autre grand secret : mon grand-père avait été banni par sa famille pour avoir dilapidé toute la fortune de son propre père au jeu. Une fortune immense puisque mon arrière-grand-père faisait partie des deux cents plus grandes fortunes de

France, ayant été l'un des concepteurs des premiers barrages hydrauliques. Je me souviens de ma grand-mère maternelle, séparée de son joueur de mari, dans son petit appartement où demeuraient encore quelques vestiges d'une grandeur passée. Lorsque nous déjeunions chez elle, en fin de repas, elle disait pompeusement : « Passons au salon ! » Ledit salon n'étant rien d'autre que le canapé installé dans la même pièce !

*

Je n'étais doté d'aucune qualité exceptionnelle, d'une taille et d'un poids moyens, plutôt chétif – dans la famille Hulot, on était du genre « fil de fer ». Je n'avais ni talent ni don particulier et, dans mes études, je ne pointais pas aux places de tête.

Très tôt, j'ai vu chez moi tout ce que je ne savais pas faire ou faisais mal et un déficit de confiance commença à s'accrocher à chacun de mes gestes, m'obligeant à ne pas me satisfaire des choses facilement obtenues et à travailler plus que nécessaire. C'est ainsi que je suis devenu très exigeant avec moi-même.

Ce cruel manque de confiance, je le situe assez logiquement à la période de l'adolescence. Avec quelques souvenirs précis. Le milieu bourgeois qui était le nôtre avait ses rituels, ses conventions, ses codes, qu'on subissait lorsque nous n'en étions pas exclus. Le point d'orgue étant les grandes parties de chasse en Sologne où il arrivait que ma famille soit conviée. Par charité chrétienne pour ma mère, j'imagine, ou envie de radotages supplémentaires sur notre « bohème ». Je la revois encore garant sa Dyane orange au milieu des belles Rover grises. On est trop voyant quand on est pauvre, j'aurais préféré me fondre dans le décor. Mes cousins avaient tous revêtu leurs costumes d'apparat pour aller chasser. Moi, j'étais le vilain petit canard, pas celui qu'on tirait au fusil mais qu'on pointait du doigt parce que je portais des Clarks, et que j'avais les cheveux longs. D'où, je suppose, mon aversion définitive pour la chasse et la coupe en brosse. Le *dress-code*, je ne le possédais pas et, à cause de cela, leurs fameux « rallyes » m'étaient fermés.

Aujourd'hui, ces mondanités futiles me font fuir en rigolant, mais à l'époque je me sentais ostracisé, rejeté. D'autant qu'étant le petit dernier, le plus frêle de constitution, je servais souvent d'exutoire à mes cousins, avec tout ce que cela supposait comme humiliations. Ils m'en faisaient voir de toutes les couleurs : combien de fois me suis-je retrouvé attaché à un arbre, victime de tous les sobriquets ? Rien de bien grave mais ces blessures d'enfance m'ont forgé au point de ressentir une véritable intolérance à l'injustice.

Mes cousins sont partis dans leurs prestigieuses universités (ou ont hérité des bonnes situations parentales) et je suis allé « faire » médecine. Médecine, cela rassurait ma mère qui me voyait « casé » pour un moment. J'avais signé pour neuf ans, sans enthousiasme, la perspective de toutes ces années d'études refroidissant sacrément mes envies de soulager la veuve et l'orphelin grippé. Six mois plus tard, je raccrochais le stéthoscope. Un médecin dans la famille, ça fait sérieux, mais j'étais pressé. Toujours mon histoire de sablier. Après avoir souffert avec le sentiment de ne pas être du bon côté de la rive, j'ai fui l'uniformité, le mimétisme des collets montés et je suis parti me construire sur mes différences. C'était, à l'époque, mon seul luxe.

Culturellement, sociologiquement, j'étais programmé pour un autre parcours, mais il a fallu que je me démarque pour exister. Quand on est grand, beau, intelligent, pourquoi faire des efforts ? Pour être reconnu, je suis devenu audacieux. Très tôt, un électron libre, l'autodidacte autoproclamé, avec ce que cela comporte de lacunes et de manque de repères. Voire de complexes : on ne se remet jamais du manque de diplômes. J'ai vite compris que je ne pouvais compter que sur moi au point d'en faire une religion peut-être même excessive. Un oncle à qui, pour la première – et la dernière – fois de ma vie, j'avais demandé de me dépanner financièrement, me prêta une somme dérisoire et me tanna immédiatement pour que je la lui rende. J'en fus profondément humilié. Depuis, si je peux demander de l'aide pour les autres (pour ma fondation, par exemple), je suis incapable de solliciter quoi que ce soit à titre personnel.

Mes débuts professionnels pourraient se résumer en quatre mots : mille métiers, mille misères. Plagiste à Juan-les-Pins, face à cette mer très bleue, très dense et sans marées. Dénuée des belles respirations de la Manche à Saint-Lunaire où, de l'enfance à l'adolescence, j'ai passé mes vacances dans une maison louée par mes parents et baptisée *Mon rêve*. J'y ai entériné les plus beaux des miens, les soirs de songes solitaires sur le sable froid, les yeux rivés à la ligne d'horizon, et suis revenu, adulte, sur le front de mer lunairien pour boucler la boucle. Et y retrouver le parfum des souvenirs d'enfance et le milliard de bêtises que j'y ai faites en bateau et en planche à voile, savamment inspiré par mes copains Antoine, François, Dominique et Yvon.

J'ai quinze ans. À Juan-les-Pins, toute la journée, pique à la main, je slalome sur le sable entre jambes luisantes et pieds panés, les yeux traînant sur le corps des filles alanguies, à ramasser les emballages d'esquimaux, les tubes vides de crème solaire et les bobs oubliés. Exténuant, la Côte d'Azur ! Au soleil le jour, et pompiste la nuit, défoncé aux vapeurs d'essence. Et pas moyen de s'assoupir dix minutes. Puis, plongeur dans un restaurant niçois. *No comment*. Les piles de vaisselle me donnent encore le tournis. Mon premier « vrai » métier, je l'ai inventé en observant les familles sur la plage qui n'osaient pas sortir leur caméra ou l'appareil photo à cause du sable. « Nicolas Hulot, photoreporter », pour vous servir ! Mon premier Olympus au poing, acheté à crédit, je deviens photographe… tendance Bidochon. Et je laisse, en partant, ma carte de visite aux vacanciers désireux de retrouver leur bobine cramoisie sur papier glacé. Tous la veulent, tous l'achètent. Et mes poches se remplissent.

Quand on n'hérite de rien, on apprécie ce que l'on obtient à la sueur de son front. En l'occurrence, ma première moto, un luxe inutile à Paris mais indispensable pour sillonner la côte et l'arrière-pays niçois. J'ai seize ans, l'âge de l'émancipation, des premières passions et l'inconscience qui grimpe aussi vite que l'aiguille sur le cadran. À cette époque, les sports mécaniques sont rois et j'aime passionnément la moto, la vitesse et la compétition. Pour moi, les pilotes d'hélico sont des demi-dieux. Je les admire, avec l'envie de voler comme eux. (J'entends déjà mes détracteurs. Oui, oui, tout petit déjà…) Dès que j'ai trois sous de côté, je me paie une leçon de pilotage. Un apprentissage hors de prix pour ma bourse et assez compliqué, mais je m'accroche, le manque de confiance me pousse à me dépasser. C'est parce que je suis sûr de ne jamais parvenir à piloter un tel engin que je m'obstine et que j'obtiens mon brevet !

La vie commence à Cape Town

Le destin tient à peu de chose, on le sait. En quelques secondes, pour un oui, pour un non, l'histoire bascule, les cartes sont redistribuées. Ce jour-là, Thierry Macheras, mon copain de Bretagne, l'ami providentiel, vient m'arracher à mes études de médecine. En fait, elles s'arrêtent définitivement à cette seconde : « Viens, je te ferai naviguer avec Tabarly et peut-être que tu pourras embarquer pour Le Cap-Rio… », me dit-il. Carrément. Bouche bée devant mes polycopiés, crayon en l'air, je l'écoute me vanter la beauté du voyage et, lui, attend que je donne ma réponse. Parce qu'il faut que je fasse mon sac, fissa : on part tout de suite ! Comment ma mère m'a laissé passer la porte de la maison, mystère. Elle ne pensait pourtant pas me revoir de sitôt. Mais la vie adore jouer à qui perd gagne. Ma grande course qui commence en avion aux côtés du célèbre skipper pour aller rejoindre son bateau, prend fin quelques heures plus tard, en Afrique du Sud, Thierry s'étant un peu avancé : il n'y a pas de place pour moi sur le *Pen Duick* de Tabarly ! Léger détail. Sur le coup, je balance entre rire et grosse colère contre mon copain. J'ai laissé tomber mes études pour cette virée de rêve et je me retrouve seul à Cape Town avec dans la poche de quoi subsister quelques jours mais pas assez pour rentrer en France !

Ma vie commence par un rendez-vous manqué, et une révélation qui va en déterminer le cours : je découvre *in situ* l'attrait du reportage, du témoignage. Et le goût des autres. L'Afrique me tombe dessus avec sa chaleur d'étuve, odorante et enivrante, un pêle-mêle de beauté et de crasse, une vigueur qui m'étourdit et m'embarque. Dans la ville, aveuglé de lumière et de couleurs, à la recherche d'une bonne photo, je touche au « noir et blanc » de l'apartheid sud-africain. Je n'en avais jamais entendu parler. J'ignore, donc, en foulant la terre d'Afrique du Sud, que l'un des hommes les plus admirables qui soit croupit depuis plus de dix ans dans une geôle à quelques encablures de là. Et qu'il lui reste deux fois plus à tirer avant de devenir le premier président noir d'Afrique du Sud. Nelson Mandela, combattant et futur torpilleur de l'apartheid que je rencontrerai trente ans plus tard, en accompagnant Jacques Chirac au sommet de Johannesburg.

Pour l'instant, cet apartheid est partout, dans les rues, les bus, les bars, les hôtels, les banques, jusqu'aux plages chics « interdites aux Noirs ». Ici et là, des pancartes le rappellent à tous. Un racisme exposé, décomplexé, légal, dont je fixe bourreaux et victimes, gueules et corps sur ma pellicule, comme ces gamins à Soweto qui reproduisent les gestes des joueurs de golf sur des monceaux d'ordures avec des cannes trouvées dans les poubelles. Ou bien, les conditions d'esclavage absolu de ces hommes et femmes dans les mines de diamant et d'or, qui brassent des pépites toute la journée pour aller croupir le soir dans des townships immondes.

Mes photos achetées par un magazine français paieront mon billet de retour. En attendant, je traîne dans les quartiers pauvres de Cape Town, roule en stop jusqu'à Durban, en baragouinant un mauvais anglais. Je mitraille et je trace la route, un culot phénoménal en bandoulière, ma petite gueule et mon enthousiasme en guise de laissez-passer. Et ça marche.

C'est ce qui plaît au patron de l'agence Sipa, l'illustre et espiègle Goksin Sipahioglu, le seigneur du photojournalisme. Il garde dans l'œil la nostalgie de ses vingt ans et le regret de ne plus courir le monde, son Nikon dans une main, une jolie fille au bras. Après avoir vu mes photos d'Afrique du Sud, il me tend un billet d'avion et une poignée de pellicules photo. Pas d'argent, c'est un principe chez lui. Les photographes qui ont travaillé pour Sipa connaissent tous sa célèbre phrase : « Je te donne du travail, tu ne voudrais pas en plus que je te paie ! »

« Il y a un tremblement de terre au Guatemala, tu pars tout de suite », me dit-il, son éternel sourire au coin des lèvres. Je me souviens avoir eu une montée de trac comme une suée par temps de canicule. A-t-il conscience, le maestro, que « l'envoyé spécial » de la prestigieuse agence débute en photographie et sait à peine où se trouve ce pays d'Amérique du Sud, n'ayant pratiquement jamais quitté la France ? Je file à l'aéroport la gorge nouée par la peur.

À Guatemala City, c'est la fin du monde. Des dizaines de milliers de morts après la seconde secousse, je cours partout parce que je ne sais pas où me rendre, grimpe dans un camion militaire qui me jette dans la cohue des foules errantes et blessées. Bourré de complexes, gringalet avec mon pauvre matériel, je croise des reporters professionnels, gros baroudeurs, costauds et poilus qui, eux, n'ont peur de rien. En tout cas, ils ne le montrent pas. Dans la compétition pure, c'est sûr, je serais battu. Si je veux me distinguer, désormais, il me faudra être où ils ne seront pas, me singulariser, rapporter la photo que personne n'aura obtenue. Je ne sais pas encore où je vais mais j'y fonce, exalté. Paradoxal, déjà : catastrophé par ce que je vois et profondément heureux d'être là.

À dix-neuf ans, on se sent invulnérable. Bébé photographe, je n'ai même pas fait mon service militaire et vais me retrouver, du jour au lendemain, embarqué dans des combats, à commencer par la Rhodésie, en pleine guerre avec des soldats que je regarde presque comme des figurants de cinéma. Les balles ont sifflé plus d'une fois à mes oreilles. À cet âge, la mort est une notion abstraite. J'ai fait des choses que je ne referais plus aujourd'hui, à la recherche de frissons mortels. La perception du danger est venue peu à peu, avec la perte de collègues photographes, d'amis motards, skippers ou montagnards, baroudeurs de tout poil. Au début des années 70, une hécatombe incroyable.

Un de mes derniers boulots de photoreporter me conduit en Antarctique pour y photographier... un nouveau-né. (L'Antarctique fut pour moi une nouvelle naissance. La métaphore aurait dû me frapper, mais je ne savais pas encore que les régions arctique et antarctique opéreraient sur moi une attraction extrême, comme celle de la « terre mère » !) En général, la banquise est davantage occupée par des bases scientifiques que par des maternités, d'où mon reportage. Sur place, pour m'y rendre, j'emprunte un bateau de ravitaillement qui fait escale en Argentine, au sud de la Terre de Feu, dans une petite bourgade aux maisons colorées. Ushuaïa. Il y règne une atmosphère indéfinissable, de fin de règne et de renaissance. Dans le port, traînent tous les bourlingueurs des mers, cherchant les bons plans pour embarquer. Ushuaïa, c'est à la fois le bout du monde, la fin d'un monde connu et la porte ouverte sur un ailleurs vers lequel une houle forte vous pousse. Son nom me reviendra spontanément au moment de titrer ma future émission.

*

Après cinq années de reportage photo où j'ai, malgré moi, saisi des hommes le côté le plus sombre, je m'interroge. Trop souvent mes papiers et photos se heurtent aux nécessités commerciales des journaux et restent au marbre. Risquer ma peau dans tous les conflits de la planète pour me voir préférer celle plus alléchante d'une starlette à la mode, ras-le-bol. Le jeu n'en vaut pas la chandelle. Autant changer de braquet.

J'ai vingt ans à peine lorsque je pousse la porte de la Maison de la Radio tout juste libérée de l'austérité de l'ORTF. À l'époque, France Inter voulait séduire un auditoire plus jeune en commençant par rajeunir ses animateurs et j'ai tenté ma chance. Bingo ! Comme tous les cobayes de l'architecte Henry Bernard, j'ai tourné et viré dans les couloirs de la maison ronde. Je la connais sur le bout des doigts. Quand j'y reviens aujourd'hui, je croise souvent quelqu'un qui a vu mes débuts. À la radio aussi, il faut creuser son trou. Claude Villers et Patrice Blanc-Francart me font faire des chroniques « jeunes » où je parle moto, vitesse, compétition. J'apprends à articuler, organiser ma pensée, je prends de l'assurance.

Mon « râteau » africain avec Tabarly est resté dans un coin de ma tête comme un rêve effleuré, tout de suite envolé. Écrire la biographie de celui que je considère comme un héros serait un bon moyen de le côtoyer plus longuement que le temps d'une interview, mais comment convaincre son homme d'affaires, le navigateur Gérard Petitpas, avec ma mince expérience de journaliste ? Il me faudra redoubler d'enthousiasme pour emporter le morceau, Petitpas hésitant à faire confiance à ce blanc-bec qui se pique d'écriture et qui pourrait pervertir l'image de la figure légendaire, l'une des personnalités préférées des Français. Finalement, il accepte.

Pour ce livre, *Quarante-Cinq Ans de défi*, je rencontre la mère de Tabarly, ses premiers copains, les militaires qui l'ont connu quand il était dans l'armée, le constructeur de son premier bateau, ses équipiers du *Pen Duick 1*… Du héros, je recueille peu de confidences : on le sait, c'est un « taiseux », alors parler de lui… Il faut le deviner, grappiller ici et là un mot, un fragment d'amorce de confession, interpréter ses silences. Le tout avec une gentillesse réservée et une humilité comme on la rencontre chez les sages ou ceux qui n'ont pas besoin du regard des autres pour exister.

Tabarly est aussi attachant qu'imprévisible. Oubliant ma timidité, j'ai réussi à me faire accepter sur son bateau pendant qu'il s'entraîne pour une prochaine course. Il ne parle pas, tout à sa concentration, le geste précis et efficace, le visage impassible où nulle émotion n'affleure. Je l'observe, admiratif, me rapetissant pour ne pas gêner cette force de la nature qui tient sa « barque » comme le dompteur un fauve. Au cours de la navigation, je lui demande si je peux grimper sur un des mâts pour faire des photos ; il accepte, me hisse à une trentaine de mètres… et il disparaît en cabine pour faire une sieste. Je suis resté en haut de mon mât pendant trois quarts d'heure, ballotté par les vents, frigorifié, n'osant pas l'appeler de peur de le déranger, avant qu'il ne revienne et me fasse descendre ! Pendant ce temps-là, le bateau voguait sans capitaine… Il n'y a eu aucun commentaire de sa part, à peine ai-je entrevu l'ombre d'un sourire à la commissure des lèvres. Plus tard, ses équipiers à qui je racontai le coup qu'il m'avait fait me dirent en riant que je n'avais pas été assez précis : j'aurais dû dire à Tabarly qu'il m'aide à monter *et* redescendre !

À la radio, dès que vous savez un tant soit peu tenir un micro, on vous envoie sur le terrain et mes chroniques m'ont donné de furieuses envies de pétarades. Pour France Inter, je cours le Bol d'Argent à moto sur le circuit du Castellet, micro coincé dans le casque où je commente tout ce que je vois et ressens. Le tout à plus de deux cents kilomètres à l'heure ! J'ai d'ailleurs fini par glisser dans un virage, occupé que j'étais à penser à mon texte plutôt qu'à calculer mes distances de freinage. Les auditeurs étaient fous du direct, même balbutiant ou ahanant. À cette époque, seule la radio pouvait leur faire vivre le réel en temps réel.

Antipodes, *Action*, *Le Brunch des aventuriers*, les titres de mes émissions donnent le ton : j'aime crapahuter et loin de la maison, si possible. Avec l'émission *Ça va le boulot ?* qui deviendra *Signe particulier*, j'accomplis un tour de France de tous les métiers en passant, chaque jour, une heure aux côtés d'un homme ou d'une femme dans l'exercice de sa profession : je navigue du facteur d'orgues au procureur, du fournil d'un boulanger à la voiture d'un médecin urgentiste. Pas vraiment l'aventure exotique et dépaysante dont je rêve, mais la vie des autres, passionnante quand les cloisons tombent. Des destins qui ne devraient jamais se croiser se rejoignent pour faire, le temps d'une émission, route ensemble. Beaucoup de rencontres cocasses, émouvantes, bouleversantes. Un soir de Noël 1981 : avec Pascal Anciaux – futur producteur d'*Ushuaïa* –, qui m'accompagne dans ce tour de France, nous avons décidé de jouer au Père Noël. J'en ai revêtu le manteau rouge et la barbe. Sans oublier la hotte remplie de cadeaux qu'avec l'aide d'un hélico nous allons offrir à des montagnards pyrénéens isolés du monde.

Jamais je n'oublierai les yeux émerveillés de cet

homme poliomyélitique depuis l'enfance et immobilisé dans ses hauteurs enneigées. Pour lui, ce soir-là, j'étais devenu l'ami, le frère. Nous aurions pu rester des jours et des nuits à parler, boire et rire ensemble.

Si j'ai passé onze ans à France Inter, c'est qu'il y avait forcément un public pour mes élucubrations ! Régulièrement, j'emmène avec moi des techniciens qui ne bougeaient pas de leur studio, à cause de la lourdeur et du volume de leur matériel. À l'époque, rien n'est miniaturisé, et j'expérimente vite le « bondage », ligoté par câbles et par fils pour être à peu près audible dans mes pirouettes !

Il arrivait souvent que l'on me compare à Philippe de Dieuleveult, le héros souriant et démerdard qui entraînait les téléspectateurs derrière lui dans sa *Course au trésor*. On se souvient de ses cavalcades haletantes : il nous faisait vivre l'événement en direct et il mouillait sa chemise ! Il se trouve que Philippe vivait en Bretagne, dans ma région, et que nous avions sympathisé. Nous échangions nos souvenirs de voyages. Sportif, baroudeur et pas rouleur de mécaniques pour un sou, il était la gentillesse même. Le hasard nous fit même nous croiser au Gabon, chacun sur son émission.

La nouvelle de sa mort sur le fleuve Zaïre me choqua à double titre : Philippe m'avait proposé de me joindre à son raid. J'étais très flatté mais j'hésitai, je ne « sentais » pas cette descente du fleuve en raft, ni les gens qui l'accompagnaient. Finalement, je ne suis pas parti. On connaît la fin de l'histoire : Philippe et six de ses compagnons ont disparu sans qu'on n'ait jamais retrouvé leurs corps. Les hypothèses ont fleuri, même les plus extravagantes, on a parlé d'accident, d'espionnage et de bavure. Connaissant Philippe, je ne l'imagine pas m'embarquant dans une affaire louche.

On ne saura sans doute jamais ce qui s'est passé, mais pour connaître ce fleuve sauvage, on peut aussi imaginer que le bateau ait été emporté et les hommes précipités à l'eau.

J'ai eu ce flair, cette intuition qui m'a souvent sauvé du pire : à la même époque, on me propose de ramener un hélicoptère de Dakar jusqu'en France. Vu le prix des heures de pilotage, je ne peux m'en payer qu'au compte-gouttes. Là, ce serait l'occasion d'enquiller les heures gratuitement et de faire un super voyage. C'est presque trop beau pour être vrai, mais à nouveau je dis non, sans raison tangible, j'ai un mauvais pressentiment. Le lendemain, j'apprends que l'appareil a eu des problèmes techniques : il s'est crashé. Il n'y a aucun survivant. Ce que l'on ressent à ce moment-là est indescriptible. La vie vous devient plus précieuse que tout !

*

Personne jusque-là n'avait osé proposer la traversée de la Manche en planche en voile. Cet engin, idéal pour draguer les jolies surfeuses, fleurissait gentiment sur les plages et ne s'aventurait guère au-delà de cent cinquante mètres du bord. Nul ne songeait à l'émanciper. Qu'à cela ne tienne, je vais pallier cette lacune et toujours en direct. Dans cette « épopée » Jersey-Dinard, mon pote Thierry, jamais en reste d'une partie de rigolade, m'accompagne. La traversée qui devait s'effectuer en une poignée d'heures va durer un jour et une nuit, nous, debout les jambes tremblantes sur notre planche à voile « tandem », à tenter d'établir des rendez-vous radio avec la vedette d'accompagnement. Nos émetteurs sont tombés à l'eau dès les premières minutes ! Nous passons sans l'once d'une hésitation sur l'archipel des Minquiers, une constellation d'écueils de granit que tous les navigateurs évitent soigneusement et où l'on manque d'exploser nos dérives. Nous avons fini par arriver au port, mais la vedette censée nous attendre pour la liaison s'est lassée de nos ralentis et marches arrière : elle est rentrée au bercail sans nous.

Dans la série de mes exploits radiophoniques, j'accompagne un funambule à moto dont les roues sans pneu sont posées sur un câble qui va du parvis de la cathédrale de Saint-Malo jusqu'en haut du clocher. Le plus impressionnant consistant à repartir en arrière quand on arrive à la butée de la flèche ! Une prouesse totalement inutile et pas très dangereuse. Même si, dans mon souvenir, nous n'avions aucun harnais ou quoi que ce soit pour nous retenir en cas de chute ! Le contrepoids sous la moto assurait une certaine stabilité. On s'en contentait. Je me disais juste que, d'en bas, ce devait être beau à voir. Une pitrerie de plus, fleur au chapeau, qui me prépare à croiser bientôt la route du cascadeur en chef, Rémy Julienne… Là, on passe aux choses sérieuses.

Rémy Julienne : un nom magique qui, à l'époque, figure au générique de *Fantômas*, *James Bond* et des films de Lautner, Verneuil ou José Giovanni. Un as du métier. Avec lui, j'ai tout fait. Là où plusieurs jours d'entraînement et de répétitions seraient nécessaires, il me montre les gestes que je tente ensuite de reproduire à l'identique. Je souris, je bluffe, mais je suis bon élève : même quand j'ai peur, je n'oublie pas ce qu'on me dit et j'apprends par cœur les règles du sang-froid. Cette attitude me sauvera la vie. Surtout qu'avec Julienne, le premier essai doit être le bon ! Entre lui et Jean-Pierre Vignaud, un jeune type effronté, j'ai poussé très loin le bouchon et les tonneaux ! Avec une Renault 9, à partir d'un tremplin, je traverse une R8 à toute allure, m'enfonçant en elle comme dans du beurre. La difficulté étant d'atteindre la bonne vitesse et de viser un certain point d'impact, sinon vous vous emplafonnez !

Toujours à partir d'un tremplin, je fonce avec une DS dans l'intervalle de deux voitures reliées par un rail de chemin de fer à hauteur de l'habitacle. Au moment du choc, je dois rentrer la tête et le rail décapite le haut de mon véhicule comme une scie. Ou bien, pendu par les pieds sous un hélicoptère, je tends un trapèze à un autre casse-cou debout sur les ailes d'un avion que j'emporte pour le déposer au sol. Aucun de nos faits d'armes n'est filmé ! Et ce n'est pas tout. Alain Prieur, cascadeur de l'extrême qui, depuis, est allé tutoyer les anges, me fait sauter en salle à partir d'un tremplin au-dessus de plusieurs voitures alignées. Arrivant trop vite, je loupe le tremplin de réception et manque de m'écraser dans le mur à l'autre extrémité. Un saut de tous les diables, à faire pâlir de jalousie Jean-Paul Belmondo, grand pote de Julienne qui lui concocte toutes ses cascades et que j'aurai l'honneur de croiser à différentes reprises.

Tel est le paradoxe de jouer avec sa peau : l'expérience acquise à cette période m'a appris, dans ces moments de stress absolu, à garder le contrôle. Elle m'a même sans doute sauvé la vie.

Avec Pascal Anciaux, nous roulions sur une route sinueuse du Gers, dans deux véhicules, lui derrière moi. Tout d'un coup, le camion qui me précédait depuis plusieurs kilomètres dérapa et la remorque qu'il tractait glissa en travers de la route. Il était trop tard pour freiner. Quand je me suis encastré sous la remorque, ma ceinture de sécurité passée sous le bras ainsi que le font tous les cascadeurs (et non pas sur l'épaule), j'ai eu le réflexe de baisser la tête et de me mettre en boule. Rémy Julienne aurait été fier de moi ! Pascal qui me suivait est resté pétrifié au volant, n'osant pas descendre de sa voiture, persuadé que j'avais été décapité par le camion. Quand il m'a vu ressortir par le coffre de ma voiture ratatinée, le plus choqué et ému n'était pas celui qu'on pense !

Je voulais goûter à tout, les cascadeurs m'intriguaient et je profitais de mon statut de présentateur radio pour vivre leur passion. Je gagnais ma vie en m'amusant, sans trop me poser de questions. Pendant toutes ces cascades radiophoniques, le micro collé à la bouche, je livrais aux auditeurs mes sensations et palliais par la parole l'absence d'images. Un exercice très formateur puisqu'il m'obligeait à faire preuve d'imagination pour camper le décor mais, quand on y pense, totalement foutraque ! Tout cela tenait surtout du gag et il était temps que ces bêtises s'arrêtent. J'avais tout à découvrir du monde, lui avait à m'apprendre plus encore, et je sentais confusément qu'à partir du moment où je le déciderais, il m'embarquerait pour ses antipodes.

À commencer par l'Arctique.

Premiers frissons

La banquise fut ma première grande émotion. Une rencontre essentielle dans ma vie d'homme, une perception, encore inconsciente à cette époque, de la force et de la fragilité de notre planète, de sa vulnérabilité et de la menace que mes congénères pouvaient faire peser sur elle. La banquise, ce n'est pas un lieu que l'on visite comme un autre, c'est un face-à-face avec soi-même, l'endroit où l'on dépose les armes. Et pour tout homme digne de ce nom, un point de non-retour. Le paysage, d'abord, beau à couper le souffle. Des teintes variant sans cesse entre l'ivoire, l'opaline, l'argent, le lacté. Une blancheur qui confine à l'innocence, à la pureté, où le moindre geste dans ce froid atroce est une violence contre soi-même. Un froid qui devrait décourager toute velléité de présence et encore plus d'agression ; mais l'homme a malheureusement plus d'un tour dans son sac pour parvenir à ses fins. Ne serait-ce que pour assouvir sa curiosité...

Je n'ai pas idée du choc qui m'attend quand je rejoins le climatologue Janusz Kurbiel et son équipe de scientifiques chargés de localiser le plus précisément possible le pôle magnétique, entreprise ô combien surprenante puisque, comme chacun sait, il se déplace sans arrêt... France Inter m'y envoie, j'y cours. Les spécialistes sont déjà sur place et m'attendent avec leur scooter des neiges et leurs chiens de traîneau. En guettant le ciel, car j'arrive dans un petit avion Twin Otter et attends de les avoir repérés pour sauter en parachute. Après avoir failli me larguer sur un troupeau de morses qu'ils ont confondus avec l'équipe de chercheurs, les deux pilotes de l'avion me balancent par une température de - 45 degrés sur la banquise où je me réceptionne plutôt bien, si l'on considère le volume impressionnant de mon barda. Sans compter que ce n'est que mon cinquième saut en parachute.

Le froid est au-delà de ce que j'avais pu imaginer dans mes pires cauchemars et quand le vent souffle, c'est abominable. Dans la tente que l'équipe m'a allouée, j'ai dû mettre trente secondes pour m'endormir avec une envie d'hiberner jusqu'au printemps. Le silence est comme « habité », on entend les craquements de la glace, le sifflement ininterrompu du vent, les jappements des chiens. Loin dans mon sommeil, puis de plus en plus proches, il me semble percevoir des cris. Je me réveille et reconnais la voix du guide inuit : « *Polar bear ! Polar bear !* » Soudain, un coup de feu éclate, assourdissant dans cette immensité. Je bondis hors de mon duvet, ouvre la fermeture Éclair de ma tente. Je n'oublierai jamais le spectacle qui s'offre à moi. Un ours blanc gigantesque est dressé sur ses pattes arrière avec, au bout du museau, la tente de Kurbiel qui bat au vent. En une seconde, je comprends ce qui s'est passé : l'animal a dû introduire sa tête par l'entrée et au coup de fusil, il s'est relevé en embarquant tout avec lui. L'ours est blessé, des cris fusent de partout. Les Inuits accourent avec leurs armes. Moi, j'ai un réflexe plutôt bizarre : face à l'ours, je referme direct la glissière de la tente !

Par la suite, j'ai appris l'erreur que l'un de nous avait commise et qui aurait pu nous être fatale. Un rebut de viande avait été remisé dans la tente de Kurbiel et l'ours l'a senti. Janusz s'est saisi de son fusil mais le froid ayant durci la graisse dont il était enduit, l'arme s'est enrayée. Le deuxième coup n'a fait que blesser la bête à l'épaule, et il a fallu cinq balles pour tuer ce qui s'est avéré être une femelle. J'étais triste et écœuré que ma première expérience de l'Arctique se concrétise par la mort d'un animal. D'autant que, quelques heures plus tard, on a dû repousser les oursons qui cherchaient leur mère vers un mâle qui, lui, nous observait à distance.

Tel a été mon baptême de l'Arctique : la révélation de la beauté de la planète et la confirmation de notre pouvoir de nuisance. Un raccourci de ce qu'allait être mon engagement. L'ourse gisait à nos pieds, ensanglantée. Nous ne l'avions pas voulu, certes, mais le résultat était là. Les ours étaient sur leur territoire, pas nous. Nous n'avions pas à faire payer aux animaux, et encore moins aux hommes, nos rêves et nos aspirations d'aventures.

*

Il m'a fallu accumuler de l'expérience, du savoir-faire pour acquérir confiance en moi. Ce que j'ai fait tout au long de ces années. Malgré tout, je constate que rien n'est jamais gagné : une situation inhabituelle ou légèrement déroutante peut me replonger dans une fragilité, un stress de débutant. Ainsi, lorsque je monte sur une estrade ou une tribune, j'ai l'impression de passer un examen. Trente-cinq années d'aventures m'ont appris à anticiper et me débrouiller de situations excessivement complexes, mais je peux, dans des circonstances qui semblent anecdotiques, connaître des moments de trac mémorables !

Cette peur que j'éprouve pour des engagements physiques extrêmes, je la ressens avant chaque interview : participer à un 20 heures à la télévision ou plonger au milieu des requins, c'est la même chose ! (Et je ne dis pas cela pour les journalistes !) Simplement, parce que les enjeux sont importants : une phrase malheureuse peut détruire le capital de confiance que j'ai mis tant d'années à construire. Je suis d'ailleurs rarement content de moi et quand je me retrouve sur mon scooter après l'émission, j'ai tendance à voir ce que j'ai mal fait ou oublié de dire et je m'engueule copieusement ! (Je me suis corrigé, peu à peu, quand j'ai compris que cette réaction était décourageante à la longue pour mes équipes…)

Concernant ces moments de panique irrépressible, me revient cette anecdote qui remonte à quelques années. Ce jour-là, je me trouve à l'Unesco, pour une conférence internationale sur la biodiversité à laquelle participent un certain nombre de chefs d'État. Jacques Chirac qui intervient m'a demandé d'être présent sans m'en dire davantage. Lorsque j'arrive dans la salle, je vais pour m'asseoir dans l'assistance quand un homme se précipite vers moi : « Monsieur Hulot, il ne manque plus que vous sur l'estrade, dépêchez-vous... » Très surpris, je monte, on m'installe entre deux chefs d'État et je réalise à ce moment-là que je vais devoir prendre la parole devant une salle bondée, des représentations étrangères, des ONG, un public très averti. Je n'ai absolument rien préparé.

Les chefs d'État se succèdent au micro, lisant leur texte, les uns après les autres, et je compte ceux qui me précèdent, comme dans un cauchemar. Il est prévu que Jacques Chirac conclue la conférence par un discours et que j'intervienne juste avant. Dans ma tête, c'est l'affolement crescendo. J'ai envie de prendre mes jambes à mon cou, disparaître, me dissoudre sur place. Et plus j'essaie de trouver une amorce de discours, un semblant de trame, plus je me trouble. Et pendant ce temps, un par un, les orateurs défilent.

Le président indonésien qui me précède se lève et, contrairement aux autres, fait un discours excessivement court. Avant que je ne réagisse, j'entends le speaker : « À présent, la parole est à Nicolas Hulot… » Intérieurement, je suis comme fou, je peste contre Chirac de m'avoir mis là sans me prévenir, j'en veux à la terre entière. Je me lève et marche vers le micro comme un condamné allant à l'échafaud, les yeux aveuglés par les projecteurs. La seconde d'avant, je croise le président indonésien qui retourne s'asseoir et, tout d'un coup, en le dévisageant, me vient une pensée.

Au public, je déclare tout de go que je n'avais pas prévu d'intervenir mais qu'il vient de me revenir en mémoire un événement récent que je voudrais soumettre à leur réflexion. J'étais à Bornéo et, ce jour-là, dans un orphelinat d'orangs-outangs, on devait rendre sa liberté à un petit qui avait été retrouvé quelques mois plus tôt, tout seul, errant, après que ses parents eurent été, l'un électrocuté, l'autre, écrasé par une voiture. Quand son soigneur a ouvert la cage, plutôt que de se précipiter vers la forêt qui l'attendait, l'orang-outang s'est jeté dans ses bras en l'agrippant et en hurlant comme un bébé qu'on voudrait arracher à ses parents, tant il savait que le retour à la vie sauvage le condamnait inexorablement. Et je conclus mon histoire par cette phrase : « Je demande que nous méditions ensemble une pensée de Cioran à laquelle j'aimerais que, collectivement, nous donnions tort : "L'homme est un animal qui a trahi. L'histoire est sa sanction." »

Après cette entrée en matière, mon trac s'est envolé et j'ai développé les thèmes de la communauté d'origine et de destin, thèmes que je maîtrisais bien et dont je pouvais parler sans notes. La fin de l'histoire est jolie : à l'issue de mon intervention, le public a applaudi chaleureusement, et Edward O'Wilson, le pape de la biodiversité contemporaine, s'est levé, il m'a pris dans ses bras en me disant à quel point mon discours l'avait touché.

En comparaison, je me suis moins affolé lorsque j'ai été le témoin et la victime, comme les autres passagers, d'une agression à l'intérieur du cockpit d'un avion dont le pilote n'était autre que mon ami Gérard Feldzer. On me reproche souvent d'être casse-cou et d'aller au-devant des ennuis. Pour une fois, je voyageais tranquillement, pas sur un coucou ou un « engin à bretelles », mais dans un avion de ligne d'une compagnie nationale où les incidents sont rarissimes si l'on en juge par le nombre d'appareils qui circulent chaque jour. Histoire de laisser reposer mon adrénaline quelques heures. Mais la vie n'aime pas qu'on décide à sa place…

Gérard Feldzer est un compagnon d'aventure de longue date, un type fantasque, généreux, excellent pilote de ligne, un personnage plein de poésie, inventeur d'engins bizarres que je me suis empressé de faire voler. C'est aussi un homme au grand cœur engagé dans l'humanitaire depuis longtemps, en Afrique et en Asie où il a aidé les pêcheurs victimes du tsunami à se racheter un bateau. Lui aussi qui a eu l'idée simple et géniale, en créant l'association Zébunet, de permettre à qui veut d'acheter un zébu à des paysans malgaches. J'ai vérifié sur place que c'était effectivement le meilleur service qu'on pouvait leur rendre.

Avec lui, j'ai partagé de nombreuses péripéties jusqu'à la dernière, celle des primaires écologistes. Dieu merci, il y en a eu de plus belles et de plus exaltantes à notre tableau de chasse ! Ensemble, pour *Ushuaïa*, nous avons survolé Paris en ballon gonflé à l'hélium, un siège accroché dessous, le tout propulsé par un moteur bruyant comme une tondeuse à gazon mais beaucoup moins discipliné. Et nous avons tenté de relier les Canaries et le Brésil en ballon à pédale. L'expédition s'est achevée, hommes, ballon et nacelle à la mer. Ce furent nos derniers exploits en duo. Deux expériences surréalistes, préparées « à l'arrache », qui auraient pu très mal se terminer. Bêtises de jeunesse et d'enthousiasme que je ne reproduirais plus aujourd'hui. Mais que je suis très heureux d'avoir faites ! Inoubliables, quoi qu'il en soit, car même si nos commentaires étaient inaudibles, confus ou inexistants, et si Gérard s'est cassé deux vertèbres, elles ont donné lieu à des images magnifiques.

Pour ne pas taquiner davantage le destin, ayant réalisé que chaque fois que nous sommes ensemble, Gérard et moi frôlons la catastrophe, nous avons décidé d'un commun accord de ne plus reprendre un aéronef ensemble ! Ce qui ne m'a pas empêché par la suite, attirant à moi des constructeurs déjantés, de tester des engins plus improbables les uns que les autres. Si j'en ai fait voler un certain nombre, j'en ai cassé beaucoup. J'en veux pour preuve toutes les chères carcasses qui reposent aujourd'hui dans un local de l'émission *Ushuaïa*.

Malgré les précautions que nous avons prises de ne plus provoquer la vie, nous avons vécu une sacrée mésaventure dans un avion d'Air France. Il y a quelques années, je devais me rendre au nord du Sénégal, à Popenguine, où ma fondation travaillait avec des femmes du village pour inaugurer un concept de réhabilitation de l'environnement et une pratique d'écotourisme. À cette occasion, le président Abou Diouf devait me nommer officier de l'ordre du Grand Lion, la seule décoration dont je sois un peu fier aujourd'hui ! (Non pas que les autres ne m'aient pas fait plaisir mais, sans fausse modestie, je ne les méritais pas et je n'ai jamais eu le courage de les refuser, ne voulant pas blesser ceux qui me manifestaient ainsi leur estime et leur amitié.)

Je prends donc l'avion à Roissy, m'installe et commence à m'assoupir. Soudain, quelqu'un me touche l'épaule, j'ouvre les yeux : c'est Gérard. Me découvrir parmi les passagers l'amuse beaucoup. « Viens nous voir dans le cockpit quand on aura décollé », me propose-t-il. Plus tard, je les rejoins en allant frapper à leur porte. À l'époque, cette histoire se situant avant le 11 septembre 2001 et le drame du World Trade Center, les cockpits des avions n'étaient pas fermés à clé.

Gérard et le copilote sont en train de prendre leurs plateaux-repas et l'avion est en pilotage automatique. L'hôtesse m'installe un siège entre eux deux et ressort. Dix minutes se sont à peine écoulées que la porte du cockpit s'ouvre brutalement et, avant qu'on ait pu faire un geste, une masse gigantesque s'affale sur nous et le tableau de bord. C'est un Africain d'un mètre quatre-vingts, très costaud. Le premier moment de stupeur passé, on s'aperçoit qu'il cherche à attraper les commandes de l'avion. Coincés par leurs plateaux et par le corps de l'homme, Gérard et le copilote ne peuvent pas bouger. « Nicolas, dégage-le ! » crie Gérard.

Dans cet espace excessivement exigu, j'essaie d'attraper le colosse par le dos et de l'éloigner des commandes mais il m'agrippe par le col et, d'un geste, me fait passer par-dessus ses épaules ! Du coup, c'est moi qui atterris violemment sur le tableau de bord, me brisant deux côtes dans le choc. L'homme est comme fou, il arrache les plafonniers, manque d'appuyer sur les rivers qui auraient pu décrocher les ailes en vol, les voyants s'allument, des fils pendent, tous les signaux d'alarme sont au rouge. Autour de nous, j'ai l'impression que les nuages défilent à toute allure et je m'attends à chaque instant à ce que l'appareil parte en vrille. Pas le temps d'avoir peur. Tout va trop vite. Il faut juste arrêter ce dingue. Gérard parvient à se saisir de son micro et hurle – j'entends encore sa voix : « Personnels masculins d'urgence dans le cockpit ! »

La chance que nous avons eue c'est que l'avion ait été en pilotage automatique et que l'homme ne connaisse pas l'interrupteur situé sur le manche pour reprendre les commandes. D'un petit geste, il pouvait faire partir l'avion en piqué. Cinq secondes plus tard, un steward surgit et, à quatre, nous parvenons à maîtriser le forcené. Un médecin arrive derrière et lui injecte du Valium dans le bras. Bientôt notre agresseur gît à terre dans un état second. J'imagine la dose de crack qu'il a ingurgitée pour déployer une telle force ! L'avion est détourné sur Bordeaux et à notre arrivée, les voitures de police, les pompiers viennent récupérer l'Africain.

Malgré la douleur que je ressens au thorax, je décide de poursuivre mon voyage vers Dakar. Au moment de décoller, des policiers s'approchent de moi et m'apprennent que notre homme est mort. On n'en sait pas plus, mais la nouvelle me choque et je me pose des questions. On ne meurt pas d'une injection de Valium, surtout un athlète de son acabit. Que lui est-il arrivé ? Personne ne peut me répondre.

L'histoire ne s'arrête pas là.

Les voyageurs qui sont descendus remontent dans un nouvel appareil, mais n'ayant rien su de ce qui s'est passé ni vu la bagarre dans le cockpit, certains pensent qu'il s'agit de l'expulsion d'un sans-papiers qui a mal tourné. Du coup, des protestations fusent et un début d'émeute se forme avant le second décollage ! J'ai l'impression d'être dans un mauvais film. Heureusement, Gérard parvient à calmer les passagers et nous repartons pour Dakar sans nouvelle péripétie.

Les causes de la mort de l'Africain sont restées mystérieuses, ainsi que les raisons pour lesquelles il voulait faire tomber l'avion. Nous apprendrons plus tard qu'on l'avait vu s'agenouiller sur son tapis de prières dans une allée de l'avion, quelques minutes après le décollage, et que le personnel de l'aéroport avait été alerté par son état de transe. Jamais il n'aurait dû embarquer. Je suppose que ce drame préfigurait les événements du 11 septembre 2001. C'est ensuite que les compagnies ont renforcé leur sécurité à bord, prenant la décision, entre autres, de verrouiller l'accès au cockpit pendant le vol.

L'affaire était close et beaucoup de questions sans réponses. Ce qui est sûr, c'est que ce drame révélait quelque chose de la détresse africaine. Et de l'attitude cynique d'Air France qui ne s'est pas donné la peine de nous fournir une explication et dont j'ai appris ensuite qu'elle a refusé de rapatrier en Afrique le corps de ce pauvre bougre. Quand je suis arrivé à Dakar, j'avais deux côtes cassées, ma paire de lunettes en miettes, et n'ai pas eu un mot de remerciement de la part de la direction d'Air France, pas même dans les jours qui ont suivi. Nous avions tout de même contribué à sauver un avion et ses passagers… Pour les grosses compagnies, ce genre de « dérapage » passe par pertes et profits, on n'en parle pas, il faut masquer, dissimuler, remettre la machine en marche et repartir au plus vite.

*

Un certain nombre d'expéditions que je conduirai plus tard pour la télévision ont été amorcées lorsque j'étais à France Inter. Si on réécoute les bandes de mes émissions radiophoniques, on peut voir se profiler les contours d'*Ushuaïa*. Déjà, je vivais des expériences et des émotions en direct avec les auditeurs. Ce principe de faire partager l'aventure en la racontant *in situ*, je l'ai développé ensuite à grande échelle avec *Le magazine de l'extrême*. Et si je me suis acclimaté à des situations aussi délicates que vertigineuses, c'est que France Inter m'avait déjà bien formé.

À commencer par mon vol avec la Patrouille de France. Pour la radio, j'avais commenté leurs évolutions de l'intérieur d'un avion de chasse. Je l'ai refait au tout début d'*Ushuaïa*, et c'est probablement la première image qui a frappé les téléspectateurs (elle circule d'ailleurs toujours sur Internet), celle où l'on me voit faire une syncope en direct après plusieurs loopings de l'avion. Je soupçonne Patrick Dutartre, leader emblématique de la Patrouille de France qui, ensuite, est devenu général et l'un de mes meilleurs amis, d'avoir un peu forcé la dose, étonné, voire agacé, de m'entendre parler à flux continu pendant toute sa prestation ! Il a reconnu ensuite avoir tiré plus de « G » que nécessaire, les « G » étant la mesure de la force d'accélération.

Le décollage en Alpha Jet est impressionnant. En une seconde, je suis plaqué contre le siège, mon corps s'alourdit et le sang quitte le cerveau pour descendre vers les jambes. Sans un minimum d'expérience, des heures d'entraînement et un conditionnement physiologique, impossible de résister, vous perdez connaissance.

Quelques semaines plus tôt, mon ami Hubert de Chevigny et moi nous entraînions en Bretagne avec des ULM sur flotteurs, semblables à de petits hydravions, et tentions, à défaut de nous poser sur des skis – comme on l'a fait ensuite, lui et moi, sur le pôle Nord –, de nous poser sur l'eau. Les techniques de décollage et d'atterrissage sont sensiblement identiques. Au même moment, je reçois un coup de fil de jeunes pilotes de chasse qui aimeraient venir essayer nos hydro-ULM. Pas de problème, les gars, c'est un honneur pour nous que vous vous penchiez sur nos engins de bricolos ! Tous débarquent chez moi, dont Patrick Dutartre que je vois pour la première fois. Le week-end se déroule de façon très sympathique, et dans un moment de plaisanterie, je dis à Patrick : « Tu vas voir, le décollage sur l'eau, c'est autre chose que vos avions de chasse, c'est un métier ! » Il ne répond pas et s'en tire d'ailleurs plutôt bien.

Lorsque je me retrouve dans l'Alpha Jet et que le cockpit se referme sur nous, lui devant, moi derrière, j'entends sa voix dans mon oreillette : « Nicolas, tu vas voir, la Patrouille de France, c'est un métier ! » À cet instant, je comprends que je vais sentir ma douleur ! Je souris pour garder une contenance (et parce que je suis filmé !) mais j'ai le trouillomètre à zéro. Il a voulu me clouer le bec et je ne l'avais pas volé ! Il paraît que lorsque ma tête est tombée d'un coup sur mon épaule, certains spectateurs ont cru que j'étais mort ! L'image est très impressionnante et elle a marqué les esprits. Suffisamment pour que les gens se disent qu'à *Ushuaïa*, il se passait des choses qu'on ne voyait pas ailleurs. Trente ans après, on m'en parle encore…

Pôle géographique, première

Mon premier choc avec l'Afrique australe fut plus brutal que je ne l'aurais souhaité. Lorsqu'à dix-neuf ans, je couvrais comme photographe de presse les événements de la Rhodésie (devenue Zimbabwe) en guerre, je m'étais juré de revenir une fois les combats terminés pour arpenter les régions vallonnées de Chinamora, les monts Vumba ou revoir les chutes Victoria qui m'avaient époustouflé. Retrouver ce pays qui aurait dû être le paradis des animaux, mais où j'y avais vu trop de cadavres d'éléphants, de buffles, de zèbres et des chevaux atrocement mutilés. La violence faite aux habitants de ce pays m'a longtemps hanté. Rien ne prépare à autant de cruauté et d'horreur. Jamais je n'oublierai les charrettes de corps empilés de femmes et d'enfants : des scènes traumatisantes qui ont marqué ma perception de l'humanité. Il fallait que j'y voie la vie refleurir, que je revienne descendre le fleuve mythique qui traversait un pan d'Afrique extraordinairement sauvage et beau : le Zambèze. Ce que je fis, en 1985, avec cinq coéquipiers et trois canoës. Neuf cents kilomètres de petits rapides à la pagaie dans une eau calme ou tumultueuse, la voie royale, et un baptême très sportif pour moi qui ne pratiquais pas le canoë-kayak. Autour de nous, défilaient des paysages enfin pacifiés que je caressais du regard, presque amoureusement. J'aime ce pays, le rire des gens, les senteurs si particulières de l'Afrique, quelque chose d'ardent qui brûle en permanence.

C'est après la diffusion du magazine de 52 minutes, *Zambèze, paradis de tous les dangers* qui relate notre descente, puis, en 1987, du film qui retrace mes deux expéditions au pôle Nord en ULM, sur Antenne 2, que TF1 me remarquera et m'appellera pour me proposer d'animer un « magazine d'aventures ».

Le pôle Nord… La première expédition que j'avais faite au pôle magnétique avec Kurbiel m'avait mis l'eau à la bouche, mais comparé au pôle géographique, c'était (presque) une promenade de santé, le rendez-vous des touristes un peu expérimentés et rodés aux froids extrêmes. Le pôle géographique, distant d'environ mille deux cents kilomètres de son frère raisonnable, le « grand clou » ainsi que l'appellent les Esquimaux qui y situent l'axe de la Terre, c'est une autre paire de manches. Il aura fallu deux tentatives pour qu'Hubert de Chevigny, figure légendaire de l'ULM, et moi parvenions à nous poser sur le toit du monde. Une folie douce.

C'est moi qui lance l'idée un jour qu'Hubert vient me rendre visite en Bretagne. Nous sommes en 1984. Dix ans déjà que mon métier de reporter photo et radio me balade en Afrique, en Amérique du Sud et surtout aux quatre coins de France. Le pôle géographique en ULM représenterait l'acmé de toutes mes expéditions. La plus improbable. L'extrême de la performance physique et des émotions. Mais aussi un défi, un voyage initiatique et une grande première.

Pendant des mois, nous avons préparé notre périple. Le coût d'une telle opération est considérable et les sponsors se font désirer. On peut les comprendre, le pari semble totalement foutraque… Nous partons, quoi qu'il en soit, avec, pour la logistique, une équipe de collaborateurs hors pair et deux génies de la mécanique : Thierry Reverchon, spécialiste du désert, et Pierre Lenormand, dit « Petit Chou », un ancien équipier de Tabarly. Les deux me rejoindront plus tard sur *Ushuaïa*.

Nous avons lancé nos ULM dans la tourmente. Par - 40 degrés, nos aéronefs sont comme des papillons dans le blizzard. Ajoutez à cela une très mauvaise visibilité, je n'ai pas fait le poids : le pôle m'a attrapé dans son poing d'acier, l'a refermé et m'a jeté sur la banquise comme un Kleenex.

Malmené par un vent fou, j'ai pulvérisé mon ULM en percutant une colline de glace que j'ai prise pour un pan de ciel, victime du fameux *white out* ou « voile blanc », un phénomène optique qui brouille toute perception de relief, de distance. Sur le sol gelé, je numérote mes abattis : le compte y est. Que je ne me sois pas disloqué dans la chute est un miracle. Hubert, qui est parvenu à passer les reliefs, revient vers moi mais l'endroit où j'ai chuté ne lui permet pas de se poser à proximité. Par radio, nous convenons de nous reposer chacun de notre côté, le temps d'une nuit, et d'aviser le lendemain matin. Un peu sonné, j'improvise un couchage sans prendre la peine de sortir ma tente, pensant que le duvet en Gore Tex me protégera du froid. Je commence à somnoler sans prendre garde que, peu à peu, mon duvet se transforme en coque de glace. Je m'engourdis délicieusement, la température quitte mon corps, doucement, doucem… *Stop !* Dans un sursaut de lucidité, l'ultime instinct de survie, je me suis réveillé, ai trouvé la force de m'extraire du duvet pour tituber vers le thermos de thé qui se trouvait encore sur l'ULM. Jamais je n'aurais imaginé qu'une rasade de thé brûlant allait un jour me permettre d'échapper à la « mort blanche » ! Le breuvage a coulé dans ma gorge, dans mon ventre, au cœur des os comme du sang neuf. Au matin, Hubert et moi nous sommes rejoints. Mon ULM étant hors d'état, il a laissé tomber : cette aventure, nous la faisions ensemble ou pas du tout. Malchanceux, nous l'étions, horriblement déçus, surtout. Mais, lui comme moi, nous promettons de tenter une fois de plus l'aventure.

Deux ans plus tard, notre nouveau dossier est prêt. Échaudés par le premier échec, les sponsors se sont mis aux abonnés absents. Retour à la case départ et recherche de nouveaux financements, conscients cette fois que jamais nous n'obtiendrons les fonds nécessaires sans un parrain prestigieux.

Et c'est là qu'entre en scène Paul-Émile Victor, le

grand explorateur polaire, le scientifique, l'écrivain pour qui « l'aventure est le seul moyen de voler du temps à la mort ». Pour moi, le poète des pôles.

Nous sommes toujours en Bretagne en train de finaliser notre dossier pour convaincre de nouveaux mécènes lorsque nous apprenons qu'un bateau de croisière fait escale à Dinard, près de chez moi, avec Paul-Émile Victor à son bord qui donne des conférences. Paul-Émile Victor ! C'est l'homme qu'il nous faut, lui pourra nous comprendre et peut-être nous appuyer. Dans la minute, Hubert et moi décidons d'aller l'écouter et le voir pour solliciter son parrainage.

Sans doute, à l'époque, était-ce plus facile pour des inconnus d'obtenir un rendez-vous avec des personnalités comme celle de Paul-Émile. Quand j'y pense, nous n'avions pas froid aux yeux d'oser approcher une telle sommité ! Après la conférence, il accepte de nous recevoir dans un bureau, sur le bateau. Je nous revois encore comme deux étudiants avec nos petits plans, notre mince dossier de presse. On lui explique notre projet en affermissant nos voix et en jouant un peu des épaules. Ouvert et généreux, il nous écoute attentivement en jetant un œil sur nos humbles documents. Je me sens un peu gêné, l'impression de lui voler son temps. À la fin de la discussion, il referme le dossier avec un léger sourire et nous donne un « oui » de principe : il accepte d'être notre parrain. Fous de joie, nous remballons nos papiers en le remerciant vingt fois de suite et tandis que l'on prend congé, sa voix légèrement cassée nous retient :

« Vous êtes de sacrés p'tits veinards tous les deux… »

Je me retourne, sidéré.

« Mais… pourquoi ?

– Parce que je viendrais bien avec vous… »

Hubert et moi nous regardons, interdits. Est-ce une blague ? Non, cela n'en a pas l'air, même si le scientifique nous sourit à présent plus largement.

« Mais si vous voulez venir, venez ! On n'osait pas vous le demander ! »

Paul-Émile s'est décidé en quelques secondes. C'est une chose d'aller au pôle Nord, c'en est une autre d'y retourner avec le référent en la matière, un des disciples de Jean-Baptiste Charcot, l'illustre explorateur polaire dont le nom évoque un monde, une épopée, une dynastie. Au-delà du parrainage prestigieux, savoir qu'il suivra notre progression me rend fou de joie. Qu'est-ce qui fait que deux jeunes relativement inexpérimentés (surtout moi) ont accroché l'attention d'un vieux sage de quatre-vingts printemps au point de lui donner l'envie de repartir ? Je l'ignore. L'intuition, sans doute, et son amour inconditionnel pour l'Arctique qui doit parfois lui manquer même s'il vit très heureux à Bora Bora. D'autant que pour l'ethnologue qu'il est, le pôle géographique ne représente a priori pas un grand intérêt, ses études concernant essentiellement les Inuits qui ne vivent pas sur la banquise. Il n'y a donc aucune justification scientifique à sa venue sinon de renouer avec une atmosphère, un univers qu'il aime et qu'il a un peu oubliés. Je le regarde et je comprends au pétillement de ses yeux qu'aller à la croisée des méridiens est pour lui un rêve d'enfant. Savoir que nous allons l'aider à le réaliser m'émeut infiniment.

Six mois plus tard, Paul-Émile nous rejoint à Resolute Bay, le camp de base de notre expédition, un petit village de deux cents âmes perdu au milieu de nulle part, le dernier endroit habité sur la banquise. Avant de partir, pour qu'il ne soit pas déçu vu que, bien évidemment, il ne volera pas sur les ULM, je lui ai précisé qu'il sera peut-être ingrat pour lui d'être dans une baraque inconfortable, à suivre avec l'équipe notre évolution par radio. Je ne suis pas sûr non plus qu'il pourra monter dans l'avion qui nous récupérera… si tant est qu'Hubert et moi arrivions au pôle géographique ! Cela fait beaucoup d'incertitudes que Paul-Émile balaie d'un sourire. Dans sa tête, il a déjà fait ses valises. (Pour la petite histoire, lors d'un transit aux États-Unis où il devait changer d'avion pour nous rejoindre, le bus dans lequel il était a freiné brutalement et le pauvre Paul-Émile a eu plusieurs côtes cassées. Ce qui ne l'a pas fait changer d'avis. Il a poursuivi le voyage !)

Pour un jeune aventurier, progresser au-dessus de la banquise et avoir son héros qui l'accompagne à distance, c'est un rêve à l'état pur. Jour après jour, il a suivi notre avancée, me prodiguant, dans mes écouteurs, des conseils et des encouragements de sa voix rocailleuse. Je me souviens de jours de grande tempête où nous étions confinés dans nos tentes en attendant que le temps se calme pour reprendre notre vol, il m'avait recommandé de diviser nos rations de nourriture par deux. Cette voix bienveillante me galvanisait. C'est pour lui que je voulais réaliser cet exploit.

Pour finir, la deuxième tentative a été la bonne, Hubert et moi nous sommes posés au pôle géographique et Paul-Émile a pu monter dans le Dakota qui venait nous récupérer sur la banquise. Jamais un tel appareil ne s'était posé au pôle Nord, et il a tellement rebondi à l'atterrissage qu'il a déclenché sans le savoir sa balise de détresse. Une heure et demie plus tard, tournoyaient au-dessus de nos têtes des Hercule américains et des Antonov russes alertés par notre signal. Nous avons presque créé un incident diplomatique !

Quand le Dakota s'est immobilisé et que la porte s'est ouverte, j'ai vu se profiler la silhouette de Paul-Émile vêtu de jaune (la couleur de la Poste, notre sponsor). Je l'ai aidé à descendre, des larmes brillaient dans ses yeux. Très ému, il a embrassé la banquise et nous nous sommes serrés dans les bras. Nous serions bien restés plus longtemps dans ce lieu mythique pour savourer ce moment exceptionnel, mais nous n'avions qu'une demi-heure pour démonter nos ULM et ranger tout le matériel dans l'avion. Dernière frayeur rétrospective : alors que nous étions en train de « désosser » mon ULM, Thierry Reverchon et Petit Chou, mes mécaniciens vigilants, se sont aperçus qu'un boulon essentiel qui maintient l'aile haute de l'appareil manquait à l'appel. Sans cette vis, elle aurait dû se démantibuler en vol. Comment a-t-elle tenu jusqu'au bout, c'est le deuxième miracle de cette belle aventure…

Le retour dans l'avion vers Resolute Bay reste dans mon souvenir comme l'un des moments les plus chaleureux et émouvants de ma vie. Éreinté par ce que je venais de vivre, le corps, le visage et les mains qui se réveillaient dans la douce tiédeur de la carlingue, des larmes dans la gorge, je lisais dans le regard de Paul-Émile son plaisir d'être là, l'admiration qu'il avait pour nous, sa reconnaissance. À partir de ce moment, s'est tissée entre lui et moi une relation d'amitié qui ne s'est plus jamais interrompue.

Les dernières années de sa vie, j'ai séjourné à maintes reprises chez Paul-Émile sur son *motu* (« îlot » en tahitien) dans le lagon de Bora Bora où il vivait près de Colette, sa seconde femme. Nos longues conversations furent des moments d'éblouissement, de sagesse et de partage. Nous parlions du monde comme il va, de la société, et des grandes expéditions polaires. Nos tête-à-tête ont contribué à ma construction et je me suis nourri de son intelligence, imprégné de sa sensibilité. Très vite, il a suivi mon engagement progressif pour l'environnement et m'a encouragé quand j'ai commencé à m'exprimer sur ces sujets. Depuis longtemps, il avait anticipé les dérives du monde et, dans ses livres, je voyais déjà l'ébauche d'une conscience écologique, un appel, selon sa formule, à un « sens civique planétaire ». Lui qui m'a écrit, un jour, que j'étais un peu son fils spirituel a été mon premier éveilleur.

La vie recèle parfois de curieuses coïncidences : à l'époque où nous nous sommes rencontrés, je vivais dans une maison en rondins près de la forêt de Rambouillet, à Saint-Léger-en-Yvelines. Quand je l'ai invité à venir dîner chez moi en lui donnant le plan de la ville, il m'a répondu qu'il connaissait parfaitement les lieux vu qu'il y avait lui-même passé une partie de sa vie, en logeant dans la maison de son fils. Maison qui était elle aussi en rondins ! Et un autre hasard a voulu que, sans le savoir, j'achète dans une librairie parisienne une partie de la bibliothèque polaire que Paul-Émile avait vendue avant de quitter la France pour s'installer définitivement à Bora Bora !

Les yeux d'une mère

Nous sommes au milieu des années 80. Il aura fallu que je réalise qu'elle risquait de me quitter pour que j'offre à ma mère ce qui restera notre plus beau voyage. Mon plus grand regret est de ne pas avoir perçu en ma mère la femme merveilleuse qu'elle était et je n'aurai de cesse de dire à tous ceux qui ne profitent pas de ces instants, combien ils s'en voudront ensuite.

J'ai parlé de la pudeur de ma mère, de ses non-dits. Elle les aura conservés jusqu'au bout, me taisant ses douleurs et les étapes de sa longue maladie. Lorsque je m'inquiète de sa pâleur, elle dit être souffrante, puis évacue le problème d'un mouvement de main et d'un sourire. « Un peu de fatigue, mon chéri, rien de grave… » Je n'insiste pas davantage. Peut-être, à nouveau, veux-je ignorer l'épée de Damoclès qui se balance au-dessus de nos têtes. Puis, un jour, je vois, je comprends. J'arrête mes reportages, j'arrête tout pour ne me consacrer qu'à elle. Et cap sur l'Afrique, au Zimbabwe et au Botswana, dans ces lieux qui m'émerveillent et dont je sais d'avance qu'ils rendront ma mère profondément heureuse.

Ce voyage, elle en rêvait sans l'avoir exprimé et je n'avais pas eu le temps de le faire avec elle, la radio me bouffant chaque minute de ma vie et m'éloignant de Paris une grande partie de l'année. Alain et Thérèse, ses meilleurs amis, nous accompagnent. Je veux qu'ils soient de cette dernière fête, eux qui sont si aimants pour ma mère et que je considère comme mes parents adoptifs tant ils me témoignent d'attention, d'affection. Deux êtres exquis que je perdrai successivement, à quelques mois d'intervalle, pendant la primaire écologiste. Une douleur fulgurante dans cette période chaotique qui m'empêchera d'aller leur rendre un dernier hommage.

Il fallait donc que j'atteigne l'âge adulte pour profiter pleinement de la présence de ma mère, que nos émotions soient au diapason. La menace de la perdre fit tomber toutes les réserves, les blocages psychologiques qui m'empêchaient de lui exprimer mes sentiments. Main dans la main, nos regards tendus vers les mêmes paysages, nous prenons tous les cadeaux dont cette nature magnifique nous comble, dans une émotion et une joie que nous n'avons jamais connues ensemble. De ma vie, je n'ai vu un tel émerveillement dans ses yeux, et le plaisir que je lui fais, elle me le rend au centuple. Généreuse, joyeuse, jusqu'au bout.

Ma mère adorera l'Afrique. Pendant un mois, elle oubliera sa maladie pour se laisser pénétrer par la beauté des lieux. Nous avons survolé les chutes Victoria, dormi dans des camps au contact d'animaux sauvages. Nous avons vécu dans une maison flottante sur le lac Kariba où des éléphants et des buffles passaient au loin sur la berge. Nous avons descendu la rivière Chobé en bateau au milieu des hippopotames. Le point d'orgue étant le delta d'Okavango où, ce jour-là, le ravissement ne quitta pas son visage. Je la regardais autant que les sites que nous admirions, ses yeux reflétant l'éclat extraordinaire de la lumière. Nous devinions que nous vivions, là, notre dernier partage.

3

Ushuaïa, l'extrême

Lorsque TF1 m'a proposé d'animer un « magazine d'aventure » – le concept sera peaufiné après deux ou trois émissions –, j'y ai vu surtout une opportunité extraordinaire de vivre ma passion. Les années de photoreportage et de radio ont décuplé mes envies d'exploits mais, plus encore, de découvrir d'autres cultures. À trente-deux ans, j'ai la tête sur les épaules. Ce n'est plus le goût du risque qui me fait avancer mais l'amour de la vie sous toutes ses formes.

Le titre, déjà. *Ushuaïa, le magazine de l'extrême.* « Le magazine de l'extrêmement imprononçable », dira un journaliste. Pas faux, mais qu'ils l'écorchent ou pas, ce nom-là, les spectateurs l'ont bien mémorisé. Je le vérifierai tout au long de ma vie. La ligne éditoriale, j'y ai réfléchi depuis longtemps : montrer la beauté du monde pour recréer un lien émotionnel entre l'homme et la nature. Et un postulat : l'émerveillement comme premier pas vers le respect. *Ushuaïa* donnera à voir une facette de notre planète, exceptionnellement belle. Montrer le rapport désastreux entre l'homme et la nature, les journaux d'information le font très bien et beaucoup mieux que moi. C'est ce que je précise à Claire Chazal quand elle m'invite au journal de 20 heures, à la première de l'émission : « Il faut être honnête avec les objectifs. On n'a pas besoin de nous pour traiter l'information. Chacun son boulot. Nous, on a pris le parti de la beauté. Mon émission montre une autre réalité : la beauté qui existe. » Quand je me revois aujourd'hui, je me trouve très péremptoire ! Mais j'étais sûr de mon fait : si personne ne montrait ce qu'il y avait de merveilleux sur cette terre, comment créer de l'adhésion à quelque chose qu'on ne visualisait plus ?

L'aventure la plus folle commence toujours dans la tête, au détour d'un rêve puis sur un bout de papier, mais c'est à l'aéroport qu'elle se cristallise, au moment des retrouvailles avec mon équipe. Au guichet d'embarquement, les bagages, cantines, sacs, paquets s'entassent. Nous sommes parfois vingt, trente : réalisateur, cadreur, ingénieur du son, plongeurs, pilotes, photographes, collaborateurs de tous ordres, sans oublier l'intendance, la cantine, le médecin… Plus tard, viendront les scientifiques. Une vraie expédition. Autour de moi, principalement des hommes de mon âge. Des femmes, plus rarement, même si Véronique Lenhard est de presque tous les voyages. Sur les tournages, le stress peut me rendre un peu « rude », et sans doute préférai-je épargner à la gent féminine mes coups de gueule.

Si on ne se fréquente pas forcément « dans le civil », la complicité renaît dès qu'on se retrouve à Roissy, et elle est sensationnelle. Le look du groupe est plutôt hétéroclite : les uns ont revêtu leur tenue beige ou vert armée, sac à dos, parka, avec aux pieds leurs rangers préférés. Les objets rituels de l'aventure, comme Indiana Jones son chapeau, sa sacoche et son fouet en cuir. Les autres ont fait leur paquetage au dernier moment et vérifient sur les copains ce qu'ils ont pu oublier. Les assistants emportent toujours des chaussettes en plus pour les têtes de linotte ! De toute façon, ne sachant pas à l'avance ce qui nous attend, il y a une chance sur deux pour qu'il nous manque l'essentiel. L'excitation du départ est un des moments que je préfère dans l'aventure. On rit un peu fort, les blagues fusent. Derniers moments de répit avant que chacun de nous ne repousse ses propres limites. Le début d'une histoire qui nous liera à vie et fera de nous des frères d'aventure.

L'une des caractéristiques d'*Ushuaïa*, qui fait sa force et contribuera à sa longévité, c'est que chaque collaborateur y apporte son univers, ses réseaux et sa propre expérience. Je dis toujours que les membres de mon équipe ne sont pas nés à *Ushuaïa* mais qu'ils s'y sont révélés. Je pense, par exemple, à Gilles Santantonio, professeur d'aile delta qui, dans les années 80, avait ouvert une école en Chine pour enseigner cette pratique. À ce titre, il possédait une multitude de clés d'entrée dans le pays qui nous ont permis d'y faire pénétrer, parfois en douce, du matériel de prise de vues. Grâce à ses réseaux, j'ai survolé la muraille de Chine en ballon, décollé en delta de la montagne sacrée Emei Shan dans le Sichuan. Et nous avons réalisé, au Kazakhstan, l'une des plus belles séquences d'*Ushuaïa* en filmant ces chasseurs à cheval qui galopent dans les steppes, un aigle sur le bras. Dès qu'ils aperçoivent un gibier, ils émettent un claquement de langue, le signal pour les rapaces de s'envoler et aller s'abattre sur leurs proies. Une technique ancestrale, impressionnante de beauté.

Depuis le début de l'émission, j'ai conservé pratiquement la même équipe. Notre dénominateur commun : l'humour et l'autodérision. Les meilleurs antidotes à toute situation délicate. Combien de fois avons-nous subi les morsures du froid ou du soleil, fait taire nos corps endoloris ou blessés, été agressés par des bestioles de toutes les tailles ! Comment aurions-nous dominé la peur, la souffrance sans les éclats de rire, les plaisanteries qui surgissaient comme un baume ?

Toutes les personnes qui sont encore présentes depuis plus de vingt ans se sont construites ensemble dans le souci de l'excellence et une capacité d'émerveillement infinie. « Elle n'est pas belle, la vie ? » Nous ne cessons de poser cette question quand nous sommes bouleversés par un paysage. Une façon de dire avec pudeur : « Toi aussi, tu es ému par tant de magie ? »

*

Je n'imaginais pas, en arrivant à la télévision, me heurter aux mêmes problèmes techniques qu'à France Inter ! Dans le concept de l'émission, ce n'était pas une fin en soi de montrer ma bobine, mais TF1 tenait à ce que j'incarne l'aventure en étant de tous les plans. Ce qui a multiplié les difficultés d'« appareillage ». En cela, nos débuts ont été plus qu'acrobatiques ! Se filmer, aujourd'hui, à moto, à skis, en sautant à l'élastique ou en train de voler avec une caméra GoPro, petite et légère comme un paquet de cigarettes et qui réalise des images en haute définition, quoi de plus facile ? Mais à l'époque, rien n'est miniaturisé : sur un deltaplane, je dois embarquer parfois 40 à 45 kilos de matériel sur les épaules ou sur le dos, avec des câbles partout et des caméras en bout d'ailes qui compromettent l'aérodynamisme de l'engin et le déséquilibrent. Elles ont beau être petites, nos caméras sont reliées à des magnétoscopes encombrants qui pèsent quatre fois leur poids. Je me revois, lors d'une émission au Vietnam, à ne même pas pouvoir soulever mon aile delta tellement elle est lourde, obligeant deux de mes collaborateurs à la tenir à chaque extrémité et à courir avec moi dans le vide !

En vingt-cinq ans d'émission, nos techniciens réaliseront des prouesses d'ingéniosité et feront progresser la miniaturisation d'un grand nombre de technologies. Et une certaine écriture audiovisuelle qui privilégie la proximité dans l'action, pour que les téléspectateurs se retrouvent « physiquement » dans les éléments, près des hommes ou des animaux. Si, au début, ils acceptaient des images de qualité médiocre, se polarisant surtout sur l'événement, par la suite plus personne ne supportait une image qui ne soit pas en haute définition ! Nous serons parmi les premiers à la télévision à utiliser le format 16/9e, le grand angle qui étire le regard, où l'image semble sortir du cadre.

En créant une attention, une curiosité, nous avons habitué l'œil au spectacle rare et exceptionnellement beau de la planète. En cela, nous nous sommes constitué notre propre carcan qui nous oblige à tenir la promesse d'émerveillement, le maintien d'une exigence de qualité, de diversité et le devoir de progresser sans cesse, la difficulté étant de ne pas tomber dans une surenchère ou de nous emprisonner dans des codes visuels. Ce qui stupéfiait au début, étonne à peine aujourd'hui : le gorille que l'on filmait à la sauvette – et c'était un événement –, on le « couvre » désormais comme une starlette, au sol, depuis le ciel, avec une qualité d'image et une proximité jamais égalées.

Chaque tournage d'*Ushuaïa* bénéficie à la fois des moyens de longs métrages et de ceux d'une expédition. L'aura de l'émission nous permet d'accéder à ce qui est souvent interdit à d'autres, comme de sauter en parachute avec l'équipe de France au-dessus de la tour Eiffel et de se poser sur le Champ-de-Mars ; de survoler en montgolfière des sites sacrés en Colombie, ou de grandes métropoles ; de filmer l'intérieur de la grotte sous-marine Cosquer, un privilège exceptionnel. Le nom « Ushuaïa » est un sésame, il ouvre toutes les portes.

De la chance

Dans *Ushuaïa*, rien n'est jamais acquis d'avance. À la fin du dîner pendant les tournages, le réalisateur Alain Tixier se lève et s'exclame : « Voici le programme de la journée de demain. Je vous préviens, ça ne se passera pas comme ça. » L'humilité est une vertu qui s'impose à l'infini. Et quand, à l'issue d'un reportage long et difficile, nous obtenons son point d'orgue, « le plan » que nous sommes venus chercher et dont le téléspectateur se souviendra, nous sommes tous incroyablement heureux. Il arrive même, lorsque nous diffusons des images excessivement rares, que l'on nous accuse de tricher avec la réalité, de « bidouiller » nos séquences, en particulier lorsqu'il s'agit de filmer des animaux, les meilleurs comédiens de la terre, les plus imprévisibles aussi… Ils savent se faire désirer. Nos détracteurs prétendent que là où des photographes animaliers, des scientifiques, passent des mois à attendre un animal, l'équipe d'*Ushuaïa* débarque et filme en un temps record. Ce n'est pas tout à fait ainsi que cela se passe. L'attente et les échecs, on ne les filme pas et jamais nous n'avons « déplacé » un animal hors de son milieu naturel pour une prise de vues. Sachant que l'on risquerait de perdre toute crédibilité pour un moment de faiblesse ou de facilité, nous sommes tous devenus très rigoureux. Sans doute, dans les premières émissions, y a-t-il eu quelques « artifices » de tournage et encore, très peu. Il est arrivé que nous appâtions des requins pour pouvoir les filmer plus longuement ou que, dans un bras de l'Amazonie, on tende deux filets à cinquante mètres de distance pour empêcher un crocodile de quitter les lieux, le temps de la prise de vues, mais, très vite, nous avons cessé cette pratique. Si l'image est forte, la réalité n'est jamais embellie.

Je me souviens d'une photographe qui avait réalisé un magnifique reportage sur un oiseau très rare qu'on appelle « bec en sabot », et qui s'était vexée que je ne fasse pas appel à elle mais à un autre scientifique, quand je suis allé le filmer à mon tour. Après avoir vu notre film, elle a déclaré qu'on n'avait pas pu obtenir en dix jours ce qu'elle avait eu en un mois, et que nous avions trafiqué la séquence en utilisant un bec en sabot « apprivoisé ». (Sincèrement, je n'imaginais pas qu'on puisse apprivoiser cet animal si singulier et d'un autre âge !) Le journal *Libération* qui, à l'époque, se faisait volontiers l'écho des coups de griffe qu'on me donnait, avait abondamment relayé l'histoire dans ses colonnes. La plupart du temps, je laisse tomber. Là, non. J'ai fait un procès. Je l'ai gagné.

Lorsque nous arrivons dans un pays, on nous dit invariablement : « Vous auriez dû être là la semaine dernière » ou « Vous devriez rester la semaine prochaine ». Malgré tous les conseils d'experts, la nature ne se laisse pas enfermer dans un instant. Nous ne serions donc jamais là au bon moment et pourtant la nature s'offre à nos regards émerveillés.

« Le père Hulot, il a de la chance avec la nature. » C'est ce que prétendent mes équipiers et je dois reconnaître que c'est vrai : combien de fois suis-je arrivé en expédition quelques jours après eux, partis en amont faire des repérages, pour m'entendre dire que tels animaux que nous espérions voir sont invisibles. Et le lendemain, miracle, ils sont au rendez-vous ! C'est ce qui s'est produit quand j'ai acheté ma maison à Saint-Lunaire, face à la mer : j'ai tout de suite demandé à des voisins si des dauphins passaient parfois à proximité. « Il y a très longtemps qu'on n'en a pas vu », m'ont-ils répondu. Quatre jours plus tard, les dauphins sont sous mes fenêtres. Rationnel dans l'âme, je n'en conclus rien, mais les faits sont là.

De la même façon, je me souviens de ma rencontre avec les orques de Vancouver qui sont venues imprimer notre pellicule d'une chorégraphie inédite. Là encore, j'ai eu de la chance, mais c'était plus que ça : les orques m'ont fait attendre, elles se sont fait désirer. Je dirais même qu'elles ont soigné leur entrée !

Au tout début d'*Ushuaïa*, j'ai fait la connaissance de Krov Menuhin, le fils du grand violoniste, une personnalité extraordinaire aux multiples talents, dont celui de cinéaste sous-marin, et qui nous a rejoints sur l'émission. C'est lui qui m'a appris la plongée sous-marine, au-delà des gestes. Lui qui m'en a fait sentir la dimension sacrée – « l'eau est un sanctuaire, on ne s'y jette pas, on s'y glisse », disait-il... Grâce à Krov, je rencontre le biologiste Paul Spong, grand spécialiste des orques, qui vit au nord de Vancouver, sur l'eau, dans son chalet en rondins.

Cette maison est extraordinaire. Spong a équipé chaque pièce de petits haut-parleurs et, à l'extérieur, installé dans un rayon de huit kilomètres des microphones sous-marins qui lui permettent de localiser et d'identifier les orques, chacune, m'explique-t-il, ayant sa signature sonore. La nuit, dans le silence et l'obscurité du chalet, lorsque les orques se mettent à chanter, j'ai l'impression d'entendre un chant venu des temps les plus lointains de l'humanité. Un son envoûtant, crépusculaire, avec quelque chose d'infiniment tendre et triste. On ne peut pas écouter ces chants sans être bouleversé.

Je suis venu à Vancouver avec une idée en tête, plus exactement une photo magnifique où un kayakiste avance sur une étendue d'eau lisse comme une mer d'huile, une orque nageant à ses côtés, expirant un jet de vapeur d'eau, la nageoire levée vers le ciel, dans un mouvement léger et puissant. Le tout à contre-jour, dans une harmonie parfaite, une sensation de plénitude qui me rappelle les chants nocturnes des orques. Pour les amateurs d'*Ushuaïa*, je voudrais tenter de réaliser la même séquence. Un certain nombre de facteurs devant être réunis pour y parvenir, je me suis organisé pour avoir une semaine devant moi.

C'est le petit matin, le temps est clair. Avec Denis Bertrand, le cadreur, nous survolons le Pacifique dans notre hydravion. À un endroit, l'océan pénètre au pied des montagnes couvertes de forêts humides qui se reflètent dans les eaux noires. Dans ces bras de mer tranquille, l'eau est lisse car protégée du vent, et Paul m'a dit y avoir souvent vu des orques. D'ailleurs, moi aussi, je les vois : elles passent et repassent sous les ailes de l'avion, majestueuses et imposantes silhouettes en livrée. Le pilote pose l'hydravion et l'amarre à des algues géantes. Denis s'installe sur le flotteur avec sa caméra et je grimpe dans le kayak que nous avons embarqué avec nous pour partir à la rencontre des mammifères. Certes, ils sont là, allant et venant, mais ils n'apparaissent jamais près de moi ou le temps d'une seconde, nageant à ma rencontre puis sortant du champ de la caméra de Denis. Des heures durant, je pagaie sans relâche et sans pouvoir réaliser ce plan trop parfait dans ma mémoire. Et comme je suis entêté, je recommence pendant quatre jours le même manège. Sans succès. Les orques sont là mais nous ne faisons que nous tourner autour.

Au cinquième jour, nous abandonnons. Tant pis pour ma belle séquence qui s'envole au paradis de tous les projets rêvés et qui ont capoté. Des navires échoués, Dieu sait qu'il y en a eu, mais, celle-là, je l'avais tellement dans les yeux… Déjà, l'hydravion sort du secteur. Je contemple l'eau lisse, le cœur serré. Non, c'est trop bête, il faut y retourner ! « Allez, on fait demi-tour ! » criai-je. Les sourcils du pilote grimpent sur le haut de son front et il s'exécute en hochant la tête. Habitué à mes volte-face, Denis est déjà en train de recharger sa caméra.

À nouveau, du ciel, je repère un groupe d'orques qui vont et viennent le long d'un bras de mer dont l'eau se ride à peine au passage des mastodontes. On se pose, on s'amarre, je m'équipe, grimpe dans le kayak et commence à pagayer dans leur direction. Pendant une demi-heure, je ne vois rien. Il semble que les orques soient parties plus loin. Je m'éloigne encore. J'attends en scrutant le moindre mouvement d'eau. Rien ne bouge. Cette fois, je renonce. Ce n'était pas notre jour.

De mon talkie-walkie, j'appelle Denis d'une voix un peu lasse : « Les orques ont disparu. Commence à ranger, je reviens vers toi… » et je donne un premier coup de pagaie pour faire demi-tour. Soudain, l'eau s'agite près de moi, elle s'ouvre dans une gerbe blanche, et apparaissent, à ma gauche et à ma droite, deux couples d'orques qui se collent au bateau. Pagaie en l'air, j'ose à peine respirer. Quatre orques à côté d'un kayak, c'est monstrueusement impressionnant ! Doucement, ma rame caresse l'eau et je me dirige droit vers Denis. Lui m'a vu de loin, il a rallumé la caméra et ne perd pas une miette du spectacle.

Ce jour-là, les orques ont étendu leur territoire à nos cœurs. Pendant une demi-heure, elles m'ont escorté, ondulant à chaque coup de pagaie, me suivant quand je faisais demi-tour puis revenant avec moi en ligne droite. Une chorégraphie au cordeau, un pas de deux à cinq ! J'avançais doucement, sans à-coups, en prenant mon temps car les orques, en bonnes actrices qu'elles sont, faisaient et refaisaient les scènes, et quand je me laissais distancer, elles m'attendaient. J'aurais pu les toucher en tendant la main. À l'image, c'était un ballet magnifique, et pour moi une joie et une émotion immenses. Je me suis tu, ému aux larmes. Les orques m'ont laissé aller où je voulais et elles ont offert à Denis leur meilleur profil pour qu'il joue avec la lumière du jour, l'éclat du soleil déclinant sur leurs ailerons et leur peau luisante comme polie par les glissades. Il y eut peu de commentaires de ma part. Je me tus et le chant de la nature remplaça les mots.

Des rendez-vous comme celui-là, des coïncidences heureuses, belles comme des premières fois amoureuses, nous en avons vécu souvent à *Ushuaïa*. Tel ce jour de 1999 où, en Nouvelle-Zélande, non loin de Kaikoura, guettant des cachalots, je me retrouve entouré de centaines de dauphins, toujours assis dans mon kayak, berger minuscule conduisant ce troupeau merveilleux. J'ai l'impression de faire un voyage céleste, un film qui se déroule au ralenti où, à nouveau, lorsque je fais demi-tour, mille dauphins tournent en même temps que moi, se chevauchant parfois tant ils sont nombreux. Depuis l'hélicoptère qui les filme, on voit qu'ils sont des centaines sur un front de plusieurs kilomètres de large. Jean-Michel Bompar, spécialiste des cétacés, m'accompagne et nous prenons la tête de cette équipée mouvante et joyeuse, les menant où bon nous semble. Les dauphins nous suivent, dociles ou joueurs, égayant notre parade royale de multiples sauts et gerbes d'eau. Tous semblent s'être sifflés pour une récréation monumentale, un spectacle qu'ils créent et qu'ils nous offrent. Ce fut une séquence émouvante et drôle, une parenthèse de complicité, d'amitié, comme le reflet d'un monde idéal.

Les ours esprits

Le ciel joue la transparence et le soleil, la froideur. Les montagnes Rocheuses couvertes de forêts dominent des fjords spectaculaires où la glace et la roche se figent, conférant au paysage une pureté que j'ai rarement contemplée ailleurs. Nous sommes en Colombie-Britannique, la province la plus occidentale du Canada, l'une des régions du monde que je préfère. Nous venons rencontrer un fantôme, ou plusieurs avec un peu de chance.

À quelques centaines de kilomètres au nord de Vancouver, dans l'île de la Princesse royale, un scientifique a découvert une espèce unique d'ours brun ayant muté en ours blanc, une curiosité biologique rarissime que les Canadiens appellent les « Ours esprits ». Blanc sur brun, comme si l'âme de l'ours était remontée à la surface du corps. Avec les membres de l'équipe, nous décidons d'y débarquer à l'aube, le plus discrètement possible, de nous installer le long d'un delta de rivière et d'attendre que les saumons remontent le cours de l'eau pour que les ours se débusquent.

Au petit jour, nous nous dissimulons derrière des arbres et patientons, immobiles, silencieux. L'attente ne serait pas trop pénible s'il ne tombait pas des cordes sans discontinuer. Une pluie drue et glacée qui nous trempe comme des soupes et pour rien : pas une oreille d'ours blanc à l'horizon. Après cinq jours éprouvants de ce régime d'essoreuse, on commence à craquer. Le scientifique nous a pourtant assuré que les ours viendraient, mais je ne veux plus attendre, le sixième jour sera le dernier.

Dès l'aube, on rejoint nos cachettes. Aucune trace d'ours blanc mais, au moins, la pluie a cessé, la lumière est magnifique. À 13 heures, on décide de retourner au bateau. On ne peut pas gagner à tous les coups. L'échec fait partie des missions et de l'émission. C'est ce que je dis tout haut pour ne pas démoraliser mes troupes mais, dans mon for intérieur, je me désole de décevoir ceux à qui j'avais annoncé cette séquence rarissime.

Matériel plié, on s'éloigne du delta en marchant à découvert et en parlant normalement, sans aucune précaution. Soudain, un technicien se retourne et pousse un cri : derrière nous, à trente mètres, un premier ours blanc sort des broussailles, puis un deuxième, un troisième et ils entrent dans la rivière. On n'ose plus bouger jusqu'à ce qu'on réalise qu'ils se fichent de notre présence comme de leur premier esturgeon. On peut parler, rire, eux ils mangent ! Du coup, on ressort le matériel, on se réinstalle et les deux cameramen filment tranquillement les ours attrapant les saumons ou assis sur leur train, prenant le temps de se lécher pattes et gueules. Quand ils sont bien repus, ils se lèvent et disparaissent comme ils sont venus dans la forêt. J'exulte. Nous n'aurons pas attendu pour rien, et la séquence est sympathique. Mais pourquoi les cameramen font-ils cette tête ? Eux d'habitude si expansifs, qu'est-ce qu'ils ont ?

Le premier me tourne le dos et il tapote sa caméra l'air très affairé. Je comprends tout de suite : l'humidité et la pluie des jours précédents ont grippé la machine. J'interroge aussitôt le second. Il est blême. « J'ai pas osé le dire, mais la mienne aussi… » Je ferme les yeux. Rien de cette scène d'anthologie n'a été enregistré. Pas une image. Dans ces cas-là, j'ai envie de tuer la terre entière. Je me ferme ou j'explose. Là, je repars vers le bateau sans dire un mot. Quand l'équipe me rejoint, je n'en laisse rien voir mais je bous de rage. On imagine l'ambiance dans l'espace confiné. Sur les visages se lit un immense découragement. Le skipper nous presse d'activer le mouvement avant que la météo ne change mais, là encore, je n'arrive pas à lâcher : « C'est trop bête de partir comme ça, ils ne sont peut-être pas très loin, ces ours. Allez, les gars, on y retourne… » J'ai retrouvé la pêche. Éric Minvielle, dit « Ricky », notre technicien aux doigts de fée, véritable génie de la technologie audiovisuelle, parvient à remettre les caméras en état de marche. Les autres, n'osant pas me contrarier, se lèvent sans trop y croire.

Nous voilà repartis, matériel sur le dos. Évidemment, l'endroit où nos trois compères pêchaient est désert, rien aux alentours, mais je refuse de jeter l'éponge. Je commence à remonter le long du fleuve, l'équipe sur mes talons, silencieuse. Ils connaissent mon obstination. Et ma chance, aussi… Nous marchons une vingtaine de minutes dans une belle lumière qui filtre à travers les frondaisons, sans rien voir. Loin devant nous, derrière les arbres, on entend le bruit d'une chute d'eau. « Bon, on va jusqu'à la cascade et ensuite, je vous promets, on rentre », dis-je aux garçons. La cascade apparaît, majestueuse… et que voit-on ? Un tronc d'arbre couvert d'une mousse épaisse vert pomme, couché sur un banc de sable devant l'eau qui dégringole et, accoudé dessus, un ours blanc en train de déguster un saumon tandis qu'un autre s'ébroue sous l'eau tombant du ciel. L'un à la table, l'autre au bain. Je n'en crois pas mes yeux : la récompense suprême.

En deux secondes, chacun est à son poste, les caméras tournent et sans se gripper ! Nous avons droit à une séquence beaucoup plus belle que la première, car les ours ont planté eux-mêmes le décor. Le vert scintillant de l'arbre devant la cascade bouillonnante, ces ours affairés à leur gourmandise, c'est splendide. Dans ces cas-là, je ne sais pas qui remercier, la vie, la chance, les animaux, notre patience ! Le succès d'*Ushuaïa* est fait de tous ces paramètres.

On imagine, ensuite, le retour vers le bateau, bras dessus bras dessous, le repas du soir, les rires, les blagues. On ne sent plus la fatigue, les jours perdus à attendre, le froid dans le corps, dans les os, tout à la joie d'avoir obtenu mieux que ce que nous étions venus chercher. Agglutinés autour des caméras, nous nous repassons les images sans fin.

Un coup de foudre amical

Si j'évoque souvent mes rencontres avec les animaux, sur terre, dans le ciel ou les fonds marins, c'est parce que j'ai aimé leur contact, nos échanges, nos jeux, et qu'ils m'ont parfois bouleversé aux larmes. En vingt-cinq ans, j'ai pu admirer toute la « palette » animale que j'avais envie de connaître et j'ai eu une vision du monde sauvage probablement la plus nourrie qui soit.

Avec des moments un peu tendus, l'éthologie n'étant pas une science exacte (et loin s'en faut !), lorsque j'ai mal interprété le comportement des « spécimens » les plus menaçants.

C'est une chose d'aller en safari africain pour observer les animaux à trois cents mètres, mais *Ushuaïa* exige de la proximité. Et se rapprocher est parfois dangereux. Jacques Leclerc, qui fut longtemps cadreur dans l'émission, s'en souvient encore. Je pagayais doucement dans mon canoë, parlant à la caméra, de dos à une famille d'éléphants. Une séquence zen, le speech final dans un beau décor… sauf que ni Jacques ni moi n'avons vu le père de famille entrer dans l'eau et nous charger. Résultat des courses : deux hommes par-dessus bord et une caméra fichue. Une chance que le mastodonte ait fait demi-tour après notre plongeon. Et que la dizaine de crocodiles qui nous observaient, impassibles, aient déjà déjeuné…

Les animaux sont imprévisibles mais force est de constater qu'après toutes ces années passées en leur compagnie, et malgré la multiplication des expériences, aucun d'entre eux ne m'a causé de blessure ou de dommage grave. Au pire, un congre m'a mordu un doigt. Un requin a voulu me croquer le bras, mais il s'est cassé les dents sur ma combinaison « cotte de mailles ».

*

J'appartiens à une génération qui s'est éveillée aux premiers reportages animaliers grâce à Frédéric Rossif et son émission culte *La Vie des animaux*. (Comme tous les fans, j'ai encore dans l'oreille les cris d'oiseaux du générique et le ton ironique de Claude Darget.) J'étais ébloui par ce que je voyais, attiré par la diversité infinie de ce « peuple » qui pouvait être si cruel… Je n'imaginais pas qu'un jour, je serais enlacé par une femelle gorille un peu trop excitée ou embrassé sur la bouche par une baleine ! En fait, un monde d'amour et d'amoureuses m'attendait…

Pour mon premier « rencard » avec une baleine à bosse, je n'avais pas choisi le décor le plus romantique. Dans la péninsule de Valdès, sur la côte argentine, les eaux sont si troubles que je voyais à peine ma main. J'avançais à tâtons, sans repères, jusqu'à ce que je bute sur un immense rocher noir couvert de crustacés. Je cherchais comment le contourner quand, brusquement, contre mon visage, un œil s'ouvrit, immense, qui me regardait. La baleine à bosse était à l'heure au rendez-vous et sans avoir fait les présentations, nous nous retrouvâmes museau contre museau ! J'ai sursauté, elle non, se fichant royalement de ma présence et de notre premier baiser. Peut-être sommeillait-elle et attendait-elle un autre prince charmant, plus baraqué… Elle m'a laissé l'approcher et la contourner en toute tranquillité, me suivant de son regard paisible. Impériale. En souvenir de cette jolie rencontre, moi qui ne suis pas fétichiste, je porte en pendentif une petite nageoire caudale en argent. Et quand je vois qu'aujourd'hui, malgré le moratoire et les interdictions, on continue à les massacrer par dizaines, ma tristesse et ma rage sont immenses…

J'ai vécu une complicité fusionnelle avec la nature et les animaux que j'ai du mal à analyser. Ils ne me sont pas étrangers, j'appartiens à cette communauté tout entière et mes liens avec eux sont aussi forts qu'avec les hommes. Même parfois plus évidents. Cette sensation de faire partie d'un tout ne se tarit pas, elle se développe, même, et maintient mes sens en éveil. Lorsque j'aperçois des dauphins en face de ma maison bretonne, alors que j'en ai croisé des milliers au cours de ma vie, je ne les regarde plus de la même façon : je connais leur intelligence, leurs codes, leur morphologie. Et, à présent, leur vulnérabilité. Je suis émerveillé qu'on arrive encore à en observer quelques dizaines, au large de Saint-Malo ou près du Mont-Saint-Michel ! Cela peut paraître naïf mais je me sens lié à eux, redevable envers eux.

Je n'imaginais pas, en revanche, avoir un jour une « touche » avec une loutre géante ! C'était en 2002, je me trouvais au Brésil, en pleine Mata Atlantica, une des forêts tropicales les plus menacées au monde où, malgré tout, la biodiversité est encore très riche. Le Pantanal, cœur de notre reportage, est une région humide aux magnifiques cours d'eau. De ma vie je n'ai vu dans une forêt dense comme l'Amazonie une eau aussi limpide. Pierre-Michel Forget, spécialiste français des écosystèmes au Museum national d'histoire naturelle qui nous accompagne, en donne l'explication scientifique : cette transparence est due aux sources lourdement chargées en bicarbonate de calcium qui précipite au fond de la rivière toutes les impuretés. À l'ombre des plantes, l'eau est turquoise, au soleil elle est cristalline.

Avant d'arriver au Brésil, j'ai découvert, dans un reportage photo, le ballet magnifique et excessivement visuel des plantes aquatiques et des poissons très colorés du Rio Sucuri, et nous avons décidé d'y tourner une séquence. Comme souvent, des spécialistes locaux nous accompagnent, deux Brésiliens, des guides naturalistes qui connaissent les endroits les plus appropriés pour ce que nous cherchons à réaliser. La veille du tournage, je discute avec eux, notant quelques noms de poissons et de plantes, et évoquant aussi les menaces qui pèsent sur le Pantanal à cause d'un projet de barrage (un de plus…). Je m'informe, comme d'habitude. La documentation que j'ai apportée de France mentionne la présence de loutres géantes dans ces rivières. Là, mes interlocuteurs prennent un air désolé : « Des loutres, il n'y en a plus dans cette région depuis des années, Nicolas. Il doit en rester au cœur du Pantanal, mais il faudrait prévoir beaucoup plus de temps pour espérer en voir une. Et rien n'est sûr… »

Avec Cyril Tricot, notre cameraman, et un deuxième cadreur, nous partons tourner la séquence prévue. Pour ce qui est des teintes des poissons, le spectacle dépasse en beauté tout ce qu'on avait imaginé. À certains endroits, l'effervescence des espèces en période de reproduction ressemble à des feux d'artifice sous-marins. Avec Pierre-Michel, nous nageons dans un lacet de rivière peu profonde, bordée de plantes et de mousse d'un vert vif, nous laissant porter par un léger courant, avec l'impression de flotter. Palmes, masques et tubas suffisent pour cette exploration. Tout paraît irréel, serein, l'eau est douce, tempérée, nous traversons des « forêts galeries », sorte de passages ombragés qui débouchent ensuite sur des puits de soleil. C'est somptueux.

Le lendemain, nous interrompons quelques minutes la plongée en nous installant sur un banc de sable pour nous livrer à une petite explication de tout ce que nous découvrons dans ce Rio Sucuri. En général, pendant la séquence « interview », je demande à mon équipe de faire le calme pour éviter d'avoir à recommencer les prises. Dos à la rivière, tandis que je parle face caméra, je sens pourtant une agitation, des murmures. Des bras se tendent dans ma direction et je comprends qu'il se passe quelque chose derrière moi. Les caméras continuent à tourner. Le plus naturellement possible, je pivote et qu'est-ce que je vois ? Sur un rocher plat, au milieu de l'eau, une loutre géante nous regarde.

L'entretien se poursuit, Pierre-Michel et moi, pris de court, commentant en direct notre surprise. Pendant ce temps, en arrière-plan, la loutre fait son show aquatique, grimpant et glissant du rocher à plusieurs reprises. Tout doucement, nous entrons dans l'eau, suivis des cadreurs, caméra à l'épaule. Ce qui devait durer dix secondes et qui aurait dû être un scoop, vu la rareté de l'animal dans ces contrées, va se transformer en une véritable partie de cache-cache et une scène d'anthologie pour l'émission.

Avec son corps fuselé d'un mètre quatre-vingts, la loutre arrive vers moi comme une torpille, elle s'arrête net devant mes jambes, sort la tête de l'eau face à moi, me regarde un instant et *hop !* replonge. Dix fois de suite, elle recommence, apparaissant, disparaissant, moi de même, on joue à se faire peur. À un moment, je m'appuie contre le rocher et elle me rejoint, légèrement craintive, me fixant droit dans les yeux. Nous nous observons à un mètre de distance. J'ai conscience de ce que nous sommes en train de vivre : grâce à elle, j'établis un contact avec un autre monde. J'en pleurerais d'émotion.

Quelque chose d'exceptionnel s'est passé ce jour-là. Le lendemain, elle est revenue avec sa grande sœur et nous avons joué à nouveau dans des eaux si pures qu'on aurait dit un aquarium géant ! C'était merveilleux. Puis nous avons poursuivi l'exploration du Rio Sucuri, et la loutre, joueuse insatiable, nous a accompagnés. Les adieux ont été difficiles ! Cette séquence, pour nous tous, restera un moment de bonheur absolu. Les naturalistes brésiliens n'en sont toujours pas revenus.

La beauté du geste

Du ciel, tout est agressif, les piques des minarets, les arches des ponts, les tours, les habitations perchées sur les collines… Assis sur une sellette en bois, accélérateur à la main et jambes dans le vide, je contemple la ville qui s'allume, dense et nimbée de rose : Istanbul, celle qui fut Byzance puis Constantinople, des noms qui nous renvoient à sa splendeur et son histoire glorieuse. Le moteur rythme ma rêverie. Je joue à saute-mouton dans mon Cloudhopper (« sauteur de nuages »), passant de l'Europe à l'Asie en moins de temps qu'il ne faut pour le dire, me dirigeant comme je peux, avec l'impression quand je lève les yeux vers ma petite montgolfière, d'être un personnage de bande dessinée d'un temps révolu. C'est un des moyens de transport que je préfère, non pas qu'il soit des plus pratiques, mais il confère à tous les lieux qu'il survole une dimension poétique et enfantine.

Il est tôt ce matin, je me suis élevé dans le ciel avant que le soleil ne chauffe trop et ne déclenche des thermies. Parti du centre-ville, j'ignore tout de ma zone d'atterrissage. Le moteur vrombit comme un roquet, mais il a beau japper c'est le vent qui décide et monsieur est capricieux ce matin. Un peu sadique, même, à me fouetter ainsi le visage ! Il peut changer en cours de route, me ramener là où je ne veux pas aller, tomber d'un coup et me laisser sur place comme un crétin sans savoir où me poser, ou bien accélérer et, là, mieux vaut avoir prévu une équipe de bras solides pour me freiner en tirant la corde qu'avec, un peu de chance, j'aurai eu le temps de lancer !

Quand je suis arrivé à 5 heures du matin sur le lieu du décollage, les gars s'activaient déjà depuis le milieu de la nuit, lampes au front balayant la scène de faisceaux sautillants. « Le ballon a failli partir sans toi », me dit un assistant. À deux reprises, les câbles chevillés au sol qui retenaient la montgolfière ont été arrachés par le vent et mon équipe a bataillé pour l'amarrer comme un cheval devenu fou. La nuit, j'ai entendu les bourrasques. Je me doutais que ce matin l'aérologie serait tourmentée.

Plus tard, on me dira combien le spectacle était beau vu du sol où, en l'absence de nacelle, on aurait dit que le ballon avançait tout seul, petite bulle brillante parmi les lambeaux de nuages. Entre mon texte à dire, la caméra à fixer, l'hélicoptère qui couvrait ma voix quand il me filmait de près et dont le souffle des hélices modifiait parfois la trajectoire du ballon, je n'ai pas admiré autant que je l'aurais aimé la belle Istanbul et ses maisons princières sur le Bosphore serpentant vers la mer Noire. Sauf, de temps à autre, lorsque mes yeux se posaient sur les mosquées immaculées qui semblaient s'ouvrir, l'une après l'autre, comme des fleurs éclatées. Une merveille.

À bord d'un bateau, mon équipe me suivait des yeux et elle parvint à me récupérer sans trop de problèmes. (Bien mieux que lorsque Gérard Feldzer et moi avions traversé Paris sur deux ballons à moteur à peu près semblables, mais dans une aérologie plus turbulente. Au-dessus de la Seine, on avait progressé en marche arrière, à trente kilomètres à l'heure pour contrôler un minimum nos engins ! Avant que le vent ne m'emporte je ne sais où, j'avais dégringolé dans un jardin après Notre-Dame et atterri le nez dans la poussière, manquant de balancer dans le fleuve un gendarme qui passait par là et qui eut la bonté de saisir la corde que je lui lançai…)

Traverser en ballon le ciel d'Istanbul, à quoi cela sert-il ? *È per l'arte !* La beauté du geste. Cela ne fait avancer ni la science ni la connaissance, sauf que d'avoir survolé ces édifices religieux dans toute leur splendeur, d'avoir filmé la géométrie de la ville, de passer de l'Europe à l'Asie d'un bond, poussé par le vent, c'était infiniment poétique. J'ai volé des centaines d'heures dans des montgolfières, petites ou grosses, dirigeables ou pas, au-dessus de reliefs escarpés, de fleuves en furie, de régions brûlantes, au Pérou, en Polynésie… Des sites où l'aérologie me baladait comme une bulle de savon dans le ciel. Si cette vision m'enchante quand je revois les images, elle peut en faire rêver d'autres que moi.

Jules Verne avait imaginé la magie d'un vol en aéronef dans *Cinq Semaines en ballon*. Je me suis identifié à Samuel Fergusson et retrouvé dans son périple. Qu'est-ce qui m'oblige, moi, à la fin du XXe siècle, à voler avec un engin aussi archaïque qu'un ballon qui, pour monter, vous contraint à vous délester du sable parce que vous êtes trop lourd ? Rien du tout. J'aime ajouter au voyage une dimension esthétique. La beauté, la poésie, je ne peux pas vivre sans. De même, personne ne m'obligeait à sauter avec une vingtaine de parachutistes sur les pyramides de Gizeh, mais la figure qu'on a constituée en l'air, formant un grand diamant coloré, ajoutée au spectacle du désert qui s'étendait à nos pieds, a créé un événement visuel magnifique. Il n'y avait pas d'autre but que le plaisir de l'œil.

Si *Ushuaïa* a réussi à fédérer une communauté d'émotions, c'est parce que nous avons utilisé la beauté comme une arme. Quand, accroché à une aile delta, j'effleure du pied les dunes du désert, ou que je marche sur l'eau, quel sens cela a-t-il ? Aucun pour certains. Mais pour d'autres, c'est peut-être la matérialisation d'un rêve qu'ils aimeraient accomplir. Pendant vingt-cinq ans, mon équipe et moi avons vécu pour la beauté du geste.

Engins de rêve

D'*Ushuaïa* à *Ushuaïa nature* en passant par *Okavango*, nous avons voulu jouer avec tous les éléments, dont deux de prédilection : l'air et l'eau. Jusque dans les années 60, l'air était réservé à une élite, et nous avons incarné cette génération qui pouvait le coloniser sans grosses structures, avec trois bouts de ficelle et de chiffon. Ces plumes que je pilotais ou que je jetais au vent, je les trouvais belles, amusantes ! J'ai probablement été celui qui a éprouvé le plus d'engins au monde, nés souvent du cerveau d'inventeurs doués et fantasques, comme Guy-Bertrand Jaquier, Vincent Dupuis, Dany Cleyet-Marrel, de grands enfants aux rêves échevelés. Des engins qui volaient ou voguaient entre l'obsolescence et l'ultramodernité.

Certains d'entre eux n'ont existé que le temps de l'émission. D'autres en furent les vedettes incontestées. Tel le « Woopy-jump » que Guy-Bertrand Jaquier et un ingénieur de ses amis, fameux tandem suisse, ont mis au point. Il s'agit d'une grande plume jaune poussin et rouge vif, incurvée vers le ciel, une sorte d'aile gonflable qui ressemble à une aile delta en plus épais, mais tenue en pression par deux petites turbines électriques qui lui donnent sa forme et son volume. Un engin sans partie rigide qui, plié, entre dans un sac à dos. Le rêve pour les skieurs un peu sportifs et qui n'ont pas peur du vide. Bref, taillé pour moi.

L'aile déployée au-dessus de mes épaules, je dévale la pente en ski, un œil sur la crevasse au loin qui se rapproche. Lorsqu'elle s'apprête à m'avaler, je donne une impulsion et Woopy s'élève lentement au-dessus du gouffre. Je vole dans le silence et la blancheur, le temps s'arrête. La piste se profile à nouveau. Un autre mouvement et je retrouve le sol et la glissade. Non seulement l'engin est très maniable, mais son usage est proprement jouissif. J'ai l'impression de jouer à saute-montagne en bougeant à peine le petit doigt ! Essai 100 % convaincant. Guy-Bertrand, tu m'ferais pas l'même avec un p'tit moteur ?

Il suffisait de demander. Le nouveau-né s'appelle « Woopy-fly », et pour ses premiers essais de décollage, Guy-Bertrand m'accompagne en Russie orientale, sur le lac Baïkal. J'ai imaginé la plume jaune et rouge s'élevant dans une immensité aux infinies nuances de glace. Une toile de fond lumineuse, reflet de l'harmonie du temps et de l'espace, un écrin sublime pour notre petit bijou… sauf qu'au premier envol, je me crashe et je plie l'engin en huit ! L'aile fuselée n'est plus qu'une grosse boule que je regarde, désolé. C'était trop beau. Calme et serein, Guy-Bertrand Jaquier arrive vers moi, voit son engin explosé au sol et me dit, avec son accent suisse inimitable : « C'était très bien, Nicolaaaas, la prochaine fois, il faudra juste que tu penses à ça, ça, ça… » J'ai massacré son bébé, mais TOUT VA BIEN !

Le soir, on se retrouve dans un hôtel sur le lac Baïkal. Guy-Bertrand, que mon crash n'a pas démotivé, installe une sorte de « simulateur de vol » dans la réception de l'hôtel, pour me mettre en situation et me montrer les gestes à faire. Et à ne pas faire ! À ma décharge, la conduite de ce Woopy échappe à toute logique (à moins que ce soit la logique suisse !), tout y est inversé : là où l'on devrait tirer, il faut pousser ; pour aller à gauche, il faut bouger une manette vers la droite et inversement. Le tout avec des temps de réaction très longs qui fait que je surcorrige chaque déplacement…

Je revois cette scène assez grotesque dans le hall de l'hôtel, à 23 heures, moi mimant des mouvements sur une aile imaginaire, sachant que le lendemain, je me retrouverai à nouveau sur l'engin que Guy-Bertrand aura reconstitué dans la nuit ! Pour finir, j'ai réussi à effectuer quelques vols très courts sans casser l'appareil mais pour les plans longs, le père biologique a servi de doublure !

Ces « drôles de machines », c'était la marque d'*Ushuaïa*, sa poésie improbable. À l'époque de la grande aéronautique, j'avais envie de faire revivre ces petits engins faits souvent de bric et de broc, avec juste assez de sérieux pour que l'aventure se termine joyeusement ! Jusqu'au bout, j'en aurai été le cobaye consentant et curieux : ainsi, pour mon ultime émission, j'ai survolé le site sacré de la Sierra Nevada en Colombie avec un ballon dirigeable à ailes battantes, avec lequel je progressais dans l'air, en effectuant la nage papillon. De leur territoire où j'ai passé quelques jours près d'eux, les Indiens Kogis ont dû me voir voler : Dieu sait ce qu'ils ont pensé !

La licorne n'est pas une légende

Parmi les multiples aéronefs que j'ai « enfourchés », le pilotage des montgolfières est un des plus aléatoires qui soit puisqu'il dépend d'éléments qui lui sont extérieurs. On va là où l'aérologie nous pousse, en fonction de l'altitude, avec une marge de manœuvre étroite, à la fois simple et complexe. Le petit ballon d'hélium lâché « en éclaireur » pour une exploration préalable de l'atmosphère renseigne sur les altitudes où se produiront les différents flux de vent et dans quelles directions ils vous emmèneront. Ce sont des informations capitales si l'on veut maîtriser un tant soit peu la déambulation qui peut s'avérer parfois très sportive !

C'est en Arctique, dans le Grand Nord canadien que j'ai réalisé le vol le plus « chaud » de ma vie. C'était en avril 2005. Deux années de suite, avec mon équipe, nous avions tenté de filmer les narvals, ces créatures de légende qu'on appelle aussi les « licornes des mers ». En vain. Pour la troisième tentative, je décide d'employer les grands moyens en établissant un véritable camp de base sur la banquise et en prévoyant d'y rester le temps qu'il faudra pour optimiser nos chances. Nous avons même disséminé, ici et là, des « sentinelles », des Inuits qui surveillent les chenaux où nos « Arlésiennes » seraient susceptibles d'apparaître.

Des moments d'émotion, d'émerveillement, j'en ai connu beaucoup dans ma vie, mais cette expédition dans le Grand Nord restera un éblouissement, la « parenthèse magique » pour la complicité qui s'est établie avec les narvals dans l'exceptionnelle splendeur de l'Arctique, et la patience dont nous avons dû faire preuve pour parvenir enfin à les filmer. Une rencontre rarissime dont j'ai fait peindre une fresque par Carlos Hiller, un ami artiste argentin, dans ma maison de Saint-Lunaire.

Pour les naturalistes et les plongeurs, croiser la route des narvals est une sorte de Graal, la quête d'images d'animaux à nul autre pareils : les mâles possèdent une longue incisive torsadée semblable à une corne et qui peut mesurer jusqu'à trois mètres. Elle fait penser à une épée, mais elle est plus une antenne, un ustensile sensitif, qu'une arme. Les Inuits, plus pragmatiques que nous, les chassent pour s'en nourrir et se chauffer avec leur graisse.

Vivre, travailler, dormir sur cet océan gelé est une expérience tout à fait singulière : la banquise respire, elle bouge, se lézarde et craque constamment. Avec l'équipe, nous nous y rendons au mois d'avril, au moment où l'hiver cède peu à peu la place à l'été : la température grimpe de - 40 degrés à - 10 degrés, voire à des températures positives pendant la journée. La glace de surface fond et il arrive même que nos tentes flottent dans dix centimètres d'eau. À certains endroits elle peut se fendre largement, rendant le transport de matériel lourd excessivement dangereux. Je ne parle pas des nuits où, par des vents de quatre-vingt kilomètres à l'heure, nous passons des heures arc-boutés sur la toile de nos tentes, malgré les broches qui les ancrent dans la glace, pour qu'elles ne s'envolent pas…

En attendant que les narvals veuillent bien se manifester, nous filmons les autres habitants de la banquise, morses et ours polaires. Concernant ces derniers, une séquence faillit mal tourner. Les ours polaires sont des animaux excessivement imprévisibles et dangereux, qu'en général vous découvrez au dernier moment. Selon la légende qui m'a été confirmée, pour vous approcher ils cachent de leur patte leur truffe noire, seule tache sombre dans ce blanc immaculé. Détail charmant, si ce n'est qu'un ours qui surgit à vingt mètres en accélérant ne vous laisse aucune chance de lui échapper. Nous avons juste eu le temps d'abandonner caméras et matériel et de nous enfuir sur nos skidoos, ces petits scooters de neige dont nous nous servons pour nos déplacements sur la banquise.

Pour cette expédition plutôt inconfortable, notre « grand manitou » Yazid Tizi, logisticien miraculeux d'*Ushuaïa* qui organise toujours de beaux campements dans les endroits les plus improbables, a fait venir un cordon-bleu canadien qui, trois semaines durant, nous concoctera des repas succulents. Quoi de plus agréable, quand on rentre d'expéditions ardues et exténuantes, que de sentir les effluves parfumés de plats en sauce et de légumes qui semblent venir du jardin ?

Autour de moi, mon équipe habituelle, Gil Kébaïli, le réalisateur, Cyril Tricot, mon fidèle cadreur, ainsi que Laurent Ballesta, biologiste et photographe sous-marin et Laurent Guenoun, plongeur de la « dernière vague » de l'équipe Cousteau, excellent cadreur lui aussi, qui aide Cyril à l'occasion. Outre leurs qualités de plongeurs, les deux Laurent sont aussi les « artistes » de la bande, l'un chanteur, l'autre musicien qui égaient nos soirées. Vivre au quotidien sur la banquise est tellement irréel qu'ici tout prend une ampleur démesurée.

C'est au cours d'une plongée où mes deux compagnons exploraient les écosystèmes dans les profondeurs de la glace, que s'est produit l'accident de Laurent Guenoun qui restera l'un des événements tragiques d'*Ushuaïa*. Tandis que je suis en train de filmer sur la banquise, on m'alerte par radio : il est arrivé quelque chose à Laurent. Je rentre ventre à terre au camp et le trouve allongé sous sa tente, inanimé. Autour de lui, notre médecin, Bruno Chaumont et Pierre Lenormand alias « Petit Chou », l'ami de toujours, s'affairent pour lui apporter les premiers soins, tandis qu'un assistant appelle les secours via nos téléphones satellites. Alors que sa plongée s'est déroulée sans problème, Laurent vient de s'écrouler. Il est dans le coma. L'idéal serait de le transférer immédiatement dans un caisson de recompression mais nous n'en avons pas et, dans ces circonstances, aucun secours ne peut arriver avant trente-six heures. Il nous faut attendre. Une attente qui rend fou. Finalement, Laurent est évacué en hélicoptère et hospitalisé à Montréal.

La soirée qui suit le départ de Laurent est infiniment triste. Notre ami n'a pas repris connaissance et les médecins sont inquiets. (Après plusieurs jours, il sortira de son coma mais conservera de cet accident quelques déficiences physiques et des difficultés d'élocution.) Nous sommes très abattus, et Véronique, notre assistante, en larmes. Difficile dans ces conditions de se motiver pour poursuivre notre travail, mais le lendemain, les forces sont revenues et l'attente des narvals reprend. Dans la tourmente, nous les avions presque oubliés !

Je décide alors de survoler la banquise dans une petite montgolfière, à l'endroit où la mer et la glace se rejoignent, cette ligne de rupture qu'on appelle le *floe edge*, entre océan gelé et océan liquide, pour tenter de repérer les narvals qui viennent parfois respirer à la surface. Le danger étant que si le vent emporte mon ballon vers le large, je me retrouverai à des dizaines de kilomètres de toute terre et sans bateau pour me récupérer ! Le risque est grand, de quoi hésiter quelques minutes, surtout après l'accident qui est arrivé à Laurent. Le ballon test m'a indiqué qu'en montant à six cents mètres d'altitude, un flux d'air me ramènerait vers mon point de départ. Faisons-lui confiance… Une fois de plus, l'envie de voler l'emporte sur mon appréhension. La montgolfière est déballée, installée, gonflée, et bientôt elle s'élève lentement dans l'air glacé. Le campement s'éloigne, il disparaît, mes craintes aussi. La vision immaculée et inondée de soleil de la banquise a tout balayé.

Du ciel, le spectacle des eaux sombres et bleu marine sous la glace est de toute beauté. Plus je m'éloigne vers le large, plus la glace se fragmente et laisse place à de petits icebergs scintillants de blancheur. Finalement, les informations aérologiques du ballon étaient exactes et je suis revenu me poser où j'étais parti. Mais pour ce qui est des narvals, je rentre bredouille : pas une corne à l'horizon !

« Nicolas, il faudrait que tu te lèves ! » Une voix résonne dans mon sommeil. Il fait un froid de gueux et je suis en train de rêver à la plongée effectuée sous la glace, quelques heures plus tôt, pour filmer un requin très rare que l'on trouve uniquement en Arctique. Je m'enfouis dans mon duvet en bougonnant. Encore dix minutes, *please*… « Nicolas, il faudrait que tu te lèves ! » J'ouvre les yeux. La voix est bien réelle, c'est celle de Véronique, un peu timide, qui sait que le commandant « couche-tôt » n'aime pas qu'on trouble son repos. « Les sentinelles ont vu des narvals dans un chenal, et Gil est allé vérifier, il nous attend… » Cette fois, je suis tout à fait réveillé. Avec Laurent Ballesta, nous avalons un café, enfilons nos combinaisons encore humides (par – 20 degrés, un pur bonheur !) et grimpons sur les skidoos pour un trajet qui va durer plus d'une heure. Sur la banquise, la lumière de minuit est crépusculaire, jaune ou bleutée, et nous fendons l'immensité glacée, petites silhouettes noires sur fond phosphorescent.

Sur place, l'équipe technique est déjà prête à tourner, caméras en place, bouteilles de plongée posées sur la glace. Curieusement, alors que je m'attendais à voir des sourires sur toutes les faces, l'atmosphère est tendue, les visages fermés. Ah, d'accord, j'ai compris… Les narvals qui étaient apparus ont disparu depuis près d'une heure et les Inuits pensent qu'ils ne reviendront plus. Dommage, le décor était incroyablement beau : dans le chenal ouvert sur une vingtaine de mètres de long, l'eau est sombre et lisse comme du mercure, un miroir dont la surface ressemble à la peau qu'on trouve sur le lait. Et quand les faisceaux de nos lampes frontales caressent les bords du chenal, la glace s'allume de milliards de petits cristaux.

Malgré l'absence de nos hôtes, je décide de tourner la séquence. On n'aura pas fait cette route pour rien ! Pour une fois, nous filmerons l'attente, le rendez-vous manqué. Assis sur le chenal, les jambes dans l'eau, palmes aux pieds et bouteilles sur le dos, Laurent et moi expliquons les différents cycles de la banquise, la menace du réchauffement sur la glace, tout en guettant un éventuel mouvement de l'eau. Et, tout d'un coup, tandis qu'on parle, j'entends des sons que je ne connais pas mais que j'identifie dans l'instant car ils ressemblent à ceux des baleines : c'est le chant des narvals qui annoncent leur arrivée et, soudain, je vois passer une corne, un bout de dos luisant, puis deux, quatre, dix cornes dressées et des masses sombres qui ondulent sous nos pieds. Un signe de la main, Laurent et moi glissons dans l'eau.

Commence alors un festival de narvals et de bélugas, ces grandes baleines blanches qui se sont invitées dans la danse. On me dirait aujourd'hui que j'ai rêvé cette séquence, je pourrais le concevoir car elle reste hors du temps. Les cétacés vont et viennent, nous regardant d'un œil ironique ou tendre, ils pivotent gracieusement sur eux-mêmes, croisent leurs cornes, s'éloignent puis reviennent vers nous. Le tout sous des tourbillons de sternes arctiques, ces oiseaux marins qui posent leurs pattes rouges palmées sur la tête des narvals et s'envolent en poussant des cris. C'est drôle, touchant, merveilleux. Dans les tons dorés et argentés de l'Arctique la nuit, ce spectacle est d'une grâce et d'une étrangeté incroyables. Les jours suivants, les animaux reviendront et je les filmerai du ballon, mes pieds effleurant pratiquement leurs petites têtes arrondies !

Après trois semaines de patience, d'inquiétude, de larmes pour Laurent, nous avons vécu un moment de grâce. De tous les animaux, les narvals sont ceux qui nous auront donné le plus de fil à retordre et un des moments cultes d'*Ushuaïa*.

Quand casse-cou rencontre risque-tout

Ushuaïa, le magazine de l'extrême : le titre n'avait pas été choisi par hasard. À la fin des années 80, il y avait pléthore d'expériences, d'aventures en tous genres et surenchère d'exploits vers lesquels on était entraînés parfois malgré soi. Une énergie excessive qui fut suicidaire pour certains. Même si, pour moi, « l'extrême » était surtout une notion géographique, « l'extrême du monde », j'ai participé à cette dérive-là et je me suis lancé des défis. Personne ne m'obligeait à voler dans une montgolfière puis glisser vers une aile delta accrochée en dessous, pour finir par un saut en parachute. Une figure compliquée à réaliser et assez dangereuse. Ou, pour le centième numéro d'*Ushuaïa*, à grimper sur la tour Eiffel par l'extérieur et, pour le deux centième, à passer, en vol, d'une aile delta à une autre ! Il était vraiment temps qu'on s'arrête ! (Et personne ne m'obligea non plus à engueuler comme je le fis la cadreuse stagiaire lorsque, après avoir exécuté l'appontage du delta avec l'ami Patrice Genand dans une tension extrême – l'hélico qui filmait aussi pouvait nous balayer à tout instant comme une feuille morte –, la belle me dit qu'elle attendait mon signal pour commencer à filmer… Son talkie-walkie était éteint et elle avait loupé notre voltige !)

Pour *Ushuaïa*, j'ai approché toutes les disciplines à risque en étant mon propre formateur. Patrice Genand, avec sa moustache d'Astérix et son bel accent savoyard, Jean Rousseau, Vincent Dupuis, spécialistes respectivement de deltaplane, d'ULM ou de montgolfière, et bien d'autres, sont mes anges gardiens. Ils m'encadrent, m'indiquent le danger que je ne vois pas, pris par les mille responsabilités du tournage. Ils sont mes yeux dans le dos. Essentiels et précieux.

L'exécution d'une figure périlleuse est un moment très particulier. Quand l'action démarre, il se produit comme une abstraction dans le temps. Pour moi, souvent un grand moment de solitude. Il n'y a plus d'*Ushuaïa*, de TF1 et à peine de Nicolas Hulot. Il faut tout prévoir, au millimètre, à la seconde près. Je suis dans un schéma de pensée où la concentration est extrême, où je sens sur moi les regards, la tension. Acteur du mouvement et spectateur de ceux qui l'accompagnent.

Lorsque, nuit et jour, on est entouré de son équipe, il n'est pas aisé, dans les moments de pression, de se détacher du groupe pour écouter son intuition. Quand, pendant dix heures de temps, avec mes camarades je gravis les flancs d'un volcan au Chili avec l'intention de m'envoler du sommet en deltaplane, que tout le monde a sué sang et eau pour monter le matériel, et attend comme une juste récompense de leurs efforts que je saute… et que je décide de tout annuler parce que je ne « sens » pas la pente ou qu'il y a trop de vent, ce n'est pas un moment facile. Même si je peux compter sur eux pour ne pas me faire transgresser les règles de sécurité. À *Ushuaïa*, la discipline est une vertu collective.

C'est grâce à notre rigueur si je suis encore là. Et aussi, une stricte hygiène de vie : jamais une goutte d'alcool et au lit avant 22 heures. (Dans le civil j'ai conservé ces bonnes habitudes, surtout la deuxième !) Ce n'est pas uniquement un hasard si, en vingt-cinq ans de voltiges, je ne me suis déchiré qu'un ligament croisé ! On ne peut pas impunément injurier la chance toute sa vie. Si j'avais eu plus confiance en moi, je ne serais plus de ce monde.

Non, personne ne me forçait à mettre ma vie en jeu et je conçois que cela puisse paraître absurde et inutile de le faire pour une émission qui avait comme vocation de distraire et d'informer. Mais cela faisait partie de mon ADN et de celui d'*Ushuaïa*. J'ai voulu être le narrateur de situations dont les téléspectateurs pouvaient rêver, leur faire vivre par procuration une palette de découvertes et d'émotions. Nous sommes allés très loin et parfois nos rêves étaient supérieurs à nos facultés : les situations qui auraient pu tourner au drame se comptent par dizaines. Cette succession d'aventures s'est bien terminée puisque *Ushuaïa* n'a pas eu à déplorer de mort. Mais, en dépit de ma vigilance qui s'est accrue au fil du temps, il y eut tout de même quelques bobos…

Des militaires qui tirent sur notre hélicoptère parce qu'ils n'ont pas été prévenus de notre arrivée ou qui mitraillent la route pour stopper nos 4 × 4. Des hippopotames qui renversent notre canoë et nagent vers nous la gueule ouverte. Un bateau qui se retrouve au milieu d'un lac d'acide et qui commence à fondre avec nous dedans. Des mésaventures qui auraient fait de bons gags dans des films d'action ! Mais quand on les vit, c'est moins drôle. Concernant la dernière, nous étions en Indonésie et n'avions pu emmener pour toute embarcation qu'un zodiaque gonflable, sans savoir combien de temps le caoutchouc assez épais allait pouvoir résister à l'attaque de l'acide. Finalement, il a tenu quelques minutes et pour ne pas nous dissoudre dans l'eau fumante, nous avons dû battre des records de vitesse en pagayant comme des fous pour regagner le bord !

Au-delà des différentes expériences, prouesses et imbécillités que nous avons réalisées, nous nous sommes mis involontairement en danger, « à l'insu de notre plein gré », en utilisant des centaines d'avions et d'hélicoptères souvent précaires, dans des pays où, nous le savions, la maintenance était aléatoire et les pilotes plus ou moins chevronnés. En tant que chef d'équipe, les accidents potentiels ont été mon angoisse et ma terreur. J'en ai souvent cauchemardé. N'étant pas superstitieux, je n'y voyais rien de prémonitoire, mais une manifestation qui trahissait mon inquiétude. Une inquiétude obsessionnelle.

L'accident dont Jacques Lainé, notre réalisateur, a été la victime, fut un vrai coup de semonce. Nous n'étions, alors, qu'à l'orée de nos péripéties, une des premières émissions d'*Ushuaïa*. J'avais imaginé un raid de deux mille kilomètres en motoneige dans le nord du Québec (ce dont je ne suis pas très fier aujourd'hui), de la capitale jusqu'au Grand Nord canadien. L'hélicoptère qui filmait la course heurta une ligne à haute tension, faisant deux blessés, dont un très grave, notre ami Jacques. Nous étions tous effondrés. Quelques mois plus tard, il put reprendre sa place parmi nous, mais il l'avait échappé belle. Ce coup dur sonna comme un avertissement et une invitation à rompre avec ces automatismes dangereux pour nous qui – au début, moins ensuite – utilisions l'hélico comme d'autres le métro ! Nous avions pris la mauvaise habitude de monter, de descendre d'hélicoptère, moteur tournant, oubliant que le rotor de queue pouvait nous hacher menu ! L'urgence, le stress, la répétition des gestes nous exposent à des périls sans qu'on en prenne toujours la mesure. J'ai dû imposer des règles de vigilance, pour moi le premier.

Nous n'aurions pas été la première équipe de tournage à nous écraser en hélico. D'autres confrères en firent la tragique expérience avec des appareils russes (qu'on utilisait très souvent), sans parler des coucous africains. Combien de pilotes locaux qui nous avaient aidés dans nos déplacements sur les tournages d'*Ushuaïa* se sont tués dans leur avion, dans les mois qui ont suivi leurs prestations… Je ne les compte plus. Ainsi, nos tournages ont été parsemés d'incidents qui auraient pu mal finir. J'en avais bien conscience mais, sauf à refuser tous ces engins locaux, il ne nous était pas possible d'évaluer le sérieux des sociétés auxquelles nous avons confié nos déplacements, ou la fiabilité des appareils qu'on nous louait.

Sans compter les météos échevelées dont nous avons dû nous accommoder pour décoller ou atterrir. Je me souviens qu'en Bolivie, nous pensions même avoir égaré la moitié de l'équipe ! Nous étions dans la cordillère des Andes, à cinq mille mètres d'altitude. À ces hauteurs, l'avion perd de sa puissance, les manœuvres sont toujours aléatoires. Qu'on ait lu ou pas Saint-Exupéry, l'exploit surhumain de son ami le pilote Guillaumet revient forcément en mémoire quand notre petit avion se faufile au milieu des reliefs, bringuebalé par un vent qui semble n'avoir qu'une envie, nous écraser comme une crêpe contre les parois.

Depuis notre arrivée dans le pays, mon « capital chance » en a pris un sacré coup ! Comme le permis à points, j'ai l'impression d'en perdre un bout à chaque erreur. Petit catalogue de nos misères boliviennes : notre premier atterrissage en Cessna Caravan se termine en aquaplaning et sortie de piste ; un ingénieur du son est rapatrié d'urgence pour une typhoïde foudroyante ; une partie de l'équipe technique chavire dans un bateau qu'on nous avait garanti en bon état. Sur une route très accidentée, notre 4 × 4 est pris en étau dans la glace, on le dégage et il tombe en panne d'essence au milieu de la nuit, m'obligeant à partir à pied chercher du secours par - 10 degrés et un blizzard qui a failli me statufier sur place. Et tout ça pour quoi ? Je vous le demande, vu que le froid bloque les caméras, et que l'altitude nous met à tous le cœur au bord des lèvres.

Le tournage s'achève faute de combattants, sans images présentables. Nous reviendrons aux beaux jours, avec une autre organisation. Pour l'heure, le Cessna Caravan doit récupérer toute l'équipe, douze personnes au total, à flanc de montagne. Mais la météo s'affole et les deux pilotes boliviens nous trouvent un peu lourds pour leur (déjà) gros monomoteur. Ils proposent de scinder le groupe en deux, de déposer la « première fournée » à trois quarts d'heure de là, mille mètres plus bas, et de revenir chercher le « reliquat » pour que, tous ensemble, nous regagnions La Paz. Plan d'évacuation adopté. Le temps de répartir le matériel entre les deux équipes, nous sommes prêts.

Je fais partie du premier convoi. Ce sont toujours

des moments un peu tendus qui font penser aux films (d'horreur) quand les héros de l'histoire se séparent en se disant « à tout à l'heure » et que le spectateur pressent qu'ils ne se reverront pas. Cette pensée, on la chasse. Allez, les gars, à tout à l'heure et haut les cœurs ! Nous montons dans l'avion. Moteur, action ! Avant de mettre les gaz, je vois le pilote et son copilote se signer comme avant une cascade. Je les sens excessivement tendus.

Le Cessna prend son élan et roule à toute allure sur le flanc de la montagne. Arrivé en bout de piste, il s'arrache péniblement du sol au-dessus du précipice en crachant ses poumons, et nous on serre les fesses, agrippés à nos ceintures, priant le ciel pour qu'il s'élève. Après quelques furieuses turbulences où j'ai cru vingt fois que les ailes allaient rayer les reliefs, nous arrivons en vue d'un plateau et d'une piste beaucoup plus accessible. L'avion nous dépose et repart aussitôt. Pas une seconde à perdre, le ciel s'assombrit déjà. En attendant le reste de l'équipe, nous commençons une petite partie de foot. Dans une heure et demie nous serons tous réunis. La fête qu'on fera à La Paz, je ne vous raconte pas…

Trois heures plus tard, aucune nouvelle de nos amis. Il y a longtemps que nous avons lâché le ballon pour scruter le ciel. Je suis livide, ne cachant même plus mon inquiétude. Que leur est-il arrivé ? À l'époque, nous n'avions pas de téléphones satellites. Quatre heures passent, cinq heures. C'est insupportable d'attendre ainsi sur ce terrain vague, au milieu de nulle part. La nuit est tombée. À peine voit-on au loin les lumières d'une ville, Uyuni sans doute, nous n'avons même pas de carte routière avec nous. Mais nous décidons de bouger.

À ce moment passe un gamin à bicyclette que l'on

envoie illico chercher du secours (a-t-il bien compris notre baragouin franco-espagnol ?) et qui revient avec son oncle au volant d'un vieux camion. On s'engouffre tous là-dedans comme des naufragés sur un bateau pneumatique. Une heure après, nous débarquons dans la ville d'Uyuni où un bouge improbable nous accueille pour la nuit, ou ce qu'il en reste vu l'heure tardive. Peu importe, de toute façon, personne ne fermera l'œil. Je passe mon temps à repousser les pires hypothèses que ma pensée inquiète fabrique. Au matin, on déniche un radioamateur qui nous permet enfin d'entrer en contact avec nos compagnons. Ils sont en vie ! Nos camarades vont bien et pour cause : ils attendent toujours au même endroit et se faisaient un sang d'encre pour nous en ne voyant pas revenir l'avion ! Car le Cessna Caravan, lui, n'est jamais arrivé.

Trois jours de tempête de neige et une panne d'avion plus tard, nous voilà réunis. Le soleil est de retour, plus éclatant que jamais, et semble s'installer. Peut-être tenterons-nous de « faire » quelques images, histoire de ne pas rentrer bredouilles. Nous sommes toujours sans nouvelles de nos amis pilotes et l'information selon laquelle les recherches sont abandonnées nous plombe le moral. Les autorités militaires que nous tentons de réactiver refusent de les reprendre. En altitude, avec ce froid, il n'y a *aucune* chance, nous dit-on. Je m'incline mais je suis atrocement mal, me sentant en partie responsable.

La mort dans l'âme, nous partons filmer une séquence prévue au lac Titicaca, sur l'Altiplano bolivien, puis nous rentrons à La Paz où, miracle, les autorités nous apprennent que les deux pilotes ont été retrouvés ! Plus tard, ils nous raconteront leur histoire : après nous avoir déposés sur le terrain, l'avion a été pris dans la tempête au passage d'un col et rabattu violemment contre la montagne au terme d'une chute de mille mètres. Malgré la brutalité du choc, ils n'étaient que blessés, le copilote, grièvement aux jambes. Pendant trois jours, ils ont attendu dans la tempête de neige, calfeutrés à l'intérieur de la carlingue, pensant qu'on viendrait les secourir. Mais rien n'arrivait. Profitant d'une accalmie, et avant que ses dernières forces ne l'abandonnent, le pilote, moins atteint, est parti chercher de l'aide. C'est lui qui a joué les Guillaumet, marchant trois jours et trois nuits dans la cordillère avant qu'un paysan ne le trouve, exténué, près d'un torrent. Quand les secours sont partis en quête de son équipier, ils pensaient le retrouver mort, après sept jours sans nourriture dans ce froid abominable. Mais il avait tenu bon. Du coup, j'ai retardé notre départ pour aller saluer ces hommes héroïques.

Héros, aussi, ce pilote français installé au Chili qui nous aidait avec son hélico à gruter du matériel au sommet d'un volcan, pour l'exploration que nous voulions faire d'un lac, à six mille mètres d'altitude. À la tombée de la nuit, nous l'attendons pour son dernier voyage mais il n'arrive pas. À deux équipes, chacun « prenant » le volcan à rebrousse poil, nous partons de nuit à sa recherche, torches à la main. Une marche éprouvante : à cette altitude, chaque pas est une souffrance. Mais la battue ne donne rien. Aucune trace d'hélicoptère ou de notre ami. Au petit matin, nous regagnons le camp de base. Peu de temps après, il surgit, exténué, hagard, et il nous raconte. Alors qu'il était en plein vol, tractant 400 kilos de matériel, le moteur de l'hélico s'est arrêté d'un coup, et le pilote a réussi à freiner la chute autant qu'il le pouvait. L'appareil s'est fracassé mais lui en est sorti indemne. Les superstitieux diraient que « ce n'était pas son jour », car le hasard veut qu'il soit tombé sur une zone frontalière entre le Chili et la Bolivie, dans un champ truffé de mines qu'il a traversé dans le noir, sans le savoir ! Miraculé deux fois.

À l'écran, *Ushuaïa* montre des images magnifiques de territoires et de peuples aux cultures surprenantes, mais, en coulisses, c'est une véritable litanie d'accidents ! En Asie, l'avion d'une de nos équipes est tombé en panne au-dessus d'une forêt alors qu'il s'apprêtait à atterrir un peu plus loin. L'appareil a « surfé » d'arbre en arbre, et mes coéquipiers ont terminé leur course dans un marécage de un mètre d'eau. Avec juste quelques égratignures. Sinon, dans le florilège, je compte un pilote qui a oublié de sortir le train d'atterrissage de l'avion au moment de nous poser. Je m'en étais rendu compte mais j'hésitais à le lui faire remarquer pour ne pas le vexer. Finalement, j'ai levé le doigt : « M'sieur ? » Au dernier moment, il a remis les gaz et refait un tour de piste pour atterrir. En Ouganda, l'avion dans lequel nous avions embarqué était tellement lourd (les pilotes n'avaient pas vérifié le poids de la charge) que les ailes frôlèrent les arbres en bout de piste tant il peinait à s'élever. Un cas de figure qui s'est reproduit souvent en Afrique. Je me souviens aussi d'un décollage en Arctique où un avion de ligne s'y est repris à trois fois, l'un des moteurs tombant en panne à chaque tentative. À la fin, plus personne ne voulait repartir, mais à moins de rester sur la banquise, il a bien fallu s'incliner.

Avec le *Catalina*, notre fameux hydravion dont je reparlerai plus tard, nous avons connu la peur de notre vie. Nous étions alors en Éthiopie. Pour une prise de vues qu'il avait en tête, le réalisateur demanda au pilote de voler très bas et d'effectuer ce qu'on appelle une « ressource » (l'avion pique du nez et remonte au dernier moment). À la troisième ressource – ce qui commençait à m'énerver parce que je pressentais que tout cela allait mal finir –, alors que le sol se rapprochait de plus en plus, le pilote tira fortement sur le volant… qui lui resta entre les mains ! Cassé net ! Heureusement, le copilote qui était à la double commande eut le réflexe de redresser l'appareil. S'il avait été occupé par une autre tâche, l'avion s'écrasait.

Des « coups de chaud », il y en eut sans discontinuer, comme ceux qu'occasionnait la mauvaise qualité des carburants que nous étions obligés d'utiliser et qui transformaient nos vols en une série de cahots successifs, le moteur s'arrêtant puis repartant. Jusqu'au dernier moment, nous l'aurons échappé belle ! Au Kamchatka, lors d'un ultime tournage d'*Ushuaïa*, au cours d'un transfert en hélicoptère, un gros MI-8 dans lequel nous étions au moins vingt, Ricky, notre technicien, s'est cru autorisé, sans demander l'avis de l'équipage, à ouvrir une porte en vol pour faire une photo. Le problème, c'est qu'il s'est trompé de levier et a appuyé sur la manette « sortie de secours » qui largue la porte ! Elle est passée à quelques centimètres du rotor de queue. Si, à la vitesse où nous allions, elle l'avait heurté, l'hélicoptère serait parti en vrille sur lui-même et serait tombé comme une pierre ! Le regard noir que je lui ai jeté, je suis sûr que Ricky s'en souvient encore. Plus tard, je lui ai fait remarquer qu'après un coup pareil, il était plus près de Pôle emploi que du pôle Nord…

Toutes ces situations où mon capital chance se réduisait comme peau de chagrin, je m'en serais bien passé même si, au final, elles ont très certainement resserré les liens entre les membres de l'équipe. Une chose est sûre : ma grande satisfaction, la première d'entre toutes dans l'histoire d'*Ushuaïa*, c'est d'avoir ramené tout le monde au bercail.

Interludes

Des épisodes cocasses ou ridicules, il y en eut également, surtout quand des réalisateurs m'entraînaient dans des situations improbables. Comme ce jour où nous étions en expédition au Congo, en pleine forêt tropicale, dans les salines, ces zones humides au sol fortement chargé en sodium qui sont comme des clairières au cœur de forêts excessivement denses et où les mammifères viennent s'abreuver.

Notre objectif étant de filmer les éléphants de forêt, plus rares et considérés comme une sous-espèce de leurs frères des savanes. Jacques Lainé fait construire des affûts dans les arbres pour camoufler l'équipe technique et, au centre de la saline, une cachette minuscule où il m'enterre à demi. Là, comme le souffleur au théâtre, je suis censé commenter les ablutions nocturnes des éléphants filmés par des caméras thermiques, l'endroit étant plongé dans une obscurité totale.

Me voilà installé dans mon marécage, la tête vaguement dégagée, couverte d'une moustiquaire. L'attente commence, des heures interminables dans une posture des plus inconfortables que ce noir de four rend encore plus oppressante. Vingt fois je me dis que je n'en peux plus et qu'il faut que je m'extirpe de ce tombeau, mais à la vingt et unième, les feuillages se mettent soudain à craquer. Des craquements effrayants dans le silence. Les éléphants arrivent, mais là où nous en attendions deux ou trois, plusieurs dizaines de pachydermes déboulent sur la saline en se bousculant et je me retrouve au milieu, eux batifolant dans la boue, moi risquant à chaque seconde d'être écrabouillé avec l'impossibilité de m'extirper de mon trou, comme ventousé à l'intérieur. Et avec, dans mon oreillette, la voix de Jacques, bien à l'abri, qui s'enthousiasme en comptant les éléphants : « En voilà encore ! Et encore ! » Je l'aurais étranglé.

J'ai dû attendre silencieusement toute la nuit, rentrant la tête comme je le pouvais pour éviter leurs pieds énormes, subissant les jets d'eau et de terre dans le visage, piégé comme un rat et cible de constellations de moustiques qui s'étaient introduits dans l'affût. Une vraie torture chinoise ! Et tout ça pour une séquence confuse, avec des images de médiocre qualité.

Une autre fois, en Amérique latine, Jacques, qui déborde d'imagination, me construit un faux pélican sous lequel je me glisse pour approcher une colonie de pélicans. L'astuce a tellement bien fonctionné que je me suis retrouvé dans la vase, environné de serpents, coincé dans mon leurre qui flottait à la surface de l'eau, avec entre les jambes des poissons inconnus qui ne cessaient de me mordiller. Un épisode cauchemardesque et, à l'écran, une espèce d'effervescence et de battements d'ailes sans aucun intérêt. Allez, Jacques, je ne t'en veux pas mais le déguisement d'autruche, tu te le gardes !

Je ne pouvais pas côtoyer toute la faune de l'humanité sans aller me frotter aux serpents. Séquence horreur. Dans mon équipe, on connaît ma répulsion pour ces choses mouvantes : j'ai spontanément envie de fuir. J'ai affronté maintes fois des éléphants ou des lions dans des situations périlleuses, mais j'avoue avoir du mal à dormir dans une pièce avec un terrarium contenant des reptiles. Et quand ils me surprennent, c'est pire que tout !

Je me souviens d'un soir, en Australie, où je m'apprêtais à prendre ma douche dans la savane. Il faisait nuit noire et je m'éclairais à la lampe frontale. À l'instant où je la posai à l'écart du jet d'eau pour ne pas l'abîmer, le faisceau lumineux éclaira un serpent lové que j'identifiai comme excessivement dangereux. J'ai bondi de la douche ! Les membres de l'équipe qui mangeaient à vingt mètres de là ont vu surgir un type complètement nu qui courait comme un dératé.

Ce qui ne m'a pas empêché, quelques mois plus tard, de dépasser ma phobie pour me glisser dans un étang au Brésil où barbotaient un anaconda et un alligator, une séquence plus impressionnante que dangereuse : les animaux semblant repus, il n'y avait a priori aucune raison qu'ils attaquent. J'avais beau le savoir, dans ma tête, panique et raison s'affrontaient et j'avais hâte qu'on en finisse ! C'est plutôt du crocodile dont je me méfiais, parce qu'il n'existe pas beaucoup de témoignages sur leur comportement lorsqu'on se retrouve dans l'eau avec eux. C'est un animal déroutant, dont on pourrait croire que la carapace dure l'empêche de se mouvoir, alors qu'il peut se retourner aussi souplement qu'un chat, vous attraper et vous entraîner avec lui au fond de l'eau !

Pour ce qui concerne les reptiles, je progresse, je ne les fuis plus, sans doute parce qu'à l'écran, ils sont fascinants et qu'ils restent les figures mythiques et terrifiantes des films de notre enfance. C'est au Venezuela que je rencontre Yolande et ses anacondas. Un vrai titre de numéro de cirque, mais quand on se retrouve face à eux, on rigole moins, hormis Yolande, petit bout de femme dynamique qui saisit à pleins bras ses chers compagnons d'études de dix mètres de long et vingt centimètres de large. Ils pourraient ne faire qu'une bouchée d'elle, si j'en crois les reportages qui montrent des anacondas avalant des animaux plus gros que des hommes, le corps se dilatant pour épouser la forme de leur proie. Certes, ils sont dépourvus de venin, mais ils ont tant de microbes dans la bouche que leur morsure nécrose le membre touché, vous assurant d'une mort certaine. Terrifiant.

Notre idée de séquence est de montrer Yolande capturant ses protégés pour les baguer afin d'étudier leurs déplacements. Ce matin-là, notre camp de base étant assez éloigné du lieu où se trouvent les anacondas, pour gagner du temps j'ai demandé à Yazid de venir me chercher lorsque les caméras seront installées. Nous montons dans la voiture que Yolande nous a prêtée et dans laquelle se trouve son matériel de travail. Durant la demi-heure de route, nous devisons joyeusement, moi riant (jaune) sur la scène qui m'attend. Pas dupe une seconde de mes fanfaronnades, Yazid rigole sous cape.

Soudain, une odeur pestilentielle nous prend aux narines, une puanteur de charogne. Dans un même mouvement, nous nous retournons vers la banquette arrière et là, horreur, nous voyons un énorme tuyau qui se déroule lentement, une partie en direction du coffre, l'autre sous nos sièges ! L'instant d'après, la tête énorme du serpent apparaît entre les pédales de la voiture et les pieds de Yazid. Je crois n'avoir jamais vu deux hommes sortir aussi vite d'un véhicule.

Nous ne sommes jamais remontés dans la voiture, surtout que le serpent s'était lové sur les pédales et s'y trouvait fort bien. Yolande avait simplement omis de nous dire que, la veille, elle avait capturé un anaconda « de secours » au cas où il en manquerait un lors des prises de vues, et qu'elle l'avait emprisonné dans un sac de jute. Pour finir, une autre voiture est venue nous chercher. Quand Yolande est arrivée, elle a attrapé le « paquet » dans ses bras et a remisé le serpent dans son sac, un petit sourire en coin. Fin de la séquence « humiliation » pour Yazid et moi.

Lors du dernier tournage d'*Ushuaïa*, pour clore l'émission en beauté, j'ai surmonté ma phobie en prenant un gros python entre mes bras. Sur les photos, mon sourire crispé et le serrement de mes mâchoires témoignent de ma grande décontraction. Mais je ne m'avoue pas vaincu, j'aurai d'autres rendez-vous avec anacondas, pythons et boas.

Nous ne reverrons pas la douce Yolande. Quelques mois après notre visite, elle a péri dans un accident d'avion, elle qui avait des centaines d'heures de vol à son actif. Son appareil n'a pas été retrouvé. Il est vraisemblable que la forêt amazonienne s'est refermée à jamais sur notre amie…

Tous ces hommes, femmes, enfants croisés sur la route portent en eux un mystère que nous ne parvenons pas toujours à capter.

Nous étions chez les Indiens Aiwanas en territoire interdit à la frontière du Brésil et du Surinam. Un Français, qui avait été recueilli par les Indiens en 1964, demeurait parmi eux. Dans ce village, les Indiens vivaient nus et tiraient encore à l'arc, trop éloignés du monde pour être touchés par la civilisation. Nous avons rencontré là un vieux sorcier de quatre-vingt-cinq ans, Moloko. Il était considéré comme le sorcier le plus puissant des environs. Il avait un visage merveilleux, ridé et puissant. Un homme habité. Le soir, au coin du feu, en silence, il roulait des cigares avec des plantes hallucinogènes. Alain Tixier, le réalisateur, décida de le filmer le lendemain avec le Français et moi. Trois personnages, trois caméras. Nous nous sommes arrêtés devant la maison du sorcier qui était en train de faire des empennages de flèches avec des plumes de toutes les couleurs. Moloko s'est levé avec ses plumes sur la tête, le Français m'a présenté et j'ai posé des questions au vieil homme. À la fin de la prise, Alain Tixier a demandé aux autres cadreurs quels personnages ils avaient filmé. Denis Bertrand répondit : « J'étais en gros plan sur Nicolas. » Jacques Leclerc : « Sur le Français, et Nicolas. » Alain s'exclama alors : « Je filmais le Français, donc personne n'a filmé le sorcier ! » Une situation qui n'arrivait jamais. Ils m'ont alors demandé de retourner la séquence et se sont mis bien d'accord sur les plans. Le soir, nous avons visionné les prises de la journée. Au moment où le sorcier aurait dû apparaître, des lignes de toutes les couleurs avaient pris la place de son visage. Des lignes étranges que nous n'avions jamais vues auparavant. Le grand homme n'apparaissait sur aucune image…

Le delta du paradis

Née de mon désir d'évoluer vers une connaissance plus approfondie des territoires et des hommes, l'émission *Opération Okavango* est une étape très particulière entre *Ushuaïa, le magazine de l'extrême* et *Ushuaïa nature.* Nous sommes en 1996, déjà le millénaire se profile à l'horizon et j'ai imaginé marquer ce changement de siècle en établissant l'inventaire des beautés de notre planète, une moisson d'images, les archives de la Terre, continent après continent, au rythme de un par an. À commencer par l'Afrique, mon territoire de prédilection.

Pendant plusieurs mois d'affilée, nous nous installerons sur le terrain et nous déplacerons avec des moyens que nous n'avons jamais eus jusqu'alors mais que ce concept d'émission impose. Et nous bénéficierons de ce qui manquait souvent à nos périples : le temps. Luxe suprême de l'explorateur. Avec *Opération Okavango*, nous pourrons aller jusqu'au bout de nos rêves et tous deviennent possibles.

Une telle liberté de manœuvre était inconcevable sans une totale autonomie : un MI8 est donc mis à notre disposition, un hélicoptère russe extraordinaire, véritable cargo volant avec une tourelle de prise de vues magnifique, ainsi que deux camions énormes pour le transport du matériel. Enfin, j'en rêvais, un hydravion mythique des années 50 entièrement restauré, le *Catalina*, une splendeur... qui s'avérera être une véritable usine à problèmes. À sa décharge, nous l'avons souvent malmené pour qu'il réalise des prouesses : je le revois encore tenter de prendre son envol sur le lac Tana en Éthiopie, à près de deux mille mètres d'altitude, alors qu'il est conçu pour s'élever à partir du niveau de la mer. Après trois tentatives, tapant à plusieurs reprises l'eau de son aile au risque de se désintégrer, il s'arrache péniblement, tremblant de toute sa carcasse, au maximum de sa puissance. Nous sommes onze à bord, tassés sur nos sièges, muets de peur. J'ai vraiment cru que nous allions y rester, d'autant que je pensais à Philippe Cousteau qui s'était tué sur le même type d'appareil quinze ans plus tôt.

Le *Catalina* est un avion de légende, un oiseau au fuselage gris bleu, avec ses deux dômes d'observation à l'arrière, sous lesquels je m'allonge souvent durant les vols, pour me sentir flotter dans le ciel. Lui aussi ajoute de la poésie à l'émission ! Un bijou d'une autre époque qui nous emmènera jusqu'aux Comores, aux îles Bazaruto au large du Mozambique, sur les lacs du Niger et les sources du Nil, des lieux où aucune autre logistique n'aurait permis que l'on se rende.

Comme *Ushuaïa* avant lui, *Okavango* est un sésame : pour les chancelleries et ambassades des pays visités, flattées que nous consacrions une émission à leur région, nous sommes la promesse d'une « vitrine » splendide. Ainsi, nous obtenons un grand nombre d'autorisations pour filmer dans des lieux exceptionnels. Malgré tout, nous n'avons pas mesuré l'énormité de l'entreprise, les difficultés qui nous attendent, les pannes, les accidents, les retards pour mille et mille raisons… Jamais nous ne parviendrons à respecter les plannings tant les aléas furent nombreux.

Bien sûr, l'émission suscita des critiques, on nous reprocha nos « moyens militaires », comparant parfois « l'armada Hulot » au Paris-Dakar. Pour avoir connu les deux, je peux dire que cela n'a rien à voir ! Contrairement à ce que voulaient faire croire les esprits chagrins, nous ne débarquions pas comme des tornades au milieu des tribus. Je ne vais jamais où je ne suis pas attendu ou désiré. Les moyens plus importants ne changèrent pas mon approche des lieux, des hommes et des animaux.

Ces deux années en Afrique ont été les plus belles de mon existence parce que j'ai plongé corps et âme dans la découverte d'un continent splendide qui m'a permis de me mesurer à moi-même. Les hommes y sont dignes, joyeux et sages. La vision des bêtes sauvages m'a émerveillé et serré le cœur tant je sentais leur existence en sursis. J'ai connu une Afrique lumineuse, blonde et éclatante de soleil et une autre, noire et poisseuse, inhospitalière qui nous rejetait comme des parasites. Nous avons vécu dans son intimité avec l'impression, malgré nos engins modernes, d'être revenus à l'époque des grandes explorations, et livrés en pâture à une nature violente qui fait fantasmer et effraie.

Il y eut des moments très durs où nous nous sommes retrouvés prisonniers de la forêt, dans des bourbiers infâmes, trempés et bombardés d'insectes les plus agressifs qui soient, sous des chaleurs écrasantes et des pluies torrentielles. Je me souviens d'une séquence dans la forêt équatoriale au Gabon, où pour procéder à des prélèvements de plantes particulières à la cime des arbres, nous avons dû stationner dans la « forêt des abeilles ». Des millions d'abeilles attaquaient nos visages et nos corps protégés comme nous le pouvions, dans un bourdonnement qui nous rendait fous. Pire encore, la forêt était truffée de sangsues et de tiques. Pour s'en prémunir, mes collaborateurs Stéphane Girard et Bertrand Dubois, respectivement spéléologue et alpiniste, chargés d'installer dans les arbres des systèmes de cordes pour qu'on puisse y grimper, s'étaient enduit le corps de kérosène. Couverts de suie, sentant la peste, on aurait dit des mercenaires ! Le soir, au camp, avant de nous coucher, il y avait des séances d'épouillage où chacun avait pour mission d'enlever les sangsues et les tiques de l'autre dans ses parties les plus intimes !

Opération Okavango était un projet gigantesque, « total », qui, au final, aura duré vingt-quatre mois. Nous en avons sous-estimé l'investissement financier. Très cher, trop cher… mais c'était le prix d'une aventure unique à l'ambition jamais égalée que j'avais baptisée du nom d'une région qui ressemble à l'idée que je me fais de l'Éden.

L'Okavango est un des très rares fleuves au monde qui ne se jette pas dans la mer. Un vrai rebelle. Né en Angola, il tourne crânement le dos à l'océan Atlantique tout proche, part se balader à l'est, dégringole plein sud et va finir ses jours dans un immense estuaire de près de trois cents kilomètres de large, le delta de l'Okavango. Cette arrivée d'eau dans le désert du Kalahari crée des conditions idéales pour que la vie s'y développe de manière prolifique. Du coup, tous les animaux s'y concentrent. Le delta est une véritable arche de Noé à ciel ouvert, avec des palettes d'eau et de sable mélangées à la verdure dans des dégradés d'ocre, de tabac et de brun, des transparences d'eau marine ou turquoise, le tout bordé de végétation, de palmeraies et de baobabs. Un paysage lacustre de toute beauté où tous les animaux sauvages semblent vivre en harmonie, survolés par des myriades d'oiseaux aux teintes chatoyantes. C'est presque trop idyllique pour être vrai et pourtant…

Ce lieu m'enchante, véritablement, je ne compte plus le nombre de fois où je m'y suis rendu. J'y ai emmené ceux que j'aime, ma famille, et ma mère avant qu'elle ne nous quitte. Je dois à ce site d'une grande plénitude mes plus belles émotions, mes espoirs les plus fous. Un tel foisonnement de vie redonne sens à tous mes combats.

Éloigné de la France pendant des mois, à vivre le présent intensément, j'ai un peu perdu les balises, mes repères étant le regard précieux de mes coéquipiers. Et quand je dis « frères d'aventure », je pense à la famille que nous avons formée dans ce temps unique et singulier. Une expérience humaine et cosmopolite puisqu'elle a réuni sous le même étendard des collaborateurs anglais, russes, canadiens, suisses, malgaches, kenyans… Ensemble, nous avons revécu les émotions des explorateurs du milieu du XXe siècle. Avec la certitude – et ensuite pour *Ushuaïa nature* – d'avoir vu une planète comme nous ne la reverrons plus, en ayant été en contact, visuellement et tactilement, avec ce qu'il y avait de plus beau et de plus exceptionnel dans l'humanité.

Fourches caudines

En termes d'audience, *Opération Okavango* fut une réussite. La « nature et les hommes » en prime-time, le pari semblait impossible, pourtant, chaque mois, des millions de téléspectateurs furent fidèles au rendez-vous. TF1 nous laissa la bride sur le cou jusqu'à ce que le coût prohibitif – près d'1,5 million d'euros pour chaque mensuelle – en précipite la fin.

Forte du succès de l'émission, la direction des programmes de TF1 aurait bien figé sa suite dans sa forme initiale, me « cantonnant » à la performance, l'exploit sportif. Si je les avais écoutés, je serais toujours en train de faire les pieds au mur ! Sauf qu'à sillonner ciels, terres et mers, sur les engins les plus improbables qui soient, on finit par tourner en rond. Cela devenait malsain et dangereux. J'avais d'autres choses à dire.

Ma proposition de faire évoluer l'émission vers un magazine où l'environnement, les civilisations seraient la matière et le cœur des reportages, n'a pas fait bondir de joie la direction. La bataille commence alors, un combat pied à pied qui durera des années avec le président-directeur général. Patrick Le Lay n'apprécie pas qu'au lieu de faire le zèbre en poussant des cris d'Indien, j'écoute des scientifiques m'expliquer posément l'objet de leurs études : « Cela n'intéresse pas les gens ! » claironnait-il. Il voulait me faire raccourcir leurs interventions. Idem quand je dirige nos caméras vers des tribus reculées d'Amazonie ou d'Afrique : « Ça emm… tout le monde, Nicolas, arrête avec ça… » À TF1, on avait la prétention de savoir précisément ce que les téléspectateurs aiment ou pas. Pourtant, les audiences et le courrier disent le contraire. J'ai donc continué. J'ai souvent dit à mon équipe que je préférais faire une émission dont nous étions fiers et qui ne marchait pas que le contraire. Je n'ai jamais cédé là-dessus. En jouant sur le triptyque « émerveillement, action et connaissance ». Les deux premiers permettant de « digérer » le troisième.

Breton d'origine, Patrick Le Lay a la tête aussi dure que la mienne. Nos engueulades sont légendaires, deux dingos en train de se crier dessus. Pour ma part, son tempérament cataclysmique décuple mon ardeur à lui répondre et à produire de la voix ! Je me souviens des railleries de Patrick sur mes commentaires qu'il trouvait trop lyriques ou philosophiques. Que n'ai-je entendu sur mon laïus final ! (J'y aurais bien ajouté quelques locutions latines ou grecques pour voir sa réaction…) Au débriefing des émissions, on s'engueule, je dis oui, oui, et je ne change pas une virgule à mes textes. Jusqu'à la fois suivante. Avec mon équipe, nous sommes le « village des irréductibles Gaulois ». Mais peu m'importe qu'à TF1 on me considère comme un sale gosse, puisque je ne passe au bureau que cinq fois par an.

Patrick Le Lay et moi nous sommes bien « chamaillés », mais force est de constater que pendant un quart de siècle, j'ai maintenu ma liberté éditoriale et, au final, c'est moi qui suis parti. Si la direction avait été farouchement opposée à l'évolution du contenu, elle me l'aurait fait savoir bien plus tôt. À TF1, on n'avait pas d'état d'âme, et on ne s'embarrassait pas avec les formes.

La discussion du budget des émissions est toujours un moment délicat. Le président-directeur général est connu pour ses saillies verbales, dont celle-ci : « Les promesses n'engagent que ceux qui les écoutent. » J'aurai l'occasion de le vérifier. Il a la capacité extraordinaire de vous faire droit dans les yeux des promesses qu'il n'a aucune intention de tenir et il peut travestir la réalité jusqu'à s'en convaincre lui-même. Dans le travail, il est craint pour ses colères subites. Il souffle le chaud et le froid, et si on baisse les yeux devant lui, on est mort. Je sais qu'il a renvoyé des collaborateurs de vingt ans en cinq minutes, en les faisant raccompagner à l'entrée de TF1 avec leurs cartons. Anne Sinclair s'en souvient encore… Le Lay a beau être un bosseur fou et un défenseur rugueux et talentueux des intérêts de sa chaîne, il est aussi sanguin et soupe au lait.

Au moment de l'interruption éventuelle d'*Opération Okavango*, nous dînons ensemble et il me confirme la poursuite de l'émission, le temps d'achever l'exploration du continent africain. Je le remercie chaleureusement, cela me peinait de ne pas avoir bouclé la boucle. Le lendemain, grande réunion dans le bureau d'Étienne Mougeotte, le directeur général de l'antenne, qui me regarde d'un air navré et m'annonce que l'émission s'arrête immédiatement. Sidéré, je me tourne alors vers Le Lay dont le regard plonge vers ses chaussures. « Mais… Patrick, je ne comprends pas, tu m'as dit le contraire hier soir ! » Et là, comme chaque fois qu'il est pris en défaut, il se met à hurler : « C'est moi le patron, je fais ce que je veux ! » Avant la fin de sa tirade, je me suis levé en lui disant calmement qu'il est pitoyable. Et je suis sorti.

Comme toutes les personnes à double facette, il pouvait se montrer charmant et nous avons passé de très bons moments ensemble. Deux passions nous réunissaient : la culture celte et les vieux livres. Un vrai partage. Patrick vivant comme moi près de Saint-Malo, nous écumions ensemble les bouquinistes malouins. Là, les oripeaux du P-DG tombaient, découvrant une vraie sensibilité, et je me disais que chez cet aigle à deux têtes, l'une avait étouffé l'autre. Le cœur, l'attention s'imposaient de temps à autre, comme ce soir de Noël où, me sachant seul chez moi et passablement déprimé, il insista pour que je me joigne à sa fête de famille.

S'il suivait toutes mes péripéties télévisuelles, il était peu « aventureux », mais il avait accepté un jour de monter en montgolfière avec moi. Sa femme, sa fille et des amis étaient de la fête. Nous décollons de l'île de Cézembre dans la baie de Saint-Malo, la traversée se passe bien, il fait beau, chacun à l'air ravi. Du coin de l'œil, je vois bien que Patrick jette de temps à autre des regards vers la mer, l'air crispé. « Ça va, Patrick ? – Ça va, ça va… » J'ai prévu qu'on se pose sur une plage face à nous et que l'on rentre ensuite. Tout d'un coup, j'aperçois des risées se former sur l'eau. « Mais… tu regardes où on va ? » demande Patrick, d'une voix blanche. Je fais un vague signe de la tête du genre « pas de problème, j'assure ». Sauf que le vent change de direction et en intensité et au lieu de nous rappocher de la côte, nous la longeons à une allure assez soutenue au-dessus des falaises. Et les réserves de gaz qui diminuent à vue d'œil ! Il va falloir se poser. Et vite.

J'essaie de repérer au loin un champ, un pré, une surface aussi « confortable » que le sable fin et de descendre en douceur malgré le vent qui nous pousse. L'atterrissage dans un bosquet d'arbustes se révèle plus rude que prévu. La nacelle tape le sol, Patrick et sa femme se roulent dessus, elle hurlant, lui achevant sa course le nez dans la poussière.

Le ballon s'immobilise. Plus de peur que de mal. Chacun se relève et s'époussette. Ah, les joies de la montgolfière ! Avec mes copains, on se mord les lèvres pour ne pas rire. Patrick fait une drôle de tête, je m'attends à l'explosion du volcan mais, non, pas de gueulante. Son sourire de bouddha et ses yeux plissés en disent long sur ce qu'il pense de moi…

J'aurais aimé que nous restions sur ce souvenir amusant. Mais, en 2007, lors de la signature du Pacte écologique, il devient hystérique pour des raisons qui m'échappent. Au début, il trouvait l'idée du Pacte formidable, il voulait même faire une émission spéciale sur le sujet. Puis il voit l'impact sur les politiques et, là, il ne supporte pas. Il m'appelle dans son bureau et pique une crise : « Pour qui tu te prends ? Je vais te dire un truc droit dans les yeux : ils vont te tuer ! Ça sera bien fait pour toi, tu finiras à poil et en sang au milieu de nulle part ! » À mon tour de sourire. Qui a dit : « Tout ce qui est excessif est insignifiant » ? Talleyrand.

Oui, nous aurions pu nous quitter bons amis si, à la même période, quand j'hésitais encore à me présenter à la Présidentielle, il n'avait franchi le point de non-retour en m'obligeant à prendre un congé sans solde (ce qui est illégal) et en donnant consigne à son directeur de la communication de livrer à la presse le détail de mes revenus. Même si j'ai toujours assumé le salaire important que me donnait TF1, c'était un angle d'attaque de choix. Quand je l'ai su, je suis allé le voir dans son bureau : « Ce n'est pas très beau pour un Breton d'être délateur », lui ai-je dit. Et je suis sorti. C'était blessant, je le concède, je touchais une corde sensible – d'autant qu'il y avait des témoins – mais ce coup bas m'avait meurtri.

Mon incursion singulière dans le jeu politique l'avait-elle exaspéré au point de me trahir ? Pensait-il qu'elle menaçait la chaîne ? Y a-t-il eu des pressions sur lui pour me barrer la route ? Je n'ai jamais eu le fin mot de l'affaire. J'étais tellement déçu que j'acceptai, ce qui ne s'était jamais produit en vingt-cinq ans, un rendez-vous avec M6 pour une proposition d'émission. Dans ces conditions, je me sentais prêt à rompre avec TF1 et l'autre chaîne pouvait être une option.

Huit jours après, coup de fil de Martin Bouygues qui me convoque au siège social de Bouygues, avenue Hoche. Cette fois, je me dis que mes heures sont comptées, que le coup fatal m'attend : mon licenciement. En même temps, j'ai l'esprit occupé par le Pacte et l'ampleur qu'il prend : si on doit en finir, finissons-en.

Martin Bouygues me reçoit tout sourire, il me complimente sur mon travail et mon action, me fait visiter les locaux tout en m'informant de la construction d'un nouveau siège social pour Bouygues « à énergie positive » (l'immeuble fabriquant lui-même sa propre énergie). On déjeune, et j'attends toujours le moment où le couperet va tomber, en pensant que l'homme est bien pervers de me rouler d'abord dans la farine avant de me porter l'estocade. Eh bien, non, j'ai tout faux. Il me raccompagne à la porte et avant que je parte, me dit : « Juste une chose, Nicolas, je sais que tu as pris des contacts avec d'autres chaînes. S'il te plaît, ne fais rien avant trois semaines. »

Trois semaines plus tard, Patrick Le Lay était remplacé par Nonce Paolini avec qui j'aurai, à l'avenir, des relations plus apaisées. Je n'ai jamais revu Patrick. Ni Martin Bouygues.

Break corse

Les deux ans d'*Okavango* ont été d'une extrême densité, au point d'en oublier ma vie en France. Après tous ces mois sans revenir à la maison (à l'époque, je n'ai ni femme ni enfants), ma vie privée est en stand-by pour ne pas dire en friche. Quelle demoiselle accepterait de ne me voir qu'aux escales ? Si l'émission avait été reconduite, pour couvrir les autres continents, j'aurais dû m'engager pour huit ans au même rythme. C'était impensable, beaucoup trop lourd. Finalement, je me sens soulagé que l'émission s'arrête.

Il fallait que je retrouve mes marques. J'ai l'impression d'avoir vécu en meute, jour et nuit. C'était exaltant mais, à présent, j'aspire au calme. Quand je pars planter ma tente sur un bout de terrain situé sous les aiguilles de Bavella, dans la montagne corse, j'ignore que ma réflexion va durer neuf mois et accoucher d'un projet de maison et d'émission.

J'ai pour compagnon de silence (même si on n'arrête pas de se parler) Picchu, un petit chien jaune, souvenir d'un *Ushuaïa* au Pérou. Il vivait de la générosité des touristes dans les ruines du Machu Picchu et s'était collé à mes rangers dès mon arrivée sur le site. Dans mes jambes la journée, il se blottissait la nuit contre ma tente. On ne se quittait plus et je l'avais pris en affection. Comme tous les chiens, il me le rendait au centuple.

Au moment de quitter le Pérou pour rentrer à Paris, je charge mes bagages dans l'autocar qui doit nous redescendre vers la ville et cherche le chien pour lui dire au revoir. Ne le voyant pas, je monte dans le car, un peu triste. Picchu est là, couché sur mon sac, et me regarde. Ses yeux ne m'ont pas laissé le choix : je l'ai ramené en France. Clandestinement, dans mon sac à dos où il n'a pas bougé durant tout le temps du voyage. Pas un gémissement, un jappement, rien. Il a compris que son « sauvetage » dépendait de sa discrétion. Les portiques de l'aéroport ne décelèrent pas sa présence et je pus passer sans problème. Toute sa vie – et il mourut très vieux –, Picchu fut un modèle de fidélité et de gentillesse. Un chien futé, vif, extrêmement attachant, que j'emmenais partout, y compris sur ma moto, en Corse, où il grimpait entre mes jambes et trouvait son équilibre sans que j'aie à le guider.

Dans le maquis de Bavella, je vis sous la tente comme un trappeur, feu de camp et frichti sur le réchaud à gaz, pêchant dans la rivière, l'été partant pour de longues randonnées, et l'hiver, skiant sur les sentiers enneigés. Le scoutisme (puissance mille) que j'ai longuement pratiqué, enfant, sans le retour pépère du dimanche soir. La solitude est immense, radicale. Une expérience « initiatique » et sensorielle dans une nature tissée de ronces où je m'imprègne de toutes les senteurs de la montagne. J'en ai passé des heures de contemplation, à écouter le silence ou le plus petit frémissement d'insecte. Des nuits à me demander si le couinement que j'entendais était vraiment un cochon sauvage et à quel moment, affamé, il allait passer son groin énorme par la fermeture Éclair de ma tente, malgré les aboiements grondeurs de Picchu.

Les vêtements boueux, le visage et les mains écorchés par les branches et les buissons épineux que je charrie à longueur de journée pour faire place nette, je suis heureux. Parfois, des copains débarquent pour le week-end, un peu affolés de me savoir isolé et quasi injoignable. Et ils repartent, chaussures ruinées et dos en compote.

Sans le savoir, je suis en train d'enterrer ma vie de loup solitaire et sauvage. Quelques mois plus tard, Florence croisera mon chemin.

Mon arrivée dans le village de Quenza a provoqué quelques remous dans le patelin : la « vedette de la télé » s'installe. Pas comme on l'aurait imaginé. On m'observe d'un œil un peu sceptique, voire ironique. Qu'est-ce qu'il compte trouver dans le maquis ? Des ours polaires ? Le cochon corse, une espèce en voie d'extinction ? Je vois bien les regards quand je débarque, barbu, le cheveu terne, au café du village. Les vieux lèvent la tête de leurs parties de cartes et murmurent sous le coude, ou me scrutent dans un silence de brute qui me convient très bien. Je ne suis pas bavard et si je descends tous les deux jours vers la civilisation, c'est plus pour me ravitailler que pour tailler une bavette. J'imagine qu'ils ont parié que je ne tiendrais pas longtemps, la vie « là-haut » est rude, la neige et le froid, l'été, des orages d'apocalypse. Et la boue dans les cheveux, sous les ongles. C'était mal connaître mon obstination. J'ai tenu, dents serrées certaines nuits, mais j'ai tenu. Et gagné mes galons auprès d'eux.

Pour finir, les habitants du village sont venus jusqu'à moi, un sac de champignons, une bonne bouteille ou une terrine à la main. Plus tard, on m'a offert un âne, puis deux et un cheval. J'étais adopté. Quand, après quelques mois, j'ai décidé d'acheter un terrain pour y faire construire ce qui allait devenir pendant dix ans ma résidence principale, ils m'ont même donné un coup de main pour les premiers travaux.

Au bout d'une petite année, j'ai plié la tente, rasé ma barbe et enjambé la rivière. Ma vie d'ermite s'achevait là, la maison se dessinait, les Corses et moi n'avions pas fini de nous revoir. En attendant, Paris me rappelait. *Ushuaïa nature* allait naître, il était temps de retrouver mon équipe.

Laurent et Yazid

Ushuaïa a agrégé un certain nombre de personnes de grande qualité, cadreurs, techniciens, logisticiens, plongeurs, alpinistes, pilotes, toutes des personnalités hors norme, dont il est impossible de tracer ici la galerie de portraits au risque d'en oublier. Je voudrais tout de même évoquer ma rencontre avec Laurent Ballesta car elle ne fut pas banale. Et celle de Yazid Tizi, le grand magicien de l'émission.

J'ai pris mes quartiers dans la montagne corse et ne la quitte que pour préparer la trimestrielle d'*Ushuaïa nature*. Les rires de Florence résonnent désormais dans notre maison achevée depuis peu. La chance a mis sur ma route une fille de la haute montagne, une cavalière qui aime les animaux et la nature autant que moi. Je dois reconnaître qu'il faut sacrément l'aimer, et plus encore la solitude et le silence, pour accepter de s'installer dans notre nid d'aigle. Ce n'est pas une preuve mais une « épreuve » d'amour ! Surtout quand le brouillard monte vers notre maison et enserre le maquis comme dans un étau. Mais quand l'été revient tout enchanter, que les fleurs, les oiseaux, les parfums s'éveillent et que les ruisseaux reprennent leur chanson où ils l'avaient laissée, on oublie les morsures de l'hiver. Ici, mon âme a trouvé son refuge.

Chaque jour, tôt le matin, je descends au café du village pour boire mon café et lire le journal. Les mêmes têtes matinales que je connais bien me saluent d'un mouvement de moustache. Parfois, le plus loquace me fait un bout de conversation. J'aime ces moments de complicité silencieuse et de calme. Les bruits des petites cuillères contre les tasses. Les pages de journal qui se tournent et les toussotements des fumeurs.

Un matin, dans le bar, j'aperçois une tignasse blonde qui détonne avec le côté « noiraud » des gars du coin, et je remarque un jeune type qui semble très absorbé à remettre en ordre sa pile de documents et de photos. Installé sur le zinc avec mon crème et *Corse matin*, je vois bien, du coin de l'œil, qu'il m'observe. Finalement, il s'approche, s'excuse trois fois de me déranger et commence à parler avec un « putaing » d'accent du Midi malgré l'air grave qu'il affiche : « J'ai quelque chose à vous montrer. – Je vous écoute… », dis-je, avec un peu de réserve. Dans trois jours, je regagne Paris et j'ai encore du travail, je ne peux pas m'attarder. Il secoue la tête : « Je voudrais vous montrer des photos sous-marines, mais pas comme ça, il faut un grand écran… Est-ce qu'on peut aller chez vous ? »

Nous voilà chez moi. Dans le salon, le garçon ferme les rideaux des fenêtres, déroule l'écran blanc qu'il trimballait avec lui et installe son matériel de projection. J'attends, amusé de son petit remue-ménage, en pensant que, décidément, je vais en avoir pour la matinée !

Des images sous-marines, sans jouer les blasés, j'en ai vu beaucoup.

À la cinquième photo, j'ai compris que j'étais tombé sur quelqu'un d'excessivement doué. Pendant une heure, j'ai regardé, silencieux, et je l'ai écouté, fasciné. Une révélation.

Laurent Ballesta est un biologiste marin, doublé d'un talent extraordinaire de photographe sous-marin. Il voit ce que les autres ne voient pas, le détail que l'œil capte à peine. En un éclair, il fixe un mouvement, un comportement avec un sens artistique inouï. C'est aussi un pédagogue remarquable qui, en deux heures, a fait monter mes connaissances de plusieurs crans. Avec Laurent, j'ai senti que j'allais bénéficier d'un réservoir supplémentaire pour distiller de l'information. D'autant qu'il possède cette spécificité rarissime de plonger à plus de deux cents mètres grâce à des technologies révolutionnaires. Et à ces profondeurs, tout reste à découvrir.

Trois jours après notre rencontre, il partait avec moi en Nouvelle-Zélande filmer la migration des baleines à bosse. Depuis, nous ne nous sommes jamais quittés. Il est devenu un ami et un collaborateur régulier d'*Ushuaïa*. Outre ses compétences et sa gentillesse, Laurent est quelqu'un qui m'émeut, parce que nous voyageons dans le même univers de l'enfance et du rêve.

Yazid Tizi est un compagnon d'*Ushuaïa* des premières heures. Il est vraisemblable que, sans lui, l'émission n'aurait pas duré si longtemps. Elle doit énormément à ce collaborateur hors pair que rien ne destinait à me rencontrer. Notre histoire est née également dans un bar ! Des types lui cherchaient des noises et il aurait passé un sale quart d'heure si Gilles

Santantonio, un de mes réalisateurs et une vraie armoire à glace, n'avait pas volé à son secours. Leur amitié s'est forgée à cette seconde et Yazid est devenu son assistant. C'est ainsi que nous nous sommes connus.

Peu à peu, ce jeune Kabyle, timide d'apparence mais malin et bourré d'humour, est devenu un maillon indispensable aux tournages – une pièce maîtresse, même –, car il a le don de transformer l'impossible en possible. Des qualités qui ne figurent sur aucun CV et que nulle école ne peut délivrer, en outre le génie de la communication. Quel que soit l'interlocuteur et le pays, les coins les plus reculés, il donne l'impression de comprendre sa langue ! En quelques minutes, il crée avec un inconnu, qu'il soit ambassadeur, douanier rétif, policier corruptible, militaire et même papou, une complicité de toujours. On ne lui refuse rien. Un sésame irremplaçable pour notre émission.

Un tournage avec Yazid, c'est une promesse de réussite et d'immenses rigolades malgré les difficultés. Et il y en a eu d'inextricables. Il a réalisé les trois quarts des repérages d'*Ushuaïa*, obtenu toutes les autorisations, réglé les problèmes logistiques les plus ardus. Installer un campement sur la banquise, au fin fond de la Patagonie, au pied d'un volcan ou d'un glacier, faire traverser un bras de mer de deux mille kilomètres à un hydravion… Avec lui, tout est possible. C'est lui qui s'occupe du ravitaillement en carburant et en nourriture (et qui a trouvé un cuisinier « trois toques » lors de notre expédition en Arctique !). Lorsque nous tournions au cœur de l'Amazonie colombienne, sur le territoire des FARC, des paramilitaires et des narcotrafiquants, à chaque minute, l'aventure risquait de basculer et le savoir à proximité me rassurait. Je sais qu'en cas de pépin, Yazid aurait sorti de sa poche son téléphone cellulaire pour joindre dans la seconde le ministre de l'Intérieur du pays ! Comment et à quel moment avait-il eu ces contacts ? Mystère. C'est le « miracle » Yazid, un chef d'orchestre magnifique qui mène ses hommes au sourire et à la gentillesse. Avec cette capacité incomparable d'absorber les problèmes et de ne les évoquer qu'une fois réglés. Levé avant les autres, dernier couché et toujours de bonne humeur. Au fil des années, il m'est devenu aussi indispensable sur le terrain que Pascal Anciaux, en base arrière à Paris qui, lui, se démenait avec la machine administrative de TF1 et réglait une foule de problèmes à distance. Merci, les artistes !

Séquence rires

J'ai dit que j'avais l'instinct voyageur, mais l'instinct blagueur, je l'ai aussi, et l'âge de raison n'a rien calmé ! Depuis toujours, j'adore faire des blagues. Parfois bêtes, jamais méchantes. En cela, je tiens de mon père, grand plaisantin devant l'Éternel, qui m'a transmis cette qualité (ou tare, il faudrait interroger celles et ceux qui en furent les victimes !). Et quand je retrouvais « ma bande » sur les tournages, je retombais en enfance. Mon imagination se déchaînait, stimulée par mes compagnons.

Je ne suis pas d'une nature rancunière mais j'ai de la mémoire. Et une blague qu'on me fait ne reste jamais sans réponse, même si ça peut prendre du temps !

Nous sommes aux Philippines où je rejoins l'équipe arrivée avant moi pour les repérages habituels de l'émission. Je sors de l'avion, m'attendant à retrouver mon équipe. Ils ne sont pas là. En revanche, j'aperçois au pied de la passerelle deux hommes armés qui s'approchent de moi, l'air mauvais :

« Mister Youlotte ?

– Heu… oui, lui-même…

– *You are under arrest.* » [Vous êtes en état d'arrestation.]

Avant que je fasse un geste, ils font mine de me passer les menottes, mais au même moment, je lève la tête et j'aperçois mes copains planqués dans l'herbe en train de se tordre de rire et de filmer ma réaction. Les flics étaient complices, ils rigolent un bon coup et me tapent dans le dos. Fin de la blague. Un peu courte, dommage, je regrette presque de les avoir découverts si vite ! J'aurais aimé connaître la suite et voir jusqu'où ils seraient allés. J'ai donc pris acte et glissé à Yazid : « Je saurai m'en souvenir… »

Trois ans plus tard, nous tournons en France dans les montagnes aux alentours de Montpellier pour une émission où je dois voler en aile delta au milieu des vautours. Le responsable de la police judiciaire de la ville est un copain. Me sachant dans le coin, il passe me saluer… et la blague des Philippines me revient en mémoire.

Un soir, nous roulons dans trois voitures en direction de l'hôtel de ville de Montpellier où doit avoir lieu un pot de bienvenue. Peu avant, j'ai mis au point un petit scénario avec mon copain policier. Connaissant les environs pour y avoir vécu, Yazid est dans la voiture de tête et nous ouvre la route. Arrivée à un feu rouge à l'entrée de la ville, sa voiture se retrouve coincée par trois véhicules de police avec gyrophares et tout le barnum. Je lui ai volontairement laissé prendre un peu de distance et, de loin, je savoure la scène. Évidemment, les autres sont dans la confidence et n'interviennent pas.

Autour de Yazid, tout va très vite : les policiers ouvrent le coffre, font mine de découvrir un gros paquet de haschich qu'ils viennent de déposer, ils extirpent notre copain de la voiture, le plaquent contre le capot pour le fouiller, et l'emmènent menotté, toutes sirènes hurlantes au dépôt, puis au commissariat central pour le faire auditionner. Quant à nous, nous filons au commissariat et nous installons, sans faire de bruit, dans la pièce mitoyenne de celle où Yazid va être questionné. L'interrogatoire commence. Mon copain policier a excellé dans le casting ! Comme dans les films, il y a le bon et le mauvais flic, le calme et l'excité qui met en doute tout ce que dit Yazid. Quand le gentil demande : « Où travailles-tu ? » et que notre ami répond : « Avec Nicolas Hulot pour *Ushuaïa* », le méchant rétorque : « C'est ça, et nous on bosse pour le Vatican ! »

La scène dure une bonne heure pendant laquelle nous parvient la voix de ce pauvre Yazid qui est en train de revivre *Midnight express* à Montpellier. J'ai même craint que, pour en finir, il avoue un délit qu'il n'avait pas commis ! Enfin, les policiers lui disent qu'on va l'emmener dans la pièce à côté pour que le procureur le mette en garde à vue. Poussé dans le dos sans ménagement, Yazid ouvre la porte, la pièce est dans le noir, et quand la lumière s'allume, il découvre toute l'équipe, nos verres de champagne tendus vers lui ! Santé, Yazid ! Il a bien mis une minute avant de comprendre.

Un autre jour, nous sommes sur la côte soudanaise, et nous décidons de nous rendre sur un phare abandonné très au large dans l'océan Indien, pour que je dise mon texte de fin d'émission. Nous partons donc en bateau et, après plusieurs heures de navigation, Yazid saute dans une petite annexe et part en éclaireur vers le phare, sans voir que, dans son dos, je prends moi-même une annexe et parviens à accoster avant lui. Je me précipite dans le phare et grimpe l'escalier sur la pointe des pieds. Lui n'a rien vu. D'en haut, je l'entends monter la centaine de marches, chantonnant d'abord, soufflant comme un bœuf dans les derniers mètres avant la plate-forme. Je me suis caché sous une bâche blanche. Quand il arrive à ma hauteur, je me lève comme un fantôme en hurlant. Je crois que, de ma vie, je n'ai vu un tel effroi chez un être humain. J'ai cru qu'il allait faire une crise cardiaque ! Il a tourné sur lui-même, cherchant une issue en poussant des cris de jeune fille et il lui a fallu plusieurs minutes avant de retrouver son calme ! La peur de sa vie. Quand nous en reparlons aujourd'hui, on pleure de rire.

Par la suite, Yazid a eu amplement l'occasion de se venger et il ne s'en est pas privé. Un jour, en Chine, alors que je m'apprête à manger une grosse plâtrée de riz blanc peu appétissante en regrettant que, chargé de l'intendance, il n'ait pas prévu un peu de viande, il me dit : « Y en a dedans, tu verras ! » À moi de découvrir alors, du bout de mes baguettes, un serpent mort caché dessous ! J'en ai frissonné jusqu'à la racine des cheveux. La veille, j'étais entré dans ma chambre d'hôtel où il avait posé trois rats sur mon lit. Une autre fois, aux Philippines, il glissa un varan dans ma valise métallique qui bondit quand je l'ouvris, me faisant hurler.

Un jour, sur une séquence animalière importante, Claude Jacquet, l'ingénieur du son, s'aperçoit que le son qu'il a enregistré est inutilisable. Il ne nous reste qu'une journée pour rattraper le coup en refaisant la séquence. Le lendemain, angoissé, Claude vérifie cinquante fois son matériel. Je plonge du bateau, retrouve les animaux que j'avais vus la veille, la caméra tourne, et je ressors de l'eau de l'autre côté du bateau où, caché derrière des feuillages, Yazid m'attend. Je lui tends le coffret étanche dans lequel repose l'enregistreur, il l'ouvre, enlève la cassette, le referme et me le rend. Je replonge et remonte du côté de Claude qui n'a rien vu de notre manège. « Bon, cette fois, j'espère que le son est bon », lui dis-je en lui tendant le coffret. Il part avec, je le vois l'essuyer précautionneusement avant de l'ouvrir et brusquement se prendre la tête entre les mains. Je m'approche et je l'entends dire : « C'est pas possible… C'est pas possible... » Je lui demande s'il est content du son et il répond la voix tremblante qu'il a oublié de mettre une cassette à l'intérieur. Moment de grande solitude pour Claude. Yazid arrive dans son dos et lui tend la cassette : « C'est ça que tu cherches ? » Il nous a regardés tous les deux, et j'ai lu un semblant de haine dans ses yeux. Je reconnais que la blague était un peu raide.

Il nous est souvent arrivé de traverser des zones instables politiquement, et d'être accompagnés de gardes du corps que les gouvernements de ces pays nous imposaient. Peu de temps après la prise d'otages à Jolo en Malaisie, nous avions en permanence avec nous des policiers en civil. Je me souviens de l'un d'eux, très sympathique au demeurant, qui prenait tellement sa mission à cœur qu'il ne nous quittait pas d'une semelle, ce qui à la longue devenait pesant. Notre reportage terminé, il tenait absolument à nous raccompagner à l'aéroport, jusqu'au pied de l'avion ! Nous avions beau lui dire que c'était inutile, que nous ne craignions rien, il n'en démordait pas. « S'il vous arrive quelque chose, je n'aurai plus qu'à me faire hara-kiri… », disait-il. Il ne plaisantait pas. Nous, si.

À l'aéroport, au moment d'embarquer, il me prend mon passeport pour le faire viser et me demande de l'attendre « trois minutes », le temps de faire un aller et retour au guichet. C'est la première fois qu'il me quitte des yeux de tout le séjour. L'occasion est trop belle. Il a à peine tourné le dos que je renverse le contenu de ma petite valise par terre, et cours avec Yazid me cacher derrière des bacs de plantes vertes. Quand le policier revient, il aperçoit de loin la valise éparpillée, se précipite vers elle, nous cherche désespérément, et je vois son visage se décomposer. Nous nous sommes dépêchés de le rejoindre avant qu'il ne s'éventre au milieu de la foule !

Un mot pour finir sur notre médecin urgentiste, Bruno Chaumont. Ses frasques dans *Ushuaïa* sont devenues légendaires. Un personnage extrêmement compétent sur le terrain (que j'ai connu lors de mon bref passage en fac de médecine) mais dont le profil est un mélange de Mister Bean et de Pierre Richard. Il a su, souvent malgré lui, user de cet antidote au stress qu'est l'humour ! Il pouvait faire plier de rire n'importe quel auditoire et il lui arrivait toujours des mésaventures incroyables. Un jour, nous sommes en train de tourner une séquence sur le lac Baïkal avec une équipe de plongée qui sort de la glace quand, tout d'un coup, j'aperçois sa petite silhouette au loin. Il n'y avait qu'un seul trou sur le lac gelé à cette période de l'année, et il fut pour lui ! Je l'ai vu disparaître avec les bras à l'horizontale qui l'empêchaient de s'enfoncer dans l'eau, puis s'en extirper péniblement. Croyant que personne ne l'avait vu, il est revenu vers nous le plus discrètement possible, mais son pantalon trempé n'a pas résisté au - 40 degrés. En cinq minutes, il s'est transformé en sarcophage de glace. Nous avons dû le transporter quasi rigide vers un lieu où il a pu se réchauffer et se changer.

Un autre jour, au Venezuela, nous repérons toute une colonie de jabirus, ces grands échassiers noir et blanc à collerette rouge, et je décide de les filmer pour mon texte de fin, au moment où ils arrivent et se posent devant un magnifique coucher de soleil. Les caméras sont prêtes, tout le monde est tendu car nous n'avons droit qu'à une prise (ensuite les oiseaux sont statiques, c'est moins beau). Les échassiers arrivent, se posent avec une synchronie très chorégraphiée, quand tout à coup, le docteur entre dans le champ de la caméra sans voir que nous sommes en train de filmer. Quand il le réalise, au lieu de s'éloigner, il se fige, une patte pliée en deux comme les jabirus, immobile, pensant qu'il passera inaperçu ! Inutile de dire qu'avec mon éclat de rire, la séquence a été fichue.

Lorsque je questionne un scientifique et que, derrière les caméras, Bruno connaît la réponse, il oublie que nous sommes filmés et répond à sa place ! Si une tente doit être montée sur un nid de fourmis rouges, on peut être sûr que c'est la sienne ! Dans l'Amazonie péruvienne, pas un centimètre de sa peau n'était épargné par les piqûres d'insectes. À Roissy, il perd systématiquement son billet d'avion au moment de le présenter. Quand il passe les portiques et que la sonnerie se déclenche, il ouvre sa mallette à l'envers et tout ce qu'elle contient se répand sur le sol. Mais lorsqu'il s'agit de soigner, accompagner, réconforter, encourager, il est d'une adresse, d'une finesse et d'une humanité hors pair. Jamais une plainte, toujours de l'enthousiasme et cette joie de vivre chevillée au corps qui agit sur nous comme un baume.

Les sages d'Ushuaïa

En 1998, *Ushuaïa nature* reprend le flambeau d'*Okavango*. Tout en poursuivant notre ligne rédactionnelle et émotionnelle, nous revenons à des modules calibrés et des modalités de travail plus rationnelles en termes de coûts. Adieu *Catalina*, notre bel hydravion bleu et gris, j'en aurai passé des heures sous sa verrière écrasée de soleil avec l'impression d'être dans le ventre chaud d'un oiseau…

L'hélicoptère qui, pendant des années, a été un outil de travail pour les prises de vues aériennes s'est fait plus rare. Trop polluant. Même si j'ai été un des premiers, et sans que cela ne se sache (j'avais demandé qu'on n'en fasse pas état), à calculer notre bilan carbone à chaque numéro d'*Ushuaïa* et à compenser, dans des projets de reforestation, nos émissions de gaz à effet de serre. Pour l'anecdote, j'avais parlé à Yann Arthus-Bertrand de ce moyen que nous avions trouvé pour « limiter les dégâts » que nous causions à la nature. Peu de temps après, dans son émission *Vu du ciel* sur France Télévision, il déclare être le premier qui compense en carbone les méfaits de son hélico, ce que je trouve passablement gonflé de sa part. Je le lui ai dit. D'autant que des journalistes sont venus vers moi, direct, la bouche en cœur : « Ben alors, Nicolas Hulot, vous, vous ne compensez pas ? »

Mensuelle, au départ, l'émission tournera bientôt à un rythme annuel de quatre numéros. Nous poursuivons l'exploration des merveilles de la planète dont j'espère ne jamais avoir fait le tour, mais surtout l'approche de territoires inconnus, de peuples à la civilisation en sursis. L'inventaire de notre patrimoine naturel et culturel que le XXIe siècle menace. Un inventaire à la manière de l'ornithologue Jean Dorst dans son plaidoyer magnifique, *Avant que nature meure*, qui fut mon livre de chevet, et auquel, les années passant, j'ai pensé écrire une suite qui, hélas, se serait appelée *Pendant que nature meurt*.

Avec l'évolution de l'émission, les personnalités scientifiques n'ont pas tardé à nous rejoindre, faisant écho à mes découvertes, confirmant la souffrance de la planète que nos images commencent à montrer presque malgré nous, et que j'évoque, de plus en plus souvent, à travers des sujets comme la réduction de la biodiversité ou les dérèglements climatiques.

Nos nouveaux intervenants sont anthropologues, naturalistes, spécialistes de la biodiversité, botanistes, paléontologues… Scientifiques de terrain, pour la plupart. Les autres, *Ushuaïa nature* les soustrait de leurs recherches le temps d'une émission, leur permettant d'évoquer leur travail de façon empirique. Parfois, je vois arriver des personnalités un peu « coincées », communiquant timidement, mais, aux tournages, elles se fondent naturellement dans le ton de l'émission. Dix ans après, certaines me parlent encore de leur expédition avec nous comme faisant partie des plus beaux souvenirs de leur vie.

Pourtant, leurs réserves étaient grandes vis-à-vis du bateleur qui les sollicitait : travailler avec la télévision privée semblait une forme de compromission. Les scientifiques ont dépassé leurs préjugés et ont admis qu'on pouvait rendre leur travail accessible à tous de manière intelligente.

C'est ainsi que j'ai rencontré les fascinants « chercheurs d'os », les paléontologues Herbert Thomas et Michel Brunet. Ce dernier a découvert au Tchad un crâne fossile de primate, le célèbre homme de Toumaï, l'une des premières espèces de la lignée humaine. Sept millions d'années. Jacques-Marie Bardintzeff, volcanologue et astrophysicien, m'a chanté la beauté des cristaux géants trouvés dans les entrailles du Mexique. Avec le biologiste Vincent Prié qui a accepté de grimper sur un Woopy électrique et de survoler avec moi la canopée zambienne, nous avons réveillé des milliers de chauves-souris ! Traverser ce maelström d'ailes, assis sur une balançoire, fut l'une des expériences les plus surréalistes de ma vie. Claude Rilly, Breton et chercheur en égyptologie m'a initié au méroïtique, la langue des pharaons noirs dont une partie de l'écriture conserve encore son mystère. L'ethnologue Marianne Chaud m'a accompagné dans l'Himalaya à la rencontre des tribus nomades. Rémi Marion, naturaliste et spécialiste des régions polaires, Yves Pacallet, philosophe, naturaliste et écrivain fécond, Pierre-Marie de Coudras et Olivier Archambault, géographes, Charles Frankel, géologue, David Rosane, ornithologue, France Borelli et Lisa Garnier, botanistes, Roland Albignac, éthologue, Pascal Picq, paléoanthropologue… il y en eut tant qui partagèrent notre aventure avec une joie non dissimulée. Je ne peux tous les citer ici, mais tous furent de formidables compagnons d'intelligence et de cœur.

Le préhistorien Jean Clottes et directeur scientifique de la grotte Cosquer près de Marseille m'a fait une grande faveur en m'en autorisant l'accès. Naturellement protégée par la mer (il faut plonger à trente-sept mètres pour accéder au siphon qui conduit aux salles à l'air libre), nous ne sommes qu'une poignée à l'avoir visitée. Après avoir franchi le siphon d'une centaine de mètres, on arrive dans un habitacle ou un lieu de culte dont on pourrait penser qu'il était encore fréquenté la veille !

J'ai aussitôt repensé à la phrase de Paul Morand dans *Éloge du repos* : « Voyager, c'est demander d'un coup à la distance ce que le temps ne pourrait nous donner que peu à peu. » Au sol, il y a encore les cendres laissées par des torches ! Avec mon équipe réduite, nous avançons lentement dans la grotte. Chaque pas est mesuré et l'on n'ose à peine respirer de peur que nos souffles anéantissent les délicats dessins sur les parois, comme par un funeste enchantement. Tout est incroyablement bien conservé. Les mains négatives ou positives sont très émouvantes, car vivantes, on voit presque la main qui a servi de « tampon » il y a plus de vingt mille ans… Ce que je vois là est plus fort que le sens, dépasse l'entendement. C'est un voyage inouï dans le temps.

Ushuaïa et les scientifiques m'ont permis de tisser des liens excessivement privilégiés avec la nature. Grâce à eux, j'ai pu apprendre à observer le plus petit animal, la plante en apparence la plus insignifiante, les baleines bleues et les séquoias immenses et millénaires. Modestement et toutes proportions gardées, les grands voyages des naturalistes comme Darwin ou Buffon, nous les avons faits avec les moyens de notre époque, peut-être pas avec la même vocation et les mêmes objectifs, mais dans le même but de constituer un inventaire. Et il y eut, au cours d'*Ushuaïa*, quelques découvertes d'espèces de plantes et d'insectes.

À travers le regard de Francis Hallé, un grand botaniste tropical, et son élève Patrick Blanc qui habille de végétation les murs urbains – entre autres, le musée des Arts premiers à Paris –, j'ai pu admirer toute l'ingéniosité de la nature, ses extraordinaires pulsions de vie, et souvent dans les endroits les plus insoupçonnés. À commencer par ces plantes urbaines, minuscules et sans attrait particulier qui, dans les rues, repoussent le goudron pour capter la lumière du soleil, et qui doivent compenser par une foule de subterfuges leur principal handicap, la fixité.

Je n'imaginais pas, par exemple, que les arbres, les plantes pouvaient « communiquer » en s'envoyant des messages chimiques. Quand il est « agressé » par une antilope, l'acacia libère un gaz dans l'atmosphère pour prévenir ses confrères qui sécrètent alors dans leurs feuilles une substance toxique très indigeste, donc dissuasive pour les autres antilopes ! Je pourrais parler pendant des heures de la stratégie mimétique des espèces pour se fondre dans le paysage ou pour paraître plus agressives qu'elles ne le sont. J'ai vu des insectes qui ressemblaient à des feuilles mortes et qui se déplaçaient avec le même mouvement qu'une feuille d'arbre poussée par le vent. Ou bien, dans les océans, des poissons qui changeaient de forme et de couleur pour avoir l'air toxique alors qu'ils ne le sont pas. Des plantes marines qui hébergeaient des poissons pour les cacher, en échange de nourriture. Cette opiniâtreté des espèces végétales ou animales, leurs associations pour s'imposer, se reproduire ou se protéger m'émeuvent profondément.

En quelques années, mon regard sur la nature a changé définitivement. J'ai compris que ceux qu'on qualifie de « mauvaises herbes » ou de prédateurs et qui, à première vue, peuvent passer pour des parasites, ont un rôle à jouer. Couper un arbre ou tuer une araignée ne sont plus des actes insignifiants. Cet ordre naturel force le respect, qui plus est quand on comprend que tout est lié. L'homme n'est pas distinct dans ses origines et, surtout, dans sa communauté de destin. Malheureusement, il faut souvent qu'une espèce végétale disparaisse pour réaliser qu'elle participait à un équilibre ou qu'elle aurait pu avoir des vertus médicamenteuses. Un médicament sur quatre provient de molécules qu'on a synthétisées et de principes actifs découverts dans la canopée : cette frange supérieure de la forêt tropicale qu'on décime allègrement en toute connaissance de cause.

Lorsque je vole en delta au milieu de dizaines de vautours, que l'un se rapproche et que nos yeux se frôlent dans une seconde de complicité absolue, j'ai l'impression de franchir des barrières entre espèces. Je réalise tout ce que nous avons en commun, eux et moi. Qu'il s'agisse de vautours, de condors ou d'aigles, ils m'ont pris pour l'un des leurs ! Une fois qu'ils ont accepté l'envergure du delta et que j'ai repéré leur trajectoire en utilisant les mêmes ascendances qu'eux, nous avons joué ensemble. C'était aussi fort que de partager l'onde avec un dauphin ou une baleine. Ce qui s'est passé pendant cet échange est d'une puissance phénoménale, d'une intensité que seul celui qui l'a vécue peut comprendre. Ce sont des émotions plus grandes que moi. Des moments où je ressens charnellement ma communauté d'origine avec tout ce qui vit.

Les yeux de Mandela

C'est au cours de l'année 2002 que je vais réaliser un grand rêve : rencontrer Nelson Mandela. Mon lien avec cette figure de légende s'est tissé très tôt dans ma vie. C'est en Afrique du Sud que j'ai fait mes premières armes de reporter photographe en découvrant la discrimination contre les Noirs et les Métis. J'ai aussi interviewé John Vorster, le chantre de cet apartheid.

Ce fut un choc. Les injustices, la misère qu'engendrait ce régime excessivement autoritaire ont participé à ma prise de conscience, à ma révolte. J'éprouvai parfois ce malaise très violent d'avoir honte de ma race… Pour avoir vu, à dix-huit ans, en Afrique australe, la nature dans sa plus belle expression et l'homme dans la pire, j'ai un peu le sentiment d'y être né. D'être sorti à ce moment-là de mon cocon aseptisé. Le nom de Nelson Mandela, son histoire étaient sur toutes les lèvres de ce peuple en souffrance. Leur libérateur était en prison et ne cédait sur rien. Derrière les barreaux mais debout.

Depuis plusieurs années, je participais par mes conversations avec Jacques Chirac à sa réflexion sur tous les sujets relatifs à l'écologie et l'environnement. Lorsqu'en août 2002 il me propose de l'accompagner en Afrique du Sud, au Sommet de la Terre sur le développement durable, je suis heureux d'assister à une mobilisation générale pour la planète. Dix ans après le sommet de Rio, tous les chefs d'État seront présents. Le monde entier aura les yeux sur Johannesburg. À l'époque, la Charte écologique vient d'être votée sur mon impulsion, la France a donc une petite légitimité pour faire entendre sa voix. Et je sens le président très motivé. Nous avons travaillé ensemble à la rédaction de son discours, dont une phrase restera dans les mémoires : « Notre maison brûle et nous regardons ailleurs. » (À l'époque, je pensais vraiment que nous allions éteindre l'incendie. Jamais je n'aurais imaginé que, dix ans après, nous en serions là…)

En l'honneur de la délégation française, le gouvernement sud-africain donnera une grande soirée avec un dîner réunissant huit cents convives ! Nelson Mandela n'est plus président d'Afrique du Sud depuis trois ans, remplacé par son vice-président Thabo Mbeki, mais j'ai appris qu'il assisterait au dîner. Au moins le verrai-je de loin. Déjà, je suis ému de me retrouver à la table de deux de ses anciens compagnons de détention, militants de l'ANC. À 20 heures, tout le monde est attablé, attendant l'arrivée des chefs d'État africain et français.

Jusque-là, le timing a été scrupuleusement respecté et les deux présidents devraient faire leur entrée sur l'estrade d'une seconde à l'autre. Dix minutes passent dans un certain brouhaha, et j'aperçois au loin les agents de sécurité de Jacques Chirac s'agiter comme s'ils cherchaient quelqu'un dans cette salle immense. Soudain, l'un d'eux me repère et court vers moi : « On vous cherche depuis un moment, le président voudrait vous voir tout de suite. Venez… » Je me lève très surpris, pensant tout de suite au discours que Jacques Chirac doit faire avant le dîner, sans doute a-t-il besoin d'une précision. Nous voilà partis au pas de charge dans les couloirs et les escaliers du bâtiment. L'officier s'arrête devant une porte, frappe, on entend : « Entrez ! » La porte s'ouvre sur une petite pièce… et j'entrevois deux silhouettes dans la clarté d'une fenêtre. L'image se précise, ce sont deux hommes : Jacques Chirac et Nelson Mandela.

Chirac me présente rapidement à l'ancien président, je serre la main de Mandela, une poignée large et franche, nos regards se croisent une seconde et j'esquisse un sourire, balbutie un incompréhensible : « Enchanté, monsieur le président. » Je ne sais plus ce que je dis, trop bouleversé. La voix de Jacques Chirac me ramène à la réalité : « Bon, je crois que ça te fait plaisir de rencontrer le président Mandela, alors je vous laisse… »

Il sort, et je me retrouve dans cette pièce minuscule, presque vide, seul avec le héros de ma jeunesse, le héros de ma vie.

Nelson Mandela me regarde et son sourire s'élargit. Ce visage, je l'ai si souvent vu en photo que j'ai l'impression d'en connaître chaque centimètre. Ses yeux sont deux fentes à l'intérieur desquelles pétillent ses prunelles comme deux soleils. Je souris à mon tour mais aucun mot ne vient. J'ai la chair de poule. Le choc est presque trop fort. Trop brutal. Je respire un grand coup et lâche très vite : « Je suis très embarrassé, trop impressionné... je ne vais pas trouver mes mots. Vous... vous n'imaginez pas ce que vous représentez pour moi, et moi je ne suis rien... » Là, il me prend le bras, m'attire un peu vers lui pour m'obliger à m'asseoir sur un fauteuil et me dit : « C'est moi qui suis impressionné... » Sa voix est chaleureuse, profonde. À nouveau, son immense sourire. Connaissant Chirac, j'imagine qu'avec son excès habituel, il a dû brosser de moi un portrait trop flatteur. Devant tant de bonté, je suis partagé entre l'envie d'exprimer au président Mandela toute mon admiration, et la pensée que nous faisons attendre huit cents personnes dans la salle de réception !

Jamais de ma vie je n'ai été pris en défaut de la sorte. J'ai juste envie de m'incliner devant ce géant. Et de me taire. Un homme qui a payé de vingt-sept ans de prison son combat pour la liberté et qui, malgré tout ce qu'on lui a fait subir, a transcendé cette injustice en amour. Un homme qui, le lendemain de son investiture, a été capable d'inviter à son domicile le procureur qui avait requis la peine de mort contre lui, pour échanger, comprendre et pardonner... Malgré son âge avancé, tout son être vibre d'une énergie immense. Je sens à la fois sa grandeur d'âme, son empathie, sa souffrance, et un amour éperdu pour l'humanité.

Je parviens enfin à dominer mon émotion. Notre

entretien a duré une dizaine de minutes au cours duquel je lui ai expliqué dans quelles circonstances j'avais connu son pays et quel était mon engagement, mes inquiétudes sur le sort de la planète. Problèmes dont il a conscience malgré les difficultés économiques que traverse l'Afrique du Sud à l'époque.

Quand j'ai rejoint Jacques Chirac, j'avais les larmes aux yeux. Il connaissait ma vénération pour le président africain. Nous en avions parlé ensemble quelques années plus tôt. Il n'avait pas oublié et avait voulu me faire ce cadeau.

Le soir, après le dîner, des musiciens et des danseurs ont investi la salle de réception. Mon univers musical comporte beaucoup de lacunes, mais certaines sonorités résonnent en moi de manière très forte, en particulier ces chants gutturaux magnifiques que j'avais entendus lorsque je couvrais les conflits rhodésiens. C'est ainsi que les Noirs exprimaient leur engagement dans les manifestations. Dans cette ambiance musicale assez magique, Nelson Mandela s'est levé et s'est mis à chanter et à danser. On l'aurait dit animé d'une force intérieure indestructible, l'œil malicieux, d'une souplesse incroyable. Je ne pouvais pas le quitter des yeux.

Il y eut pendant ce sommet de longues heures de travail et des moments de grande décontraction. On le sait, Jacques Chirac manie volontiers l'humour, l'autodérision, et ne manque pas de repartie. L'avant-veille de notre départ, au Cap, le président décide de fuir la délégation et d'aller dîner en petit comité, dans un restaurant français. Nous sommes une dizaine de personnes dont Claude, sa fille, Yves Coppens, Hubert Védrine, le général Michel Roquejoffre, commandant des forces françaises pendant la guerre du Golfe. Je revois encore la tête du patron du restaurant quand nous avons débarqué : il savait qu'une grande table avait été réservée mais ne connaissait pas le nom des clients ! Ce soir-là, Jacques Chirac, qui a envie de se coucher tôt, décide d'activer le mouvement et de se substituer au serveur en faisant le tour de la table pour prendre les commandes. Lorsqu'il arrive près de moi, je demande une cervelle. Le président sourit largement et me rétorque du tac au tac : « Ça tombe bien, tu en as bien besoin ! » Tout le monde s'esclaffe. Quand il arrive près du militaire qui commande des rognons, le visage de Chirac s'illumine mais il n'ose rien dire. Tout le monde a saisi sa pensée. Il y a eu un énorme fou rire autour de la table, sauf le général Roquejoffre qui n'a pas compris !

Grand moment d'émotion en revanche, lors d'un second voyage officiel où Jacques Chirac remet la Légion d'honneur au Prix Nobel de la paix Desmond Tutu. Lors de son discours de remerciements, Desmond Tutu a cette phrase d'introduction qui, depuis, a souvent nourri ma réflexion : « Autrefois, nous avions la terre et vous aviez la Bible. Vous êtes arrivés et vous nous avez dit : "Fermez les yeux et priez !" Nous avons fermé les yeux et nous avons prié. Quand nous avons rouvert les yeux, nous avions la Bible et vous aviez la terre. »

En 2003, quelques semaines avant que Dominique de Villepin ne prononce son discours aux Nations unies contre la guerre en Irak, j'accompagne à nouveau Jacques Chirac en Afrique du Sud. À l'époque, avec ma fondation et l'association Préserve, nous tentons de faire inscrire l'Okavango au patrimoine mondial de l'Unesco, la construction de barrages menaçant le delta. Ce voyage sera pour moi l'occasion de rencontrer les trois dirigeants concernés par ce projet, les présidents du Botswana, du Zimbabwe et d'Afrique du Sud. Jacques Chirac me dit qu'avant de repartir, il ira saluer Nelson Mandela à son domicile et que je peux l'accompagner. L'aide de camp qui nous reçoit me spécifie qu'à un moment, je devrai quitter la salle, une conversation étant prévue entre les deux présidents à laquelle je ne peux pas assister.

Dans sa maison, Mandela nous accueille avec sa chaleur habituelle, puis il parle à Jacques Chirac. J'essaye de me fondre dans le décor, ne voulant pas gêner leur entretien. Mandela n'a pas changé, toujours ses cheveux de neige et ses fameuses tuniques multicolores en batik qu'il a remises au goût du jour. Au bout d'un moment, comme prévu, l'aide de camp me fait un petit signe et je me prépare à sortir, mais Chirac fait « non » de la tête. « Il peut rester », dit-il. Après quelques minutes de conversation, Mandela se lève, demande à Jacques Chirac de faire de même, il le prend fortement par les épaules, les yeux dans les yeux, et le regard noyé de larmes, lui dit : « Monsieur le président, j'ai une supplique à vous faire : faites en sorte de ne pas aller en Irak, je vous en supplie ! » J'ignore si Jacques Chirac avait déjà pris sa décision, mais j'ai senti que la position de la diplomatie française s'était forgée à cet instant précis. J'ai lu la détresse dans les yeux de Mandela et le trouble chez Jacques Chirac qui s'en est trouvé presque déstabilisé. Il a répondu clairement qu'il allait transmettre sa demande et qu'il pouvait compter sur lui. La France ne voterait pas la résolution aux Nations unies ouvrant la voie à une intervention en Irak.

Avant de partir, Jacques Chirac a confié à Mandela que mon fils venait de naître, qu'il s'appelait Nelson en son honneur et que ce bébé serait sans doute ravi d'avoir un jour sa photographie signée par son illustre homonyme ! Mandela m'a tout de suite tendu la main, je lui ai donné la photo de mon fils et il a écrit : *À Nelson, meilleurs vœux à un futur dirigeant du monde. Mandela*. C'est la seule fois de ma vie que j'ai fait dédicacer une photo. Elle est encadrée sur le mur de mon bureau, face à moi.

Quand Nelson Mandela est venu en France à l'occasion de la fête du 14 Juillet, Jacques Chirac m'a invité à le voir à l'Élysée, mais je n'ai pu m'y rendre. En y repensant, je ne le regrette pas : je préfère garder le souvenir de cet homme magnifique dansant au milieu des siens sur ces rythmes que j'ai plaisir à écouter encore aujourd'hui. Il restera toujours pour moi une référence, un phare, un guide.

Femmes dans la brume

Le XXIe siècle sera probablement celui de la disparition des grands singes à l'état sauvage, eux qui sont nos plus proches cousins. Cette proximité biologique, anatomique et morphologique n'aura même pas suffi pour que la communauté internationale évite ce désastre. Nous sommes pourtant semblables sur beaucoup de points. Moi qui ai eu la chance de pénétrer l'habitat de tous les grands singes, gorilles, chimpanzés, orangs-outangs et bonobos, et de les observer dans leur environnement naturel, leur disparition annoncée me cause une peine immense.

Je n'ai pas rencontré Dian Fossey, la célèbre primatologue immortalisée par Sigourney Weaver dans le très beau film *Gorilles dans la brume*. En revanche, j'ai vu le travail des deux autres « anges de Leakey »,

Louis Leakey, le célèbre anthropologue qui avait confié à trois femmes l'étude des grands singes dans leur milieu naturel : Dian pour les gorilles au Rwanda, Jane Goodall pour les chimpanzés en Afrique centrale, et Birute Galdikas pour les orangs-outangs de Bornéo. J'ai également croisé la route de Claudine André qui étudie les bonobos au Congo avec tellement de tendresse… Toutes ont en commun d'être des femmes d'une trempe exceptionnelle et d'avoir eu des relations plus que scientifiques avec leur objet d'étude, quasiment maternelles et affectives. Et parfois, pour certaines – je pense à Dian Fossey –, d'avoir développé une sorte de misanthropie en perdant le contact avec les populations locales, la cruauté et le cynisme des braconniers en étant la cause. Pour les avoir fait « corriger » par ses assistants de façon musclée, Dian a subi des représailles. Ils ont fini par avoir sa peau.

Je regretterai toujours de ne pas l'avoir connue. Les braconniers m'ont pris de vitesse : Dian a été assassinée à l'époque où débutait *Ushuaïa*. J'ai pu visiter sa maison grâce à Gérard Vienne, un cinéaste animalier de talent, auteur du film *Le Peuple singe*. Nous étions ensemble pour son dernier tournage dans les collines de Virunga au Rwanda. Deux ans environ après la mort de Dian, accompagnés de Pascale Sicotte, une jeune primatologue québécoise à qui l'on a permis de reprendre les travaux de son illustre aînée, nous partons visiter ses gorilles.

Une fois obtenues les autorisations d'approcher les gorilles (on ne le fait pas sans guide et sous certaines conditions), nous marchons plusieurs jours durant à travers les collines puis dans la jungle pour rallier leur territoire et la maison de Dian. Depuis son assassinat en 1985, elle était sous scellés et les autorités nous l'ont ouverte pour que nous y établissions notre camp de base. Émotion extraordinaire d'entrer dans cette cahute minuscule, perdue dans la montagne, d'y voir les objets de Dian, ses affaires personnelles. Une vie arrêtée sur le vif, et sa chambre restée, elle aussi, en l'état. C'est-à-dire le lit et les draps couverts de sang. Le drame s'est joué là, on en sent encore l'odeur abominable.

Adossées à la maison, les tombes de ses « enfants » tant aimés, assassinés eux aussi par les braconniers, les gorilles que Dian enterra comme elle l'aurait fait pour des membres de sa famille. La végétation a recouvert les lieux, on se croirait sur un site archéologique. Sur chaque monticule de terre, une petite pancarte : *Macho*, *Uncle Bert* et *Digit*, l'une de ses gorilles préférées, souvent filmée avec Dian. Ici, l'atmosphère est étrange, la brume et le froid tombent sur nous et semblent nous enserrer dans leurs griffes.

Nous nous installons pour la nuit. J'ai étendu mon sac de couchage sur la dalle devant la cheminée de la salle principale et m'apprête à me reposer de notre long périple à pied. Mais les damans, ces petits mammifères qui ressemblent à des ragondins, en ont décidé autrement : toute la nuit, ils cavalent sur les arbres autour de la maison, en poussant des cris stridents. J'ai fini par m'endormir en les rêvant sur le barbecue… À l'aube, guidés par Pascale Sicotte qui connaît déjà les lieux, nous nous mettons en route vers le territoire des gorilles. « Tu es en train d'enjamber l'une des sources du Nil », me dit-elle tout à coup, alors que je passe sur une rivière et, plus tard, une des sources du fleuve Congo. Étonnant de se dire que deux des plus grands fleuves du monde naissent en partie dans ces montagnes rwandaises.

Tandis que l'on marche, Pascale nous renseigne sur le comportement à adopter quand nous serons face aux gorilles. Silence, chuchotements et pas de mouvements intempestifs. « L'important est de ne jamais les brusquer. Si l'un d'eux se rapproche, tu t'accroupis et tu évites de croiser son regard. Éventuellement, tu fais quelques bruits de gorge en faisant semblant de manger des racines », me conseille-t-elle. Très bien, je devrais y arriver. Au bout d'un moment, on entend des craquements de bois et je pars en éclaireur avec Pascale, le reste de l'équipe restant en retrait. Au milieu du sentier, elle me demande d'attendre, le temps qu'elle aille repérer le groupe de gorilles avec lesquels elle travaille. Quelques secondes plus tard, des branches craquent bruyamment et je m'étonne que Pascale, qui nous a conseillé le silence absolu, soit elle-même si peu discrète ! Soudain, quelque chose de sombre fond sur moi, c'est une femelle gorille. Je m'aplatis comme une crêpe sur le sol mais elle me relève et m'enlace dans ses bras à me briser les membres. Moi, je ne respire plus. Au même instant, Pascale réapparaît. Elle sourit et me fait signe des mains : « Tout va bien, tout va bien. » Si elle le dit…

Pendant de longues minutes, je vais subir l'étreinte de la gorille, tentant maladroitement de ramasser des racines pour les porter à ma bouche, en produisant de petits grognements. Le tout sous le regard amusé et un tantinet moqueur de Pascale. C'est un moment extraordinairement bouleversant, terrifiant aussi, je sens le souffle de l'animal sur moi, la chaleur de son torse et son cœur qui bat. Elle pourrait me broyer comme un fruit mûr. Puis l'étreinte se relâche, elle attrape mon sac à dos et le vide jusqu'à ce qu'elle trouve deux bananes. Alors je n'existe plus, elle déguste son repas.

Un nouveau bruit de feuillage, et c'est un *silver back*, un dos argenté, le mâle dominant qui se présente. Une masse énorme, plus imposante encore que je ne l'avais imaginée. Il est plus grand que moi et doit bien peser 200 kilos ! Il passe au ralenti, replié sur lui comme un catcheur, s'arrête, nous regarde un instant, puis il disparaît dans les broussailles comme il était venu.

Scénario presque similaire mais plus cocasse avec une orang-outang dont s'occupait Birute Galdikas à Bornéo. Après que la femelle m'eut coincé contre un arbre, un mâle est venu sur elle pour lui faire une « gâterie ». J'ai dû assister à leurs ébats sexuels comme un vieux voyeur sans pouvoir bouger ! À cinquante mètres de là, l'équipe qui filmait se tordait de rire. Le câlin n'en finissant pas, j'ai moi-même été pris d'un fou rire monstrueux et les orangs-outangs, agacés, ont fini par me laisser partir.

Pascale Sicotte et moi poursuivons la visite, suivis du reste de l'équipe avec laquelle, les jours suivants, nous filmerons le travail de la primatologue au quotidien. L'observation des gorilles est fascinante, leur vie de famille, le rapport des adultes aux petits qui rappelle de façon confondante, dans les regards, les attentions, notre propre relation aux enfants. La douceur de leurs yeux, la délicatesse de leurs gestes m'ont frappé. Comment ne pas être interpellé et bouleversé quand animalité et humanité se fondent ainsi ? J'ai toujours l'impression que les animaux essaient de me dire quelque chose et que je n'ai pas l'intelligence de comprendre leur langage.

Je me souviens aussi d'un mâle argenté accroché par les pattes à une branche qui se mirait dans l'eau d'une mare. Brusquement, très surpris de son reflet, il se redressa et se mit à se battre la poitrine avec de grands cris, comme une prise de conscience ou un contentement ! Une séquence formidable, admirablement filmée par Gérard Vienne. Quand nous sommes repartis, laissant Pascale, seule, dans la maison perdue au milieu de la jungle, j'ai réalisé quelle devait être l'existence de cette jeune femme et des autres primatologues, leur isolement extrême et le danger de vivre ainsi dans ces montagnes, loin de tout.

Sabrina Krief ne fait pas partie des « anges » de Leakey, mais sa passion pour les chimpanzés, sa patience et son abnégation font d'elle leur digne héritière. Elle étudie, en Ouganda, l'automédication de ces grands singes, ayant constaté que beaucoup d'entre eux, blessés dans les pièges des braconniers, ont pu soigner leurs plaies en choisissant dans la nature les plantes aux vertus antibiotiques. Nous avons passé des journées entières dans les arbres, de l'aube au couchant, à guetter la cueillette des chimpanzés, des moments où nous étions invités ou intrus dans leur vie sauvage.

J'ignore si la sensibilité féminine y est pour quelque chose, mais j'ai constaté que les éthologues comptaient une grande majorité de femmes. La plupart d'entre elles entrent dans l'étude du comportement animal comme on entre en religion. Elles se donnent totalement au point de basculer dans l'excès, comme Dian Fossey. Aucun homme ne résisterait aux conditions de vie qui sont celles de toutes ces femmes, courageuses et fortes.

Au Gabon, par exemple, j'ai croisé la route d'une éthologue belge, Hilde, une jeune fille frêle et douce, chargée d'étudier les migrations d'éléphants. Elle les suivait à travers des forêts les plus inhospitalières qui soient, durant des semaines, toute seule et en autonomie complète. En Namibie, j'ai connu une femme spécialiste des guépards qui avait noué de telles relations avec eux qu'elle vivait avec un fauve dans sa maison. J'avais dormi chez elle sans avoir été informé de la présence d'un guépard « domestique ». Dans la nuit, la porte de ma chambre s'ouvrit et je vis arriver vers moi l'animal à petites foulées. Il bondit sur mon lit comme n'importe quel chat d'appartement et se lova à mes pieds.

Sardines en boîte

Du ciel, la masse en mouvement forme de longs rubans qui ondulent sur des kilomètres, c'est impressionnant. Le *Sardines run* est la plus grande migration animale au monde, un phénomène qui a lieu chaque année, à la fin de l'hiver, dans la région du Natal où des millions de sardines remontent au large ou à proximité des côtes sud-africaines jusqu'au Mozambique. Un événement spectaculaire qu'*Ushuaïa* ne pouvait pas manquer. L'instinct de conservation pousse les sardines à braver tous les dangers pour retourner pondre plus au nord dans la région qui les a vues naître. Miracle de la vie.

Toute la faune marine se donne rendez-vous au cœur du banc de sardines, dans une organisation savamment orchestrée. Elle profite de cette aubaine alimentaire, de ce garde-manger géant pour venir se gaver. Les dauphins qui les ont repérées les premiers commencent à les courser, suivis depuis le ciel par les fous du Cap, ces oiseaux marins qui, le moment venu, piqueront vers la mer. Au fond de l'eau, les requins veillent et monteront finir le travail.

Cette plongée sera également pour nous l'occasion d'observer, parmi la quantité phénoménale de requins qui participeront au festin, une dizaine d'espèces des plus dangereuses, comme le requin-taureau, le requin cuivre, le requin mako, le requin-tigre et le fameux requin blanc. Sans compter les baleines, les otaries, les thons et tous les autres oiseaux marins qui viendront en *guest stars* ! Un événement sensationnel, rarement filmé, qui nous demandera à nouveau beaucoup de patience, la migration des sardines s'étant décalée dans le temps à cause des changements climatiques.

Je décide donc d'installer un campement entre Port Elizabeth et Durban, mais au moment de quitter la France, nos « veilleurs » n'ont toujours reçu aucun signe du départ des sardines. En attendant, je pars observer une autre migration, celle des zèbres du Botswana, dans le désert de Kalahari, grimpé sur un nouveau joujou, un ballon à propulsion électrique complètement silencieux, idéal pour survoler les animaux sans les effrayer. J'ai déjà le plan dans les yeux : moi, minuscule, allongé sous cet immense fuselage blanc au-dessus de la colonie galopante, dans un décor doré de fin d'après-midi. C'est le projet sur le papier. Mais sur le terrain, il nous faudra bien quinze jours pour le finaliser, les zèbres ne passant jamais où on les attend, et la montgolfière, plus volumineuse que d'habitude, prise dans des rafales de vent me forçant à atterrir en « free style » ! Pour finir, nous réalisons un reportage très graphique, où les ombres des bêtes se mêlent aux dessins de leur robe, eux-mêmes produisant un effet stroboscopique particulièrement esthétique.

Le tournage s'achève dans la région du Makadikadi, une grande étendue de lacs asséchés à la végétation clairsemée. Une fois les images « en boîte », l'équipe se détend et nous faisons la fête, nous autorisant même un peu d'alcool. Florence, qui nous a accompagnés, est allée se coucher avant moi. Quand, une demi-heure plus tard, je la rejoins dans notre tente, elle semble inquiète : « J'ai entendu un lion… », chuchote-t-elle. Inquiète mais pas terrorisée, peut-être parce qu'elle sait que, contrairement aux ours polaires, les lions ne pénètrent pas dans les tentes. À moins qu'on y ait abandonné de la nourriture. Déchirer le tissu d'un coup de griffes serait une pure formalité pour eux, mais ils ne le font pas.

Florence n'a pas fini sa phrase que j'entends quelque chose de massif se frotter contre notre tente : c'est le lion, il est à cinquante centimètres de nous, juste derrière la toile. Flo me prend la main, le temps s'arrête, respirations bloquées. On attend. On attend. Pas un bruit. Est-ce la dernière seconde de calme avant l'horreur ? On n'entend plus rien, peut-être le fauve s'est-il éloigné… à moins qu'il ne soit assis à l'entrée de la tente ! Il devait se tapir dans l'ombre quand je suis passé près de lui tout à l'heure. Tant que nous restons à l'intérieur, nous sommes en sécurité, mais je pense à mes compagnons. En quittant le cercle de la fête et du feu de camp, ils risquent de tomber nez à nez avec le lion. Sans radio ni talkie-walkie, je suis coincé : impossible de les prévenir.

J'ai écouté les bruits pendant près de deux heures, le temps que la fête se termine, puis le calme revenu, j'ai fini par m'endormir. Au petit matin, mes amis m'ont dit n'avoir rien vu ni entendu, sauf le responsable du camp qui a aperçu l'ombre du félin s'éloigner.

Dans ces moments, je repense à la phrase de Patrick Le Lay qui me reproche parfois que l'émission vire à *Connaissance du monde* ! On imagine ma réaction, surtout après ce genre de mésaventure : « Viens deux jours en reportage avec nous, je ne te donne pas vingt minutes avant que tu appelles ta mère ! » lui ai-je dit plus d'une fois.

Le lendemain, cap sur l'Afrique du Sud et le *Sardines run*, sachant que notre guetteur de Durban ne les a toujours pas vues. Pour notre transfert, une partie de l'équipe prend la route avec le matériel, et j'embarque sur un avion monomoteur de huit places en compagnie d'Emmanuel Blanche, l'un de nos médecins, pour arriver plus tôt et effectuer ma première plongée « hors cage » avec un spécialiste des requins blancs. Charles Maxwell, un Sud-Africain haut en couleur, nous accompagne : il est un des premiers à avoir approché ces requins si dangereux et se veut toujours très rassurant. Mais il suffit de regarder la moitié de jambe qu'il lui reste pour être un peu plus sur nos gardes.

Je l'ai dit, on choisit rarement les coucous dans lesquels on voyage. Extérieurement, celui-là semblait pouvoir tenir le choc. Erreur. Une belle allure mais rien dans le ventre. Je suis en train de récupérer de mon insomnie de la nuit précédente, quand soudain l'appareil se met à tanguer, de plus en plus violemment, les alarmes s'allument et de la fumée commence à sortir du tableau de bord ! Totalement effrayé et dégoulinant de sueur, le jeune pilote fait tomber les masques à oxygène en même temps qu'il envoie un message de détresse à la tour de contrôle pour atterrir le plus vite possible. La fumée envahit l'habitacle, son masque fonctionne mais pas les nôtres, pas plus que le pilotage automatique qui est en train de griller ! Emmanuel et moi nous regardons en essayant de garder notre calme. Heureusement, le pilote débranche un certain nombre de fusibles, ce qui a pour effet de stopper l'incendie. Une fois traversée la couche de nuages, nous piquons du nez et nous retrouvons brutalement au milieu du relief, entre les flancs des montagnes. Guidés par la radio, nous survolons bientôt un petit terrain, dans une odeur de brûlé très tenace, pour finir par nous poser au milieu de voitures de pompiers !

On nous envoie un avion de remplacement. Emmanuel et moi nous installons à l'arrière, le nouveau pilote monte, verrouille les portes, lance les moteurs, l'avion commence à rouler. Je ne l'ai pas vu enlever la quille arrière, cette sorte de béquille qu'on pose à l'arrêt sous la queue, le temps d'équilibrer les bagages. J'interroge discrètement Emmanuel, mais il n'y a pas prêté attention. N'osant pas ennuyer le pilote avec mon inquiétude, j'hésite à poser la question, mais dans le doute, je me lance : « Heu… vous n'avez pas oublié la béquille, par hasard ? – *Oh, shit !* » s'écrie-t-il, en freinant à fond et en coupant le moteur. Il a l'air gêné et penaud. Cette journée commence à être un peu longue. Et les requins blancs qui m'attendent à Cape Town…

*

Pour ma première plongée avec des requins blancs, j'étais dans une cage. Je fus très impressionné quand l'un d'eux asséna de violents coups de museau dans les barreaux. Les Sud-Africains utilisent souvent des artifices. Ils leur jettent de gros morceaux de viande sanguinolents, ce qui a pour effet de les exciter ou de créer un stress alimentaire. La réalité, c'est qu'un requin blanc attaque s'il a faim mais que l'on peut, sans problème, les approcher jusqu'à les toucher.

Je n'imaginais pas que, quatre ans après ma plongée en cage, je reviendrais au même endroit, sans protection.

Entre les deux, j'en avais appris un peu plus sur les requins et sur moi-même.

Influencé malgré moi par l'image épouvantable qu'ils véhiculent, la première fois que j'ai senti leur peau râpeuse comme du papier de verre contre la mienne et leur museau me soulever le bras ou la jambe, j'ai dû contenir mon émotion. Et c'est un euphémisme car il y a vraiment de quoi paniquer, mais je me souvenais des conseils de Maxwell : ne pas bouger, regarder les requins dans les yeux, toujours se trouver face à eux. Le moment le plus délicat étant celui où l'on se glisse dans l'eau et celui où l'on regagne le bateau, quand les jambes battent pour remonter à la surface.

En terrain inconnu, on s'accroche aux statistiques, et je sais qu'il y a eu des attaques de requins contre des surfeurs, des baigneurs, des plongeurs en surface, mais qu'on n'en a pas recensé contre les plongeurs une fois immergés. C'est un fait avéré qui permet de juguler ses émotions. Ce sont des plongées très impressionnantes. Les requins blancs ou tigres sont de véritables mastodontes qui n'ont peur de rien puisqu'ils n'ont pas de prédateurs. Après quelques plongées en leur compagnie, j'ai appris à ne pas perdre mon self-control et même à y trouver du plaisir. Avec Laurent Ballesta, nous nous amusons même à nous pincer les fesses pour nous faire peur ! Je me souviens d'une fois où j'ai dû extraire mon embout de bouche tant je rigolais…

C'est une chose de voir un requin blanc dans son élément, hors période de chasse ou de reproduction, et quand il décide d'attaquer : sa transformation morphologique est saisissante. Il sort sa mâchoire inférieure, déplie ses rangées de dents « de remplacement », révulse ses yeux pour les protéger, il devient monstrueux. J'ai vu des requins se bouffer littéralement entre eux pour des résidus de thon. Pour filmer le *Sardines run*, nous plongerons dans le garde-manger des requins qui se trouveront alors en compétition avec d'autres animaux ! Peu de plongeurs l'ont fait de si près… et l'un d'eux y a laissé une épaule, un bras et un morceau du torse.

Nous quittons la région de Cape Town pour nous installer dans un endroit sauvage au bord des dunes, occupé par quelques zèbres et antilopes, face à la grande houle de l'océan Indien. Un camp de scientifiques y est installé, rustique mais assez confortable, qui va devenir notre support logistique. J'apprends qu'à proximité, l'équipe du réalisateur Jacques Perrin tourne une séquence sur le même sujet.

Avec nos trois Zodiac, nous sillonnons l'océan du sud au nord, en guettant les signes annonciateurs de l'arrivée des sardines, en l'occurrence des colonnes d'oiseaux marins qui se précipitent dans l'eau comme des flèches. Quatre jours passent sans aucune manifestation. Même résultat pour l'équipe de Perrin qui, en plus, a eu le malheur de perdre un collaborateur qui s'est crashé en ULM en allant voler au-dessus d'un spot de sardines. L'attente est éprouvante, d'autant que la barrière de vagues déferlantes rend l'accès à la mer et la sortie excessivement périlleux : à chaque aller et retour de nos virées maritimes, les Zodiac se retournent ou s'échouent très violemment sur le sable.

Nous sommes au mois de juin 2006. En Allemagne, la Coupe du monde de foot bat son plein et, le soir, nous nous consolons de l'absence des sardines en regardant les matchs avec les habitants du coin. Pour ce qui me concerne, je n'étais pas fan de foot jusqu'à ce que mon fils Nelson me contamine, mais sur tous les tournages d'*Ushuaïa*, nous avons toujours emporté un ballon. Ce sport est un langage universel, un moyen de communication extraordinaire. Nous avons joué avec les locaux de tous les pays du monde, jusqu'aux régions les plus reculées, avec les habitants de l'île de Pâques, ceux de l'île de Robinson au Chili, les Inuits… Le football est un défouloir formidable pour les membres de l'équipe, à la seule réserve qu'il y a eu plus de blessés pendant ces parties que lors des tournages !

Je me souviens d'un match que Yazid avait organisé au Mozambique, dans un coin complètement perdu. Le soir, nous arrivons décontractés, mains dans les poches, tongs aux pieds… et découvrons tout le village rassemblé, au moins cinq cents personnes, avec musiciens, chanteurs, « pom-pom » locales, et une équipe de gamins, bâtis comme des athlètes, parfaitement équipés de maillots et de crampons. Je comprends qu'on va se prendre la raclée du siècle ! Nous avons fait match nul, 1 partout, Laurent Ballesta ayant sauvé l'honneur.

Après cinq jours d'attente, nous n'avons toujours aucune image de sardines et la météo annonce une dépression énorme, une tempête qui interdit toute sortie en mer. Mon angoisse monte. Il pleut des trombes d'eau sans discontinuer et le temps commence à être long. Je sens que nous allons rentrer bredouilles. Le temps finit par se calmer, le vent tombe mais la mer reste encore mouvementée. Nous reprenons nos patrouilles sur les Zodiac. Sans succès.

Au huitième jour, nous repartons avec Cyril, Laurent, Yann Hubert, un plongeur chargé de notre sécurité et Petit Chou qui pilote le bateau. Au loin, un premier indice : des rassemblements d'oiseaux qui piquent droit vers l'eau. Nous plongeons à plusieurs reprises, casqués au début pour nous protéger des becs d'oiseaux qui, à cette vitesse, sont comme des couteaux, mais ne trouvons pas les bancs de sardines annoncés. Rien de spectaculaire, en tout cas. Laurent, Yann et moi remontons à la surface et Cyril reste dans l'eau pour faire des images. Soudain, il nous appelle : « Venez, c'est magnifique ! » À vingt mètres sous la surface, je vois alors une masse sombre : ce sont les sardines qui arrivent. Le spectacle commence.

Les fous de Bassan reviennent en escadrille et foncent dans la mer comme des bombardiers en piqué, tandis que des dizaines de dauphins arrivent en torpilles, nous frôlant de toutes parts. Ils pénètrent la masse de sardines qui se met en boule pour se protéger et former les fameux *meat balls*, ces boules énormes de dix mètres de diamètre qui se déplacent au gré des attaques. Autour de nous, c'est un vrai champ de bataille. Malgré nous, nous nous retrouvons au cœur des boules de sardines qui se fendent brusquement quand les dauphins foncent vers elles. Soudain, dans une trouée, j'aperçois au fond de l'eau une autre masse sombre, horizontale et quasi immobile : les requins qui attendent que les dauphins se soient gavés pour passer à table. Des dizaines de requins, les requins-taureaux, bouledogues, les requins bronze, les pires prédateurs qui retiennent leur excitation car ils craignent les dauphins. Une fois ceux-ci partis, c'est l'orgie.

Les requins déboulent dans tous les sens, se battant entre eux. Au bout de trente secondes, le plongeur chargé de notre sécurité doit s'occuper de la sienne, nous sommes heurtés, bousculés, non pas que les requins cherchent à nous mordre, mais pris dans la bagarre, nous recevons tous les coups. Pour être francs, nous serions tentés de fuir le plus vite possible cette boucherie, mais nous restons car les images, on le sait, seront exceptionnelles. Peut-être aussi y a-t-il un challenge entre membres de l'équipe, entre « garçons », qui fait que chacun veut rester dans l'eau le plus longtemps possible malgré le danger. Ne pas être le premier à sortir.

Pour finir, les baleines ont débarqué. Il restait encore quelques amuse-bouches, et quand ces « aspirateurs » à poissons ont surgi la gueule ouverte, je me suis imaginé en Jonas à l'intérieur de leurs entrailles ! On peut dire qu'elles ont nettoyé la table. Le grand festin s'est achevé. Je ne crois pas avoir vécu dans ma vie d'expérience plus forte. Repus de bleus et d'émotions, nous tirons notre révérence.

Pour éviter que le bateau ne nous perde, chacun d'entre nous traîne un fil derrière lui avec, au bout, une sorte de parachute, une poche d'air qui flotte à la surface et signale sa présence. Entre les vaines plongées du début puis la folie de l'action, aucun des cinq n'a pensé à faire remonter son parachute. Espérons que Petit Chou ne se soit pas trop éloigné. Le banquet terminé, nous voilà en fin de réserve d'air. Un regard, un pouce en l'air, on remonte. Le plus vite possible car les requins ne sont pas loin et on sait que cette position d'entre-deux est critique.

Nous retrouvons avec soulagement le soleil qui inonde la surface de l'eau. Mais le bateau a disparu ! On a beau se hisser sur le dos des vagues que la houle pousse vers le ciel, rien à l'horizon. Nous sommes dans la pire posture qui soit, c'est-à-dire bouteilles vides, la moitié du corps émergée et les jambes sous l'eau. Soudain, des ailerons de requin apparaissent et commencent à nous tourner autour, se rapprochant de plus en plus. Sans un mot, nous nous plaçons tous les cinq dos à dos pour affronter nos agresseurs d'où qu'ils viennent. Vont alors s'écouler les secondes les plus longues et les plus angoissantes de notre vie.

Durant une vingtaine de minutes, nous avons repoussé

comme nous pouvions, avec nos palmes et nos tubas, les attaques des requins. L'eau autour de nous était rouge de sang, les derniers requins arrivés s'étant battus entre eux pour se disputer les ultimes lambeaux de poisson. C'est alors que Petit Chou, qui avait dérivé sur le Zodiac, a aperçu l'un des parachutes fluo qu'on avait déployés. Il est revenu vers nous à toute allure, faisant fuir les requins.

Une fois dans le Zodiac, nous sommes restés un long moment inertes, silencieux, avec le sentiment d'être revenus de l'enfer. La récompense, nous l'avions dans nos caméras, un film aussi beau et puissant que ce que nous avions vécu.

J'ai rencontré des anges

Ushuaïa était un émerveillement qui ne devait pas s'arrêter. Peu à peu, au gré des voyages, je me suis aperçu que j'arrivais souvent « juste à temps », que j'étais le témoin de lieux, de peuples, de sociétés en train de disparaître. J'avais le sentiment d'observer des mondes « reliques ». Je ne les aurais connus que pour les voir s'éteindre. Ils demeurent comme des totems dans ma mémoire. Je pense à la dernière Indienne de la communauté des Yagan qui vivait dans la région d'Ushuaïa, près de Puerto Williams. La culture très ancienne à laquelle elle appartenait a succombé en quelques décennies. Et elle, la dernière Yagan de la Terre de Feu, l'ultime représentante de toute une civilisation, s'est éteinte sans descendance. Elle devait avoir près de quatre-vingts ans quand elle m'a été présentée. Je n'ai pas oublié son visage parcheminé, dévasté qui aspirait sans doute au repos. À l'oubli.

Je pense aux Papous, aux Pygmées, aux Aborigènes, tous ces peuples premiers, ces « oubliés du temps » avec qui j'ai partagé des repas et des rites. Je pense aux longs moments de silence vécus aux côtés des Unas, les derniers tailleurs de silex dans les hautes terres d'Irian Jaya en Indonésie, les seuls hommes au monde à fabriquer encore des armes en pierre. Accroupi près d'eux, je les regardais affûter leurs bifaces, perpétuant les gestes ancestraux, et je ne pouvais m'empêcher de songer qu'au même instant, à Londres, un homme pariait en Bourse sur son ordinateur, qu'à Shanghai un autre filait dans un train à sustentation magnétique à cinq cent quatre-vingt kilomètres à l'heure et qu'à New York, un troisième envoyait en quelques secondes un SMS de son iPhone à l'autre bout du pays. Comment des cultures à des stades d'évolution aussi différents peuvent-elles cohabiter sur une planète si petite ?

Je pense aux Korowai, les Papous de Nouvelle-Guinée que l'équipe d'*Ushuaïa* était allée « débusquer » dans leurs forêts sombres et humides. *Les évadés du temps*, ai-je titré l'émission pour qualifier ces hommes qui vivent encore à l'âge de pierre et qui ont hissé leurs maisons à quarante mètres du sol, sur la canopée pour voir le soleil. On les dit anthropophages… L'équipe est revenue entière. Ils mangent, me semble-t-il, plus souvent des araignées, des scarabées ou de grosses larves blanches trouvées dans l'écorce des arbres que des cochons sauvages ou des ressortissants français ! Autour du feu où cuisent des patates douces et du serpent enroulé dans des feuilles de bananier, les visages masculins et féminins se confondent. Ce sont les mêmes. Seuls les différencient leurs organes sexuels. Ils ont la dureté du diamant brut, un mélange de gravité et d'innocence.

Dans cette jungle brumeuse et inhospitalière dont les ronces, les moustiques et les marécages remplis de sangsues sont les meilleurs gardiens, les Korowai communiquent entre eux en sifflant. Des sifflements très harmonieux qui transpercent le silence de la forêt. Dans leur maison haut perchée où ils me convièrent à leur repas, je pus communiquer avec eux, aidé en cela par un ethnologue allemand qui parlait un peu leur langue. Il y eut plus de sourires et de regards appuyés entre nous que de mots. Qu'on soit venus jusqu'à eux pour les connaître leur suffisait. À quarante mètres de hauteur, sur ces plates-formes sans garde-fou, les jeunes enfants batifolaient, insouciants du danger. Je me souviens de leurs regards étonnés qui détaillaient, franchement et sans ciller, chaque centimètre de ma personne, de la couleur et la texture de mes cheveux jusqu'à mes rangers en passant par ma montre ou le pendentif que j'avais au cou.

Ils viennent démentir ce que nous font croire notre éducation et notre ethnocentisme occidental, à savoir que nous sommes l'« universel » et les autres le « singulier ». Pour avoir côtoyé tant de diversité culturelle, j'ai appris que les autres sont tout aussi universels que nous. Et chacun a sa marge de manœuvre. Ce changement de regard fut très important pour moi dans ma perception du monde et de ses contrastes.

Dans la vallée de l'Omo, ce berceau de l'humanité au sud de l'Éthiopie, nous avons rencontré des tribus qui n'avaient croisé d'hommes blancs que trois ou quatre fois dans leur vie. Leur imaginaire s'arrête à l'horizon de leur regard. Les « zones blanches », ces endroits où vivent des peuples qui n'ont jamais été approchés par l'homme blanc, n'existent presque plus mais, encore aujourd'hui, en Papouasie, d'une vallée à l'autre, des tribus ne se comprennent pas : chacune est demeurée sur son territoire, leur mode de vie n'a pas évolué et les langues se sont spécifiées.

Lorsqu'on voit les Nénètses, ces éleveurs de rennes que j'ai suivis en transhumance dans le nord de la Sibérie, ou bien les Tsaatan qui vivent dans la taïga gelée, au fin fond de la Mongolie (et dont, à l'époque, il ne restait qu'une quarantaine de familles), on se doute bien que ces cultures, ces coutumes sont inexorablement appelées à s'éteindre au profit d'une culture dominante et matérialiste. Elles sont en sursis. Des peuples, des langues, des espèces qui disparaissent, il y en a toujours eu mais étalés sur des millénaires ou d'autres apparaissaient, se créaient. À présent, les échelles de temps se sont tellement réduites que certaines espèces n'ont pas le temps de s'adapter et elles s'éteignent en moins d'un siècle !

Je me souviens, il y a quelques années, être allé dans des endroits très reculés et n'avoir pu communiquer pendant plusieurs semaines. Aujourd'hui, on peut téléphoner depuis des sites complètement isolés ! Internet et le téléphone portable sont devenus des vecteurs d'homogénéisation stupéfiants, des fenêtres sur le monde qui créent des mimétismes, des aspirations, des besoins. Le brassage culturel atteint une vitesse hallucinante, et nous sommes à un moment très particulier de l'histoire du monde. Bien sûr que ces moyens de communication modernes rapprochent les hommes et apportent de la connaissance, mais, sur la longueur, je crains qu'on y trouve plus de vices que de vertus.

J'ignore à quoi ressemblera notre société dans cinquante ans, mais on peut imaginer que les hommes seront assez identiques dans leurs modes d'alimentation, d'habillement, de déplacement, leur culture… En l'espace de quelques années, une civilisation peut être totalement dénaturée. L'arrivée des skidoos rutilants sur la banquise et l'alcool « *on the rocks* » a sans doute sonné le glas de la civilisation inuit. Eux qui étaient nomades se sont trouvés piégés économiquement parce qu'ils devaient acheter du carburant et réparer leurs engins motorisés. Peu à peu, beaucoup d'entre eux ont perdu le savoir-faire ancestral de l'attelage des chiens de traîneau. Quant à l'alcool, il a brouillé les esprits et modifié le lien social. Aujourd'hui ces laminoirs géants semblent irréductibles…

Ma rencontre avec les Indiens Zo'é, au nord de la forêt amazonienne, a été un vrai bouleversement dans ma vie. En pénétrant sur leur territoire, j'ai découvert, émerveillé, le royaume de l'harmonie. Le refuge des derniers hommes libres.

Peut-on imaginer que lorsque des explorateurs les ont approchés dans les années 80, les Indiens Zo'é n'avaient jamais eu de contact avec d'autres peuples, y compris des Indiens ? Ainsi qu'on pouvait le craindre, l'irruption des missionnaires sur leurs terres s'est avérée ravageuse et les Zo'é se sont trouvés démunis à l'arrivée de nouvelles formes de virus. En l'espace de quelques années, les maladies les ont décimés et fait passer leur nombre de quelques milliers à quelques centaines. Leur communauté ne comptait plus que 242 membres lorsque je suis allé les voir en 2008.

Le gouvernement brésilien a fini par réagir et gelé leur territoire, l'interdisant aux exploitants et aux missionnaires. Par l'intermédiaire de la Funai, l'administration responsable des Indiens du Brésil, il leur apporte un soutien médical en complément de leur propre médecine, afin de les « redoper » pour contrer nos pathologies dévastatrices. Tous les deux mois, un petit avion se pose à proximité de leur village et un médecin vient leur dispenser les soins essentiels. C'est à l'occasion d'une de ces rotations que nous les avons rencontrés. En comité restreint et en prenant toutes les précautions pour ne pas les contaminer. C'est une étrange sensation de se sentir les « méchants virus » auprès d'organismes chimiquement purs !

Nous sommes restés dans le village une dizaine de jours, aidés de Joao, le chef de la mission Funai, le seul étranger à parler leur langue. Dix jours qui m'ont marqué à vie et où j'ai eu l'impression de toucher du doigt l'origine de l'humanité. Et, j'ose le dire, le paradis.

Quand nous arrivons dans leur village, les Zo'é s'apprêtent à enterrer l'un des leurs, tué en forêt par un jaguar. Après le rite de purification, je les vois marcher dans la forêt, sereins, souriants, parés de robes végétales qu'ils vont rendre à leur propriétaire. Ce qui vient de la terre retourne à la terre de façon naturelle et respectueuse. Ici, la vie est indissociable de l'environnement. Ils ne font qu'un. Le jaguar n'est qu'un accident de parcours.

Ce qui frappe tout de suite quand on les voit, c'est leur beauté physique : hommes et femmes sont presque nus, plutôt minces, et bien qu'ils vivent dans la jungle, leur peau est lisse, d'une incroyable finesse, sans une égratignure. (Contrairement aux Korowai dont j'avais vu, sur les corps, les marques profondes des blessures infligées par la forêt.) Les maquillages des Zo'é, les parures des femmes – des tiares faites de plumes de vautour – sont magnifiques. Ils portent, crevant leur lèvre inférieure, le « poturu », un morceau de bois blanc taillé qui rappelle la barbe postiche des pharaons et leur donne un air impérial. L'osmose du corps et de l'objet. Même leur habitat témoigne d'un grand raffinement. Ils dorment dans des hamacs végétaux de toute beauté. Leurs chants sont superbes. Ils rient beaucoup, sourient spontanément, et se déplacent comme des danseurs. Jamais je n'ai vu un tel enchantement généralisé ! Dieu sait que je me suis toujours gardé de cette vision occidento-centrique de trouver à cet exotisme-là des vertus qui nous paraissent magnifiques mais qui peuvent cacher d'autres réalités. La réalité est toujours plus nuancée mais, concernant les Zo'é, ce sentiment nous a tous étreint : ici l'harmonie a trouvé sa terre.

Deux jeunes garçons d'une dizaine d'années me font une démonstration de leur virtuosité à l'arc. Ils accrochent un petit serpent mort à une liane, à une vingtaine de mètres d'eux : leurs flèches le transpercent du premier coup. Tous sont d'une adresse, d'une ingéniosité inouïes pour chasser ou pour pêcher. Quand ils chassent, les hommes ne prélèvent à la forêt que ce dont ils ont besoin pour manger et s'ils tuent un pécari ou un singe, ils gardent et élèvent leurs petits. Le village fourmille ainsi de toutes sortes d'animaux et la plupart des enfants se promènent avec un oiseau ou un petit rongeur attaché à un fil.

Un peu gêné dans mon short et tee-shirt face à leur nudité si naturelle, je les regarde vivre, épaté, émerveillé. Ici, ni chef ni chaman, nul besoin d'autorité ou d'organisation hiérarchique : les jeunes respectent et obéissent à leurs aînés qui leur transmettent leur savoir. Pas de cris, de coups, les conflits sont réglés d'une manière insolite et à peine croyable. Les anciens se saisissent des protagonistes, les mettent à terre, leur chatouillent le ventre et tout finit en éclats de rire ! Assises sur leurs talons, les femmes baignent leurs petits à longueur de journée. Elles les câlinent, jouent avec eux. Tout semble empreint de douceur, de calme et de mesure. À leur manière et sans le savoir, les Zo'é, dont la seule fortune est la forêt, me rappellent que le bonheur n'est pas dans les choses : il est un bien de l'âme.

Ces dix jours au paradis se sont dilatés dans l'infini. Quand je les ai quittés, j'étais à la fois heureux, rempli de la quiétude qu'ils m'avaient insufflée et inquiet pour eux. Malgré les efforts des autorités brésiliennes, je crains que leurs jours ne soient comptés. Lorsque les Espagnols ont conquis l'Amérique du Sud, il y avait 6 millions d'Indiens sur le territoire. Aujourd'hui, au Brésil, il reste 215 ethnies dont 53 d'entre elles sont « isolées » ou « non contactées ». La déforestation galopante qui anéantit trois espèces végétales et animales par heure condamne les Zo'é chaque minute un peu plus. L'ennemi, la civilisation s'approche à grands pas. Un jour, la collision aura lieu. Le ver est dans le fruit. Déjà, le simple fait que nous y soyons allés… Non pas que nous leur ayons nui en quoi que ce soit, en tout cas je l'espère, mais si on nous a ouvert les portes de leur royaume, on peut imaginer que d'autres suivront, animés d'intentions moins pacifiques. Et quand on sait que la forêt amazonienne disparaît à la vitesse de cinq mille mètres carrés par seconde, on peut craindre le pire pour ces anges au sourire.

Dernier tournage

Je ne le sais pas encore, mais c'est notre dernier tournage, la fin d'*Ushuaïa*. Le hasard, un concours de circonstances va me faire achever la grande aventure de ma vie dans la Sierra Nevada avec les Indiens Kogi et, en Amazonie, avec les Indiens Kayapo dans le village de Raoni, cette figure emblématique qui défend son peuple et, à travers lui, une culture millénaire, la civilisation indienne et la forêt amazonienne. Je ne pouvais pas clore une telle odyssée plus magnifiquement qu'avec ce chef charismatique qui incarne tout le courage et la détresse des hommes.

Le courage, parce que Raoni et son peuple n'ont jamais cédé à la facilité des armes et ils auraient eu toute justification pour le faire face à l'ultime affront qu'on fait peser sur leur territoire et leur culture. La détresse, parce qu'on lit bien dans son regard le glas de ce peuple, dont les terres ancestrales, à moins d'un miracle, vont être noyées par les eaux du prochain barrage de Belo Monte. Déjà, ils sont cernés par toutes sortes de fléaux contre lesquels la bataille semble perdue. En particulier celle du mercure qui a contaminé 80 % d'entre eux à cause de la pollution qu'engendrent les mines d'or.

J'ai eu la chance d'arriver dans le petit village où Raoni était né, au bord du fleuve Xingu, dans un minuscule hydravion deux places. Les Indiens Kayopo m'ont accueilli avec une allégresse qui m'a ému et battaient des mains quand leur chef est monté à bord pour remonter le fleuve et survoler la forêt amazonienne. De temps à autre il me serrait l'avant-bras, et nous demeurions silencieux, admirant la beauté de son territoire. Tout était dit. Quand, un an plus tard, Raoni est venu chez moi en Bretagne, nous communiquions également par les gestes et le regard. Stupéfait quand il a vu la mer se retirer, ému quand il a rencontré ma famille, fasciné quand il a regardé tous les *Ushuaïa* sur les peuples premiers. Il a ri aux larmes quand il a découvert que chez les Kanos, les femmes portent les plateaux incrustés dans les lèvres. Un signe d'identité et d'autorité qu'il pensait réservé à sa tribu.

Raoni incarne le combat et la grâce... Je me souviens d'une discussion que j'avais eue avec Jacques Chirac après son refus de participer avec Juan Carlos à une cérémonie commémorative de la découverte de l'Amérique par Christophe Colomb. « Je ne commémore pas les génocides », avait-il dit. Déclaration terrible et magnifique. Il fallait oser le dire.

Il était courageux de rappeler qu'à travers différents pans d'histoire, l'homme blanc a annihilé la culture indienne. Ce qu'il lui a fait subir est un génocide qui ne dit pas son nom. Plus grave, il a falsifié l'histoire en oubliant combien toute la société occidentale s'est construite sur le dos de la civilisation indienne. Et, aujourd'hui, de façon plus sournoise, on continue de les exploiter, de les ignorer ou de les profaner. On s'arroge la forêt amazonienne pour toutes sortes de raisons, alimentaires, économiques, énergétiques, sans se soucier que des gens vivent là depuis toujours. Ce comportement est significatif de notre courte vue, au sens temporel et géographique du terme. On reproduit différemment des tragédies qu'on reprochait à nos prédécesseurs.

Lors de ce dernier tournage d'*Ushuaïa*, le regard tragique et lumineux de Raoni semble résumer ces vingt-cinq années à travers la planète. Un regard qui dit la beauté de la terre et sa menace. Un regard qui élève et pousse à agir. Un appel au secours.

Une histoire s'arrête...

Reprendre *Ushuaïa* après un an d'interruption figurait dans les options annoncées avant que je ne m'engage dans la campagne. Le rythme de trois à quatre émissions annuelles était confortable et si les audiences n'étaient pas celles que nous avions connues les premiers temps, elles restaient satisfaisantes et la chaîne aurait bien poursuivi l'aventure.

Un quart de siècle d'*Ushuaïa*, une telle densité et de diversité d'événements, c'est considérable. Quelle profession vous donne l'occasion d'éprouver autant d'expériences différentes ? Pour quelle raison me serais-je arrêté quand j'avais autant de plaisir et d'émotions à vivre ces aventures ? Comment être lassé ou blasé quand un métier vous fait vivre un rêve éveillé ?

Souvent, j'ai constaté chez des spécialistes passionnés par leur art, la tendance à s'installer dans un exercice qu'ils maîtrisent si bien qu'il n'y a plus de remise en cause. J'ai senti que cela risquait de m'arriver. En reprenant l'émission après cette coupure, j'allais me laisser porter par une douce addiction. Reprendre le cours de mon exploration où je l'avais laissée n'aurait pas eu de sens. On sait qu'on ne se baigne jamais deux fois dans le même fleuve... *Ushuaïa*, c'était mon enfant, beau et exaltant, mais un vieil enfant de vingt-cinq ans qui avait peut-être assez vécu. Un Petit Prince qu'on ne devait pas laisser se rider. Le bébé aussi de mes compagnons d'aventures, de rires et d'engueulades qui ont vu comme moi la splendeur du monde et l'empreinte cruelle de l'homme. L'interruption a été longue pour eux, lorsque j'étais en campagne, ils ont envisagé puis entériné « l'après Hulot » et c'est normal. Ils ont bien fait. Nous ne repartirons plus ensemble, les gars. Il est temps de tourner la page. Pour un autre voyage.

4

J'ai vu…

L'école d'*Ushuaïa* a été unique, une période de découvertes et de ravissements au contact de la beauté, des rencontres répétées avec les hommes et les animaux qui m'ont nourri, construit. Aucun métier, aucune fonction, aucun statut économique n'aurait pu me permettre d'accumuler autant d'expériences en vingt-cinq ans. Tous mes rêves, toutes mes soifs de nature, je les ai comblés de façon extraordinaire : il n'y a pas un animal que je voulais observer, avec lequel j'avais envie de jouer, de danser, que je n'ai rencontré. Pas un paysage que je n'ai pu embrasser. Les hommes, eux, conservent encore une partie de leur mystère. Jusqu'à quand ?

J'ai observé la vie de centaines d'insectes dans leur quotidien, j'ai vu naître devant moi des hippocampes nains au large de Sulawesi en Indonésie, j'ai été dans l'intimité des gorilles et des orangs-outangs ; j'ai vu les capacités migratoires d'oiseaux qui ne pèsent que quelques grammes, comme les colibris qui sont capables de parcourir des milliers de kilomètres en passant d'un hémisphère à l'autre, ou bien les grandes baleines qui peuvent vivre pendant des mois sur leurs réserves lors des grandes migrations alimentaires. Tout m'a émerveillé, tout m'émerveille encore et crée en moi une complicité qui me relie définitivement à la planète. De là est né un attachement, une appartenance singulière et indestructible avec la nature. Ce respect n'est pas sélectif, il vaut pour la vie en général. J'ai le même amour pour l'homme, il fait partie intrinsèque de la nature. Pour moi, tout est lié, et *Ushuaïa* a cimenté, scellé mes convictions et mon engagement, nourri en moi un respect intransigeant pour toutes les formes de vie.

Quand je me suis intéressé à l'écologie et à l'environnement, je ne pensais pas que l'humanité était en péril. Pour moi, la planète était grande, inépuisable, avec des capacités de régénération absolues et l'homme était insignifiant, même si, de temps en temps, il marquait d'une empreinte négative un certain nombre d'espaces. Je considérais qu'il avait le devoir, lui qui était le dernier arrivé sur Terre, de prendre en charge les êtres vivants qui l'avaient précédé. Lorsque j'observais certains pans de nature en péril ou des espèces menacées, je n'avais pas conscience de l'échelle et de la rapidité des phénomènes. J'ignorais à cette époque que l'écosystème planétaire était en danger et que la première conséquence serait de mettre l'humanité au bord du gouffre. Tout cela est venu peu à peu et, grâce à ce métier exceptionnel, j'ai acquis une instruction, une conscience.

Quand j'ai affirmé que « l'émerveillement est le premier pas vers le respect », je pensais, par l'intermédiaire de la beauté, pouvoir recréer un lien affectif avec la planète, la nature, les animaux, et les peuples qui incarnent une forme de relation d'harmonie avec la nature. Au fil des reportages, je mettais en lumière la beauté du monde pour en montrer aussi la fragilité. Avec ma propre évolution, mon émission s'est transformée. Elle devait aussi servir mon combat. Elle aurait pu devenir un magazine d'investigation en démontant tous les systèmes qui participent à la dégradation de l'environnement mais j'ai préféré utiliser un panel d'outils plutôt qu'un seul.

Chemin faisant, j'ai vite découvert que dans cette destruction de nos écosystèmes, l'homme était en train de compromettre son propre avenir. Alors j'ai pris la mesure de la catastrophe. Progressivement, ce lien devenu proche, complice même, m'a rendu redevable envers la planète et m'a amené à considérer le monde sous un autre angle. Derrière la beauté, le merveilleux, j'ai vu une autre réalité et tous ces territoires sur lesquels les menaces convergeaient.

Peu à peu, on a cessé de me regarder uniquement comme un « animateur télé » et commencé à considérer mon rôle un peu différemment. De la même façon, avec mon film *Le Syndrome du Titanic*, j'ai dévoilé une partie de moi-même pour passer à une autre étape. Je me suis mis à nu. Il y avait urgence à montrer la planète telle qu'elle était. Ce film m'a permis de révéler mes angoisses, mes peurs, mes aspirations. Et mes révoltes. Il a préfiguré ce qu'allait devenir mon engagement.

Il y a trente-cinq ans, lorsque j'étais reporter photographe, il existait une liste impressionnante d'espèces en voie d'extinction, mais on s'en préoccupait peu. Je me souviens des alertes que lançaient René Dubos, René Dumont et le commandant Cousteau. On ne les croyait pas. Depuis, les phénomènes se sont accélérés. À travers *Ushuaïa*, j'ai observé les changements climatiques dans tous les pays que j'avais parcourus : ce n'était pas une vue de l'esprit, mais des faits avérés. J'ai vu le recul des fronts glaciaires, j'ai vu l'érosion de la biodiversité, la déforestation, les endroits où la vie abondait, des lieux magnifiques que je ne reconnaissais plus parce que l'homme n'avait pas même laissé un minimum de support végétal et que la pluie avait emporté toute la terre arable.

Il existe des forêts primaires où l'homme n'avait jamais posé le pied, et qui sont aujourd'hui totalement dévastées. Ces îles de Colombie-Britannique au nord de Vancouver, couvertes de forêts, avec des arbres plusieurs fois centenaires que j'avais découverts en allant filmer les orques, je ne les ai pas reconnues quand je suis revenu dix ans après. Des bulldozers avaient été parachutés par des avions pour créer une piste d'atterrissage. Ensuite, les hommes sont venus et se sont acharnés. Ils ont transformé ces îles en montagnes pelées que les pluies torrentielles achèvent de dénuder. En Malaisie, à Bornéo, en Amazonie, l'urbanisation empiète partout, la forêt se fragmente, ici et là, en petits îlots. Aujourd'hui, tous ces paradis sont en sursis. Il ne reste que des zones protégées, des cache-misère.

En Polynésie française, chez mon ami Paul-Émile Victor, et dans d'autres lieux magnifiques, je m'étais baigné dans une eau translucide. En plongée, j'avais vu une profusion de vie. Là aussi, dans certains lagons, le corail est devenu gris, sec et les fonds marins sont quasiment vides. Aux îles Maldives et dans ces mers où les raies manta et les requins abondaient, les indices de quantités et de diversité sont en chute libre : en cinquante ans, la biomasse a été divisée par dix. J'ai vu des cadavres d'oiseaux dans les endroits les plus éloignés de l'activité humaine, à des milliers de kilomètres de la première ville. À l'intérieur de leurs corps décomposés, on trouve des matériaux plastiques qu'ils ont ingérés. Tout dérive sur nos océans poubelles. Dans l'Atlantique et le Pacifique, des îles artificielles de centaines d'hectares se sont formées simplement par la concentration de détritus. Même la ville d'Ushuaïa que je rêve de montrer à mes enfants pour qu'ils voient d'où mon aventure est née a été complètement dénaturée.

La déforestation, le recul des glaciers, la disparition des espèces ne peuvent nous laisser indifférents. Nous avons une communauté d'origine mais aussi de destin. Et je suis intimement convaincu que plus l'homme réduit sa diversité, plus il réduit ses chances de succès vis-à-vis de l'avenir. La protection de la nature est une démarche humaniste. Ce qui explique ma fougue, ma passion, et mon désespoir ! L'homme est capable de prouesses technologiques les plus incroyables et il est victime de sa puissance et de son aveuglement.

Aujourd'hui, il est devenu une force quasi géophysique, capable de modifier des paysages entiers. Il n'a jamais été si puissant. D'après les géologues, nous sommes entrés dans une nouvelle ère, celle de l'« anthropocène », où l'homme conditionne l'avenir de toute la planète. Il est devenu forgeron de son propre destin, pouvant anéantir en cent cinquante ans ce que la nature a créé en des milliards d'années. Ainsi que l'écrit Michel Foucault dans *Les Mots et les Choses* : « L'homme est une invention dont l'archéologie de notre pensée montre aisément la date récente. Et peut-être la fin prochaine. » C'est à peine croyable mais, en quantité, les hommes ont déplacé plus de matériaux que la nature elle-même. On a changé d'échelle. Selon les scientifiques, 46 % des terres émergées ont été modifiées par l'homme, et au-delà de 50 %, on entrera dans un seuil irréversible. Aujourd'hui, notre société est devenue à 80 % urbaine, et la nature semble une abstraction. Nous avons tendance à dissocier notre destin d'elle et à vouloir détacher notre branche de l'arbre de la Création…

Nous nous sommes affranchis des lois de la nature. Nous empiétons sur tous les espaces naturels qu'il faudrait préserver non seulement pour leur beauté, mais parce que chaque espèce y joue un rôle dont nous profitons souvent sans même le savoir. L'idée n'est pas de rester statique, l'homme a toujours progressé. À cause du charbon et du pétrole, il a démultiplié ses forces. Et avec les progrès de la science nous sommes de plus en plus nombreux. Chacun peut comprendre que la situation n'est plus tenable.

Nous avons blessé l'histoire

J'ai acquis la conviction que nous vivons sur un seuil étroit de tolérance. Il existe des préjugés extrêmement tenaces, dont un qui consiste à penser que dans l'Univers, la vie est la norme, alors qu'elle est l'exception. Jusqu'à preuve du contraire, en dépit des moyens de recherche que l'on a mis en œuvre, aucune trace de début de vie n'a pu être trouvée sur d'autres planètes. La combinaison de paramètres nécessaire au développement du vivant sur Terre tient du miracle ! Appartenir à cette planète est une chance rare que nous n'avons pas le droit de négliger.

Un autre préjugé est de penser que l'abondance est la norme. Une conviction qui commence à évoluer. De fait : il suffit de considérer les multiples pénuries qui nous menacent. Le mot « rareté » est entré dans notre vocabulaire. Il n'en sortira plus. De la même façon, on a pensé que le progrès était universel et irréversible, qu'il n'y avait qu'une seule voie de civilisation. Or, le progrès tel que nous l'avons développé depuis cent cinquante ans sécrète ses propres anticorps : comme nous produisons et consommons davantage, il porte sa part de nocivité.

Concernant la crise économique, elle peut avoir deux issues : la pire et la meilleure. Je crains que cette accumulation de difficultés génère un repli sur soi à la fois individualiste, nationaliste et un retour aux vieilles recettes. Plutôt que de s'ouvrir à de nouveaux modèles, on se crispe. Au moment où il faudrait anticiper la sortie des énergies fossiles, pour que la transition soit socialement la plus douce possible, nous sommes, depuis trois ou quatre ans, dans une sorte de frénésie pour aller exploiter toutes les ressources d'énergie fossile possibles et imaginables avec les techniques les plus dévastatrices. Au lieu d'être raisonnables, c'est la fuite en avant, ce que les sociologues appellent la « tentation de la ruine » : on veut boire le vin jusqu'à la lie. On se souvient de ce qui s'est passé en 2010 en Louisiane où, voulant extraire du pétrole offshore à quatre mille mètres de profondeur, les ouvriers ne sont pas parvenus à colmater un forage. Pendant des mois, des canalisations ont vomi des milliers de tonnes de pétrole dans ce paradis écologique qu'est le golfe du Mexique. Il est question de faire la même chose en Guyane française…

Malgré ces signes inquiétants, certains pensent que le monde de demain sera meilleur qu'aujourd'hui. Sans parler des héritiers du positivisme qui considèrent que l'homme aura toujours des solutions, que le temps est notre meilleur allié. Il faut être aveugle ou de mauvaise foi pour ne pas voir que c'est exactement l'inverse qui est en train de se produire. Il y a un intérêt à nier l'évidence pour un petit nombre parce que le système d'exploitation économique actuel leur permet de concentrer une grande partie des richesses mondiales. Il se crée une forme de refoulement (on sait, mais on dit qu'on n'y croit pas), en particulier chez les grands lobbies pétroliers qui, pour semer le doute, utilisent des scientifiques qui se revendiquent comme tels mais qui n'ont aucune compétence ni légitimité. Notre système d'expression médiatique ne faisant pas la différence, elle met à parité un Claude Allègre ou d'autres climato-sceptiques avec un représentant du GIEC qui, lui, parle au nom de milliers de scientifiques spécialistes de la question.

D'une façon générale, la presse qui traitait ces problèmes d'une façon marginale il y a encore dix ans a fait son travail. Elle en a abondamment parlé, sauf qu'ils sont devenus comme un bruit de fond dans notre société. Et comme on est incapable de hiérarchiser ce qui est essentiel et prioritaire, l'écologie est devenue optionnelle, une problématique parmi d'autres.

On commence à réaliser que nos enfants risquent d'avoir un avenir plus compliqué que le nôtre. Ce qui n'empêche pas notre société de nous donner de multiples occasions de ne pas regarder la vérité en face ou de l'occulter. Quand la réalité est trop dure, plutôt que de l'affronter, elle crée de la diversion.

Il y a vingt ans, au premier sommet de Rio, il y avait un faisceau de présomptions sur le fait que l'homme, outre le fait d'épuiser son capital de ressources naturelles, était en train de remettre en cause les grands équilibres et pouvait avoir un rôle dans le dérèglement climatique. Devant ce doute, on a demandé au GIEC, qui synthétise les travaux de dizaines de pays, de confirmer ou d'infirmer cette hypothèse. Et il a confirmé, prudemment et en prenant son temps : oui, l'homme a bien une part de responsabilité, et les conséquences en seront, probablement, l'élévation de la température. Depuis, c'est un fait scientifique acquis.

Un autre préjugé contre lequel je me bats et qui a la vie dure, concerne notre relation au Sud. Dans nos sociétés bien-pensantes, on laisse croire que c'est le Nord qui a financé le Sud, alors que c'est le contraire. Quand on voit ce qu'on doit au Sud en termes de matières premières, de ressources, de main-d'œuvre. Quand on considère aujourd'hui les flux financiers entre l'un et l'autre, on peut observer que le Nord reçoit en retour quatre fois plus que ce qu'il a donné au Sud. L'histoire est l'objet d'une mystification. Si l'on veut demain avoir des rapports pacifiés avec le Sud, il va falloir cesser de la falsifier. On ne peut pas doublement blesser l'histoire, d'une part en y participant au mauvais sens du terme, d'autre part en l'écrivant de la manière dont cela nous arrange.

C'est un thème que j'aurais aimé développer si j'étais allé au bout de la campagne présidentielle. Quand on voit comment l'aide économique fonctionne (parfois avec celle de la Banque mondiale ou du FMI), le schéma est toujours le même : les grandes multinationales repèrent dans les pays du Sud des gisements de matières premières, elles arrivent le sourire aux lèvres pour demander des concessions d'exploitation, donnent en contrepartie au pays de quoi construire un hôpital ou un aéroport et elles repartent avec 97 % de leurs richesses. Les 3 % allant directement dans la poche de personnalités locales corrompues ! C'est le néocolonialisme dans toute son horreur. J'ai une haute idée de ma culture, mais il faut regarder l'homme occidental tel qu'il est : aujourd'hui, c'est ainsi qu'il fonctionne. Mais cela ne durera pas. Les populations commencent à réagir. Et comme on les a humiliées, elles se font violentes.

Sauf à s'enfermer dans la dénégation, l'insouciance n'est plus de mise. La raison de mon inquiétude n'est nourrie que par des constats sur le terrain ou par des rapports de mes conseillers à la fondation. Tout cela m'atteint et je m'inquiète pour nos enfants. La paix est devenue fragile et précaire. Je me sens aujourd'hui profondément affecté parce que je suis lucide sur l'avenir, parce que je me penche sur ces sujets-là et leurs conséquences depuis vingt-cinq ans.

Il n'y a pas de fatalité aux crises qui se multiplient ! C'est la volonté collective de redéfinir ensemble les priorités et les moyens pour y parvenir qui fait défaut. Plus personne ne se pose les questions essentielles, et je ne comprends pas pourquoi on est si peu nombreux à s'en émouvoir. Certes, en vingt-cinq ans, avec la fondation, nous avons participé à la prise de conscience – et nous avons souvent été entendus même si l'attention redevient flottante en ces temps de crise économique – pour montrer le précipice vers lequel nous nous dirigeons.

Pourquoi sommes-nous si peu nombreux à nous inquiéter ?

Sur les sujets qui conditionnent tous les enjeux de solidarité, le futur, toutes les valeurs auxquelles nous sommes attachés, pourquoi sommes-nous si peu nombreux à nous inquiéter ? Pourquoi des intellectuels comme André Glucksman ou Luc Ferry (qui, lui, m'a traité de « charlatan » !) dont on ne doute pas de l'intelligence, prennent-ils la plume pour pourfendre l'écologie ?

Encore une fois, je comprends que les ménages qui ont déjà du mal à boucler les fins de mois aient d'autres préoccupations, mais j'en veux aux observateurs et aux responsables politiques qui traitent ces sujets à parité avec d'autres de bien moindre importance. J'en veux aux intellectuels qui n'y accordent aucun intérêt : nous aurions besoin de redéfinir ensemble le sens du progrès, de partager une vision. Mais, hormis des intellectuels bien référencés comme Edgar Morin, qui s'en soucie ?

Pourquoi sommes-nous si peu nombreux à anticiper sur des sujets aussi graves, des enjeux aussi cruciaux alors que le changement climatique s'aggrave, que toutes nos ressources naturelles et nos matières premières déclinent, que le prix du pétrole flambe avec des conséquences immédiates sur les plus démunis ? Est-ce que le citoyen a conscience que ce qui le frappe tous les jours avec l'emballement du prix du gaz et du pétrole, c'est un problème écologique, le début de la raréfaction des ressources ?

Sait-on que, déjà, la compétition est ouverte sur ce qu'on appelle l'accaparement des « terres rares » (c'est-à-dire tous les minerais et les métaux que l'on trouve dans nos ordinateurs, les télévisions, nos voitures), un phénomène dont personne ne parle et qui est fondamental ? On a basculé sans s'en rendre compte d'une ère d'abondance à la rareté, et de la rareté à la pénurie. Les deux dernières ne se gèrent pas de la même façon et nos démocraties ne s'en accommoderont pas. Si en période d'abondance on a du mal à maintenir des relations pacifiées entre États, quand la rareté sera un facteur majeur, on se fera la guerre pour l'eau. De la même manière qu'on a lancé l'opération « Bouclier du désert » en 1990 pour le pétrole, on n'hésitera pas à faire la guerre pour les matières premières. Si les ressources élémentaires viennent à manquer et si nous ne savons pas protéger notre patrimoine commun, des temps de grande barbarie nous attendent.

Déjà, les tensions apparaissent : après que la Chine a diminué ses exportations de terres rares pour subvenir à ses propres besoins et les anticiper, les États-Unis et l'Europe ont porté plainte à l'OMC contre elle, l'accusant de faire de la rétention de matériaux et de métaux dont ils ont besoin pour leur industrie. Ces mêmes Chinois qui, sans scrupule, ont accaparé tous les gisements d'Afrique et d'Asie. C'est le début de conflits juridiques qui, à terme, risquent de déboucher sur des relations géopolitiques beaucoup plus belliqueuses. Ces comportements crispés montrent bien que l'on touche à la finitude du monde, que l'on est déjà pratiquement arrivés à l'épuisement des stocks. Je sais – et c'est un exemple parmi bien d'autres – que pour fabriquer une seule éolienne offshore, la France a besoin de une tonne d'un alliage anticorrosif comprenant de la néodyme, un métal qui fait partie des terres rares que possèdent les Chinois à 100 %. Nous allons nous retrouver pieds et mains liés, dépendants de leur bon vouloir.

Notre modèle économique, fondé sur une croissance quantitative dans un monde qui n'est pas en expansion, devra être revisité de fond en comble. Les trois quarts de notre énergie sont dépensés pour extraire les matériaux de la terre et un quart pour la main-d'œuvre. Si nous étions capables de transformer les produits en les recyclant, ces pourcentages seraient inversés. Double vertu, donc, sur l'énergie et la main-d'œuvre. Nous passerions d'un modèle d'économie linéaire (extraire-fabriquer-consommer-jeter) à un modèle circulaire qui réutiliserait les produits en évitant le gaspillage et les déchets. La durée de vie des produits seraient rallongée par des normes précises. On cesserait la programmation de l'obsolescence et les composants seraient réutilisés le plus longtemps possible. Si, demain, sur la plupart des biens matériels, notamment tout ce qui est électrique, électronique, informatique, électroménager, les fabricants étaient tenus à une obligation de dix ans de garantie et à une mise en place de services de réparation, la face de l'économie serait transformée. Ce nouveau concept des « trois R » (réguler-rallonger-réparer) sera sans doute long et difficile à mettre en œuvre, mais on n'y échappera pas.

Le 10 août 2012, le quotidien *Libération* ose en sa une un titre choc : « La fin d'un monde ». Avec une photo célèbre tirée de *La Planète des singes* : la statue de la Liberté ensablée jusqu'au torse. Il ne s'agit pas, au cœur de l'été, de la sortie d'un nouveau film catastrophe, mais de la publication d'une étude scientifique parue dans la revue *Nature* qui annonce des changements brutaux et irréversibles des conditions de vie sur Terre. Quelques jours plus tôt, à la fondation, nous avions reçu un mail qui résumait cet article et une phrase d'un chercheur m'avait ébranlé : « Mes collègues qui étudient les changements climatiques induits à travers l'histoire de la Terre sont plus qu'inquiets. En fait, ils sont terrifiés. »

On peut faire deux lectures de la crise écologique : la lecture livresque, et ce que les scientifiques nous en disent mais qui reste assez abstrait car cela ne provoque pas chez nous de souffrances immédiates. Le rythme des saisons est là. L'approvisionnement quotidien en produits fonctionne. L'eau coule toujours du robinet…

Il y a bien quelques inondations et bourrasques, mais on peut penser qu'ensuite les choses rentrent à peu près dans l'ordre. Que des gens meurent dans ces inondations, ou à cause de la sécheresse, est pour nous une notion lointaine, d'autant que notre société zappe vite et ne relie pas les événements entre eux.

Concernant les dérèglements climatiques, si par miracle on arrêtait aujourd'hui d'émettre le moindre gaz à effet de serre sur l'ensemble de la Terre, le climat changerait, de toute façon, au cours de notre siècle. C'est irréversible. À nous de savoir si on veut rester dans la fourchette basse ou se laisser entraîner dans la fourchette haute. Ou, de toute urgence, inverser la tendance. Les modélisations des Nations unies sur ce qui se passerait, même dans une fourchette « médiane », sont tragiques pour l'ensemble de l'humanité en termes de conséquences sanitaires, environnementales et géopolitiques : des millions de personnes seraient obligées d'émigrer dans un monde qui ne supporte pas qu'on franchisse ses frontières. Des pays où les hommes sont crispés derrière des murs pour empêcher que d'autres profitent de la douceur de leur climat, de l'abondance de leurs richesses ou de leur prospérité économique.

Sans être habité d'une peur chronique, c'est la pire menace qui pèse sur l'humanité. Toujours les mêmes victimes : les habitants du Sud qui souffrent déjà des catastrophes naturelles. Le cyclone Katrina à La Nouvelle-Orléans a été l'une des premières grandes manifestations de ces dérèglements, mais l'a-t-on bien compris ? Comme l'avaient prévu les climatologues, les « manifestations extrêmes » (sécheresses, inondations, périodes de gel…) se sont amplifiées et empireront. Autrefois, en France, on parlait d'inondations « décennales » ou « séculaires ». Aujourd'hui, des villages sont entièrement dévastés deux fois par an. On sait déjà qu'on approche le seuil d'irréversibilité. Cela se joue à une fraction de décennies qui, à l'échelle de l'humanité, est une étincelle. En cela le mot « urgence » n'a plus beaucoup de sens. Nous sommes le dos au mur.

Concernant la biodiversité, la notion d'irréversibilité est atteinte : l'espace dévoué au vivant se réduit comme peau de chagrin. Des espèces de plus en plus nombreuses se concentrent dans des espaces en réduction : lorsqu'ils seront devenus insuffisants pour elles, des pans entiers d'espèces disparaîtront d'un coup. La dégradation de la biodiversité ne se produit pas de manière linéaire, l'état de la planète reste stationnaire puis il est suivi, brutalement, par un pic d'aggravation. Comme pour les changements climatiques.

Pour les grands animaux d'Afrique, la messe est dite. Les grands singes ont besoin d'espace et d'une diversification des fruits et des feuilles pour leur régime alimentaire. Plus on réduit leur territoire, plus on les fragilise. On peut supposer que les éléphants, rhinocéros, hippopotames, girafes et lions seront parqués dans des enclos, mais ils n'existeront plus à l'état sauvage. Quant aux espèces qui auront disparu, on ne pourra pas les reconstituer. Tous les scientifiques le disent : nous assistons à la sixième extinction. Elle est provoquée par l'homme.

Actuellement, nous subissons les conséquences positives et négatives du XIXe et du XXe siècle : grâce notamment à la médecine et à l'efficacité d'une certaine agriculture, nous vivons de plus en plus vieux et l'on atteint des pics démographiques. Étant, de fait, de plus en plus nombreux et multipliant sans cesse nos besoins d'une manière artificielle et exponentielle, nous pesons d'une manière insupportable sur l'environnement et avons outrepassé les capacités de résistance de la Terre. (Idéalement, pour faire face aux besoins des pays émergents, il faudrait l'équivalent de quatre planètes !) Il est urgent de nous projeter et de construire un monde de sobriété et d'équilibre entre ce que la nature peut nous donner et ce que nous lui demandons. Mais, pour le moment, la somme de travail que représente la révision de nos modèles économiques et de gouvernance semble paralyser tout le monde…

Quand le monde s'expose

Si les inégalités ont toujours existé, elles n'ont jamais été si marquées : les riches sont de plus en plus riches, les pauvres de plus en plus pauvres. Ce qui a changé, c'est qu'aujourd'hui notre monde est connecté, relié. Les inégalités démocratiques, économiques, juridiques, sanitaires se voient, ce qui crée de la convoitise, amplifie le sentiment d'injustice et accroît l'exaspération. Le monde s'expose, l'information circule et chacun peut prendre conscience d'un traitement inégal de sa condition. On peut comprendre qu'il soit en hypertension. Tant que les exploités, que les pauvres ignoraient que d'autres se vautraient dans l'opulence, ces injustices pouvaient perdurer. Sauf que ce qu'on faisait cyniquement « sous le chapeau » n'est plus possible à présent grâce à l'Internet et aux réseaux sociaux qui, en favorisant le partage des connaissances, sont aussi devenus un partage des réalités. Désormais, chaque peuple a accès à la vérité et sait, en temps réel, quand un dictateur ou un régime le dupe et l'exploite. Et si on ajoute à l'exclusion un élément explosif qui est l'humiliation, cela crée une soif irrésistible d'équité économique et démocratique. C'est ce qui s'est passé lors d'événements récents comme le Printemps arabe, avec des soulèvements qui paraissaient improbables et où deux pays, en quelques jours, ont poussé dehors leur dictateur qui les asservissait depuis plusieurs générations.

On imagine que, de la même manière, les peuples africains se manifesteront pour qu'on cesse d'exploiter leurs territoires. Je connais l'Afrique depuis longtemps, je vois bien ces mondes qui jusqu'à présent s'observaient ou s'ignoraient. J'ai vu les fractures s'opérer mais pas comme on le pensait entre l'Est et l'Ouest. C'en est fini du Sud qui se laissait soumettre passivement et imposer ses changements par les pays du Nord. Si on n'organise pas le jeu politique différemment, si on ne reconnaît pas notre responsabilité positive et négative dans l'évolution de ces pays, si on n'instaure pas de nouveaux rapports en opérant un vrai partenariat au lieu de piller leurs richesses, nos relations ne seront plus tenables. De gré ou de force, nous sommes condamnés à partager.

Sur un plan civilisationnel, le bilan du siècle passé est désastreux. Le XXIe siècle démarre avec la raréfaction des ressources, un phénomène inimaginable, même si en 1972, le Club de Rome l'avait prédit. On avait pris ses membres pour des illuminés et, aujourd'hui, tout leur donne raison. Il démarre avec les effets positifs et pervers du succès de l'exploitation du charbon et du pétrole qui nous a permis de décupler nos moyens, et du succès d'Internet qui a externalisé nos cerveaux pour la connaissance du meilleur et du pire.

Nous sommes à un carrefour de civilisation comme nous n'en avons jamais connu, et la planète peut s'enflammer à tout moment. À ce stade, nous pourrions faire un saut qualitatif universel en utilisant le génie humain, la technologie et la science à bon escient pour améliorer équitablement la condition humaine, en répartissant les richesses et en faisant en sorte qu'un petit groupe d'hommes et d'États cessent de spolier la majorité des ressources.

Si demain on arrivait à redonner du sens au progrès, si on fléchait la science et la recherche, si on récupérait l'argent qui ne profite pas à la solidarité en établissant une gouvernance internationale et une juridiction supranationale, on pourrait aider à l'épanouissement de nos concitoyens et même de neuf milliards d'individus. C'est une question d'organisation et de priorité. Et de décennies.

Il y a urgence. Si la nature et l'exaspération légitime des peuples nous en laissaient le temps, il y aurait des chaos maîtrisables et les choses s'organiseraient. Mais les menaces se précisent, et pour ce qui concerne les ressources et les changements climatiques, on pourrait franchir un seuil irréversible, entrer dans un temps où l'homme, quelle que soit sa volonté, ne fera que subir les événements. Le vernis civilisationnel de nos sociétés est devenu excessivement fragile et, pour peu que la rébellion des peuples soit instrumentalisée à des fins idéologiques ou religieuses perverties, on imagine à quel désastre tout cela pourrait nous mener. Le moindre groupe un peu « animé » étant capable de se procurer les armes les plus dévastatrices, jusqu'aux arsenaux nucléaires.

L'humanité a vécu plusieurs humiliations, dont deux majeures : d'une part, quand Darwin nous a fait la démonstration que l'homme n'avait pas fait l'objet d'une création séparée. Comment pouvions-nous avoir un tronc commun avec les singes ou d'autres organismes vivants encore plus insignifiants à nos yeux ? On voit bien qu'aujourd'hui la théorie n'est toujours pas digérée puisqu'on vient d'autoriser l'enseignement du créationnisme dans certains États des États-Unis.

La deuxième humiliation que certains appellent la « honte prométhéenne » montre que l'homme est dépassé par ses propres conceptions, ses propres outils, sa propre puissance et qu'il la nie. Les hommes avaient le sentiment que le progrès était un processus irréversible et le temps une promesse de mieux-être, de mieux-vivre. Soudain, ils prennent conscience que l'humanité est rattrapée par les conséquences du progrès. Les dettes s'accumulent, dette démographique, dette économique, dette écologique, et ils ne veulent pas savoir qu'ils sont responsables de la perturbation de tous les équilibres naturels. Pour eux, il y aura forcément un remède.

Au fil des ans et de plus en plus, j'ai pris conscience de ce déni : on sait mais on n'y croit pas. Dès qu'on a une occasion de cacher sous le tapis ces sujets qui fâchent, on ne s'en prive pas. J'ai l'impression de dépenser mon énergie non pas pour obtenir des avancées, encore moins pour enclencher la mutation, mais pour éviter des reculs. Dès qu'on baisse la garde, les gouvernements reviennent sur leurs engagements : on supprime à Rennes les crédits d'un laboratoire de recherche sur les problèmes de santé et d'environnement, on supprime les dispositions fiscales qui ont été prises pour soutenir l'énergie renouvelable, on autorise à nouveau l'épandage d'insecticides et de pesticides par voie aérienne alors qu'on l'avait interdit, etc. Combien de fois ai-je perdu mon calme quand je me suis entendu dire par un interlocuteur que je tentais de sensibiliser à ces problèmes : « Pour vous faire plaisir, on va faire ce que vous nous demandez… » Comme si j'œuvrais uniquement pour moi-même !

À la lumière des événements de ces derniers mois, je me pose beaucoup de questions : les phénomènes qu'on essaie de combattre, ni moi ni d'autres n'avons réussi à les faire reculer de façon conséquente, et pour ce qui concerne mon propre territoire, quand on voit la dernière campagne présidentielle, pitoyable, on finit par se dire qu'il n'y a pas d'acquis. Une fois ce constat établi, même si notre énergie, notre volonté sont toujours là, on s'interroge sur les modalités à adopter. Elles se doivent de rester toujours pacifiques et démocratiques, même si devant la cécité de nos dirigeants, je peux comprendre que certains deviennent fous. Mais des voix s'élèvent. Partout dans le monde, des êtres engagés et passionnés se battent pour aider les populations et les gouvernements à ouvrir les yeux et à agir.

5

Une communauté de cœur et d'esprit

Les plantes du mur végétal de Patrick Blanc caressent l'épaule des visiteurs et des employés qui le longent. Des fleurs rouges sont apparues depuis quelques jours qui illuminent la palissade verte. C'est une vision aussi rafraîchissante qu'inattendue à l'intérieur d'un bâtiment. On aurait envie d'y glisser la main et le visage pour sentir contre la peau le velouté des feuillages et d'une enjambée traverser le mur comme le miroir d'Alice et se retrouver au cœur de la forêt vierge. Lorsque je passe la porte de la Fondation pour la nature et l'homme, je pense souvent à Jean Dorst ou à Théodore Monod, ces hommes illustres qui m'ont fait l'honneur d'entrer au conseil d'administration à sa création. Je revois encore Jean Dorst, marchant d'un pas hésitant car sa vue le trahissait, heureux de participer à notre aventure naissante. Du haut de ses quatre-vingt-dix ans, Théodore Monod assistait à chaque conseil d'administration. Ses longues mains maigres croisées devant son visage et ses yeux vifs, attentifs, à l'écoute, m'encourageaient alors que je ne maîtrisais rien encore de cet embryon de fondation, qui allait devenir mon socle de connaissances. Et, bientôt, une formidable machine pour instruire et mobiliser.

Je n'ai pas créé grand-chose dans ma vie, mais cette

fondation, j'en suis fier. Dominique Bourg, professeur et philosophe, Jean-Marc Jancovici et Robert Barbault, spécialistes du climat et de la biodiversité, ont été les premiers à me rejoindre pour créer le comité de veille écologique chargé de nourrir la fondation en savoirs, en propositions et compétences scientifiques. Alain Grandjean, Marc Dufumier, des climatologues, économistes, ingénieurs agronomes, écologues, les ont suivis, tous scientifiques, chercheurs, spécialistes qui m'ont permis de conforter mes intuitions par une connaissance solide. Quand je vois le temps qu'ils me consacrent, je suis conscient du réservoir de sagesse, de connaissances et de créativité mis à ma disposition et que je ne dois pas gâcher. Tous sont des humanistes et ont en commun le savoir sans la prétention, l'exigence, et l'humilité de laisser toujours une place pour le doute. Ils savent rester sereins en évitant la polémique.

Dès le départ, Dominique Bourg, aujourd'hui vice-président de la fondation, a brisé le tabou et la réticence que pouvaient avoir certains intellectuels vis-à-vis de la « chose » médiatique que j'incarnais. Lui et ceux qui m'ont approché par la suite ont été les premiers à identifier le passeur que je pouvais être et qui commençait à se faire entendre. Le fait que ces gens éminents aient ignoré la compromission intellectuelle et morale que pouvait signifier, aux yeux de certains, de travailler avec un simple bachelier, dénotait une belle ouverture d'esprit. Tous se sont agrégés autour d'un projet qui avait du sens et de l'utilité en comprenant l'importance de mutualiser leurs compétences.

Ces surdiplômés talentueux ont eu la grandeur d'âme et la hauteur d'esprit d'accepter de confier leur savoir et leurs convictions à un vulgarisateur sincère et déterminé. Ils se sont rendu compte que j'étais capable de rendre accessible leur parole parfois sophistiquée ou inaudible sans la dénaturer. Ils sont ma colonne vertébrale sémantique et moi le porte-voix de ceux qui peinent parfois à se faire entendre. Depuis vingt ans, ils me forment, me nourrissent de leur science, étayent mes arguments, me rodent aussi aux contre-arguments qu'on ne manquera pas de m'opposer si je dois monter au créneau pour convaincre un ministre, un agriculteur, un industriel. Je pense à la taxe carbone qui m'a fait passer quelques nuits blanches tant je craignais de desservir cette cause à laquelle je tiens tant en la défendant mal ! Sans complaisance particulière à mon égard, ils gardent sur moi un œil critique et bienveillant.

Ils ont mis leurs mots dans ma bouche. Pour moi, ce fut une nouvelle langue. J'aime les mots, les écrire, les prononcer, j'ai toujours près de moi un bloc, un crayon pour noter une phrase, une formule qui me parle. J'avais ma sincérité, ma spontanéité, il me fallait cette dialectique.

La notoriété de l'émission m'a permis d'approcher des scientifiques incontestables dans leur domaine. Des pointures immenses. Je pense à Jean Jouzel, co-Prix Nobel de la paix. Combien de fois, auprès de lui comme d'autres, ai-je eu l'impression de ne pas être légitime ? À chaque réunion, les regards convergent vers moi et je me demande encore pourquoi ces estimés humanistes du progrès m'accordent leur confiance alors que je suis le plus ignorant de tous.

Je n'ai jamais pensé que les choses m'étaient dues ou que je les méritais et j'ai conscience de mon privilège. Mon unique regret étant, comme pour Paul-Émile Victor ou Théodore Monod, de les avoir connus dans les dernières années de leur vie. Mais nous avons compensé en intensité et en connivence la brève échelle de temps qui nous restait à partager.

Ces deux scientifiques m'ont apporté le substrat sémantique, spirituel et intellectuel à même de structurer ma pensée sur les sujets d'études qui nous passionnaient. Ils m'ont fait comprendre que mon engagement était juste. Au-delà de l'intelligence, il y avait chez eux une humilité hors norme. Le plus influent pour moi étant sans doute Théodore Monod, dont je relis régulièrement les ouvrages que j'emporte en expédition. Cet humaniste à la culture absolue m'a aidé à conforter mes intuitions et à me forger une éthique. Quand je suis à court d'arguments, je me replonge dans ses livres.

Je me souviens de ces moments de grâce où, après avoir traversé l'univers fascinant du muséum d'Histoire naturelle et un dédale de couloirs poussiéreux aux boiseries anciennes, j'arrivais dans le bureau de Théodore. Nous évoquions les expéditions que je venais de faire et celles que je projetais, et, chaque fois, il me demandait de grimper sur un petit escabeau pour attraper dans son immense bibliothèque un ou deux livres parmi des centaines, en me guidant pour trouver la page qui correspondait à ce que je venais de lui raconter. Sa vue ne le lui permettant plus, il me priait de lui en faire la lecture.

J'ai eu la chance, pour *Ushuaïa*, de l'accompagner à dos de chameau dans le désert de l'Adrar en Mauritanie. Penseur, philosophe, théologien, ce grand spécialiste des déserts était curieux de tout : chaque paysage était une histoire, le moindre caillou riche d'enseignements. Tout faisait sens. Le soir, lors de veillées dans le désert, il évoquait la grande histoire des hommes, la religion. Il était un incroyable puits de connaissances. Lui comme Paul-Émile Victor manquent à ma vie.

Quand j'ai créé la fondation, dont les objectifs et les modalités ont changé au gré de ma propre évolution, j'avais une fibre naturaliste. J'avais conscience que la nature était menacée de toutes parts, mais je ne voyais pas encore que l'humanité était en train de scier la branche sur laquelle elle est assise. Depuis vingt-cinq ans, la fondation a contribué à la prise de conscience du pays pour les enjeux écologiques et a abouti à l'opération « Un défi pour la Terre » puis au Pacte écologique. Qui, eux, ont débouché sur le Grenelle de l'environnement, les engagements de Nicolas Sarkozy et créé une dynamique qui, j'espère, ne s'arrêtera plus.

En France et à l'étranger, la fondation met en place des projets visant à améliorer les conditions de vie des populations sur les plans économique, social et environnemental. Avant que je ne parte en campagne pour les primaires écologistes, parallèlement aux projets de plus grande envergure et de plus long terme, nous avons développé un fonds de solidarité avec le Sud pour soutenir davantage de projets. Il y a mille moyens d'aider les peuples nécessiteux, parfois avec des micro-projets, rien de spectaculaire qui changerait radicalement la face du monde, mais qui améliorera leur quotidien de manière visible, palpable et assez rapidement. De plus en plus, il nous faut des résultats concrets. Pour notre moral à tous, c'est capital. Je doute fort qu'avec nos quarante paires de bras et nos cerveaux, nous réglions le sort de la planète mais, viscéralement et psychologiquement, je veux croire qu'à défaut de changer le monde, nous améliorerons la vie de certains.

Je me souviens de ce jour où je me trouvais aux alentours du lac Abbé près de Djibouti, un des endroits les plus arides de la planète, pour tourner l'une des scènes du film *Le Syndrome du Titanic*. Il n'est pas très tard mais je m'apprête à m'endormir sous ma tente, quand un responsable du village voisin vient frapper à ma « porte ». Il insiste pour m'emmener auprès de quatre hommes d'un âge vénérable, drapés dans de magnifiques tissus, qui ont l'air de m'attendre : « On veut te montrer quelque chose », me disent-ils.

Après avoir marché dans la rocaille pendant une vingtaine de minutes, on arrive à un bassin en ciment délabré avec un pauvre panneau bringuebalant : *Don d'une fondation canadienne*. Il s'agit d'un bassin de rétention d'eau de pluie offert des années plus tôt par une ONG et qui ne fonctionne plus. Depuis, les femmes du village doivent marcher plusieurs kilomètres par jour pour aller chercher de l'eau. Ces hommes ont appris qui j'étais, et ils viennent solliciter mon aide. Leurs regards m'interrogent, attendent ma réponse. C'est un moment bouleversant, ils sont pendus à mes lèvres, et moi qui déteste promettre ce que je ne peux tenir, je suis très mal à l'aise. Pour rien au monde, je ne voudrais les décevoir. Je reste donc évasif quant aux résultats de mon intervention. Rentré en France, des circonstances heureuses – ce n'est pas toujours aussi simple ! – font que j'obtiens assez d'argent pour construire cinq ou six bassins. Un technicien de ma fondation peut partir immédiatement sur place pour coordonner les travaux. On me dira qu'à l'échelle d'une planète ce n'est pas grand-chose, mais de savoir que grâce à nous la vie de ce village a complètement changé, j'en ai été profondément heureux. Ce genre d'opérations, je veux les multiplier. Pour m'éviter de céder au désespoir.

Qu'il s'agisse de mettre en place une pratique d'écotourisme au Sénégal avec les femmes de Popenguine

– concept qui a si bien marché qu'il s'est répandu dans toute l'Afrique de l'Ouest –, d'envoyer du matériel pédagogique à des enseignants marocains pour initier les enfants à l'écologie, de fabriquer des foyers améliorés à Bamako qui permettront de diviser de moitié les dépenses de bois et freineront ainsi la déforestation dans la région, d'installer de petites éoliennes permettant à vingt-quatre villages du Sénégal de retrouver une agriculture autonome, de former au Burkina Faso des paysans aux techniques de l'agro-écologie leur permettant de nourrir leur famille et même de dégager des excédents, la fondation réalise un travail d'envergure qui va encore s'amplifier dans les prochains mois.

La récolte des fonds me revient. C'est le nerf de la guerre. Sans moyens financiers, on ne peut rien. La tâche est parfois ingrate. Ainsi, il m'arrive de croiser des personnes cyniques qui, dans un premier temps, se montrent généreuses et dont je n'ai plus de nouvelles ensuite. Comme ce patron d'un grand groupe agroalimentaire ou l'une des premières fortunes de France qui m'ont, à plusieurs reprises, juré-craché de m'aider toutes affaires cessantes et qui, depuis, font le mort malgré ma dizaine de courriers et de coups de téléphone. Si l'écologie n'est pas, comme je l'entends souvent, une « préoccupation de riches », en revanche elle est un « devoir de riches » : ceux qui ont les moyens de réfléchir et d'agir doivent le faire en priorité, avant ceux qui sont dans la précarité. Parfois, j'ai l'impression de faire l'aumône, de quémander, alors que c'est aussi pour leurs enfants que je travaille ! Sans compter les maigres subventions de l'État qui ont été divisées par quatre en l'espace de quatre ans…

Après vingt-cinq ans de labeur, le bilan de la fondation ne fait pas grand bruit dans les médias. Même si, à leur décharge, nos actions sont moins visibles que celles plus « coup de poing » de Greenpeace, de WWF ou d'Emmaüs. Rares sont les journalistes qui viennent voir de près nos réalisations. En revanche, pour critiquer notre mode de financement ou notre transparence, on trouve toujours des candidats ! Alors que nous sommes contrôlés régulièrement, notre institution, comme toutes les autres, obéissant à un cadre économique et juridique très strict.

Je ne suis pas un saint, je reconnais mes maladresses et mes paradoxes. Mais le combat que nous menons à la fondation est dur, laborieux. Quand je vois la tendance qu'ont certains à tout salir, je me sens parfois découragé. Et je ne parle pas des lettres anonymes qui me menacent de « s'occuper de moi » ou de « me faire la peau »...

Je me souviens de la visite presque inopinée dans nos locaux d'un contrôleur de la Cour des comptes. Il avait apostrophé Cécile Ostria, notre directrice, par cette entrée en matière fracassante : « Moi, je me fous de l'écologie et de ce que vous faites, je suis là pour trouver un nouveau Jacques Crozemarie ! » (Pour ceux qui l'auraient oublié, Jacques Crozemarie, président de l'ARC, l'Association pour la recherche sur le cancer, fut condamné pour abus de biens sociaux et évincé de l'association.) Ce contrôleur, haut magistrat de surcroît, revint régulièrement à la fondation pendant deux ans. Au final, ne relevant dans les livres de comptes aucune passerelle financière entre la fondation et moi, il repartit fou de rage.

Comme je trouvais qu'il avait été particulièrement désagréable avec mon équipe et qu'il poursuivait sa mission au-delà du temps qui lui avait été alloué, je me permis d'écrire une lettre factuelle et non agressive à son endroit, au premier président de la Cour des comptes, Didier Migaud. La semaine suivante, ayant été informé de ma démarche, le contrôleur punitif débarqua à la fondation et déclara à Cécile : « Je m'apprêtais à rendre un rapport plutôt favorable mais, compte tenu de la lettre que vous venez d'envoyer, sur la tête de mes enfants, je vais changer mon fusil d'épaule ! » Effectivement, son rapport fut truffé de préjugés et de suspicions sans qu'il n'ait pu avancer la moindre preuve.

De manière tout aussi excessive, le député Jean Lassalle m'accusa, devant l'hémicycle de l'Assemblée nationale, de me servir de la fondation pour « blanchir l'argent des grands pollueurs ». Ces attaques gratuites m'ont blessé, surtout vis-à-vis des quarante salariés de la fondation et tous ceux qui, bénévolement, lui consacrent du temps. « Je hais les procureurs. Il y a des inimitiés qui flattent. Continuez de me haïr, c'est ma fierté », avais-je répondu au député.

Le think tank 2013

Dès mon retour de voyage après la primaire écologiste, je me suis replié sur ma fondation et me suis remis au travail avec l'engagement d'y consacrer désormais l'essentiel de mon temps pour tenter de sortir de cette accumulation de crises. À partir de janvier 2013, le comité de veille écologique est devenu officiellement un *think tank* – un anglicisme supplémentaire me dira-t-on, mais qui a le mérite de contracter en un seul mot les notions de « laboratoire d'idées » et de « cercle de réflexion ». Le collège d'experts qui comprend déjà une centaine de personnes a été élargi à toutes les sciences médicales et sociétales, l'ensemble des thématiques seront couvertes – y compris l'économie avec des chercheurs du monde de la finance comme Gaël Giraud ou Cécile Renouard –, afin qu'il devienne un véritable laboratoire du futur. L'idée étant de mettre dans le pot commun des débats publics, européens et internationaux, des propositions structurantes, non pour traiter les symptômes mais pour s'attaquer aux causes. Que nos propositions soient à la hauteur des enjeux, la clé d'entrée dans la réflexion, la prospective étant le paramètre écologique. Le facteur déterminant.

Avec le think tank 2013, nous changeons d'échelle. La période d'urgence dans laquelle nous étions est dépassée. Aujourd'hui, nous devons faire face à la crise. De mon point de vue, elle n'est que le produit des crises écologique et financière qui épuisent nos ressources et dilapident nos richesses. On s'obstine à ne pas le voir, mais c'est à elles qu'il faut s'attaquer si on veut régler la crise économique.

Jusque-là, les propositions du Pacte écologique étaient, pour partie, des adaptations « cosmétiques » du système existant. Je considérais que le changement devait passer par des étapes, qu'il ne fallait pas vouloir faire la révolution du jour au lendemain. Désormais, nous irons beaucoup plus loin en préconisant des mesures structurelles qui toucheront au « disque dur » de notre société, pour remettre en cause un modèle économique qui, aujourd'hui, ne connaît aucune limite.

Nous devons attaquer le problème à la racine. La cause principale et quasi exclusive en est l'ultralibéralisme, un monde où tout est tendu pour maximiser les profits en un minimum de temps. Dans une planète qui s'essouffle sur le plan écologique et social, il est urgent d'y remettre bon ordre. Ce combat sera essentiel pour moi et prioritaire dans mes objectifs à venir. C'est un travail que je mène déjà avec le ministre Pascal Canfin, très au fait de tous ces mécanismes, et avec Michel Barnier, commissaire européen, qui essaie de mettre en place des régulations de la finance.

Tant que, dans le monde, 3 millions d'enfants mourront chaque année de maladies dont nous avons les vaccins et les remèdes, nous ne pourrons pas vivre en paix. Ce chiffre me hante. Ce n'est pas une fatalité et si c'est de la résignation, elle est inacceptable. Si nous sommes capables d'exporter des bouteilles de Coca-Cola dans les coins les plus reculés de la planète, on doit pouvoir aussi y livrer un traitement antipaludéen.

*

La prise de conscience de ces dernières années, renforcée par l'échec attendu du sommet de Rio + 20 et la dernière campagne présidentielle, m'ont confirmé dans l'idée que je n'obtiendrai pas de miracle dans les années qui viennent. Je me battrai pour qu'on ne revienne pas sur les acquis mais je sais déjà que nous n'irons pas beaucoup plus loin que le Grenelle de l'environnement. Quels que soient les gouvernements, on nous opposera que la France ne peut pas *toute seule* imposer la taxe carbone ou la taxe financière, qu'elle ne peut pas *toute seule* faire 50 % d'agriculture biologique ou basculer la fiscalité du travail sur la fiscalité énergétique…

Nous avons toujours cette vision franco-française ou eurocentrique, jamais universelle. Quelque chose ne fonctionne plus, les remèdes appliqués ne marchent pas.

Nos élites sont démunies, désorientées. Puisque dans le grand trousseau de la réussite, la France ne détient qu'une clé minuscule, il faut aller forcer les serrures ailleurs. Nous sommes condamnés à nous déployer.

En France et dans les pays francophones, j'ai usé et abusé de ma notoriété pour faire avancer la cause de l'écologie, mais elle est insignifiante dès que je m'éloigne de l'Hexagone. Je n'ai pas à l'international de sésame comme j'en ai ici. L'une de mes prochaines missions, désormais, sera de me rendre dans les capitales du monde en m'appuyant sur d'autres réseaux qui, eux, ont les clés qui nous manquent, afin qu'ils relaient nos idées, qu'on mutualise nos compétences. Je veux expliquer les vertus de nos propositions, que différentes communautés y adhèrent pour qu'elles soient ensuite entendues par les décideurs.

J'ai bien conscience que si je n'ai pas réussi en France à engager en profondeur la mutation écologique, c'est qu'il faut que je m'y prenne différemment. En partant du principe que, même si conjoncturellement il y a un relâchement dans notre société (la crise économique et le travail des climatosceptiques ont excessivement opéré), nous l'avons ensemencée et l'effort de sensibilisation a été fait. Ce n'est plus vers les citoyens qu'il faut se tourner mais vers les décideurs et leur donner des outils et des voies. Poursuivre le dialogue. C'est ce que je fais en permanence. Depuis un an, je propose systématiquement les mêmes mesures. Sans être cynique, parce que cela me terrifie d'avance, je pense que la nature me donnera un coup de pouce. « Si vous ne vous occupez pas de l'environnement, l'environnement s'occupera de vous », ai-je envie de dire, pour paraphraser Michel Rocard. Ce n'est pas une menace, c'est pire : une constatation scientifique.

Je suis à un stade où je m'identifie à la figure du colibri si chère à mon ami penseur et philosophe Pierre Rhabi, dont la parabole peut être perçue comme infantile mais à laquelle j'aime bien me raccrocher : l'incendie dévore une forêt et un colibri, cet oiseau qui ne pèse que quelques grammes, fait des allers et retours incessants entre un lac et la forêt pour déposer une gouttelette d'eau dans le feu. Des rapaces le regardent passer et se moquent : « Tu penses vraiment éteindre l'incendie avec ta petite contribution ? » Et le colibri de répondre : « Peut-être pas, mais je fais ma part. » J'ai décidé, et ce ne sera pas facile, de ne pas céder au désespoir, d'occulter mes inquiétudes, et d'être autant que possible le promoteur, l'ambassadeur de ce qui fonctionne chez nous et ailleurs. Il faut montrer qu'il existe des issues de secours. Peut-être les phénomènes vont-ils nous échapper, peut-être cela ne servira-t-il à rien, ce n'est pas à moi de le dire et je refuse de me poser cette question. Je ne veux plus dépenser mon énergie à m'interroger sur le « pourquoi » des choses, mais être dans le « comment ».

*

Pendant l'élection présidentielle, le dialogue entre François Hollande et moi était permanent, surtout dans la dernière ligne droite, dans les mêmes conditions de discrétion que je demandais à mes interlocuteurs : la presse n'en était pas informée et nous avons pu travailler sans perturbation. Peu à peu, j'ai vu que sa sensibilité s'éveillait, que certains mots ou expressions comme

« transition écologique » ou « précarité énergétique » revenaient dans ses discours. Même si sa campagne n'avait pas été très brillante sur tous ces sujets. « Mon engagement ne sera pas réductible au sort des écologistes », m'avait-il promis. Depuis son élection, nous avons repris le dialogue et un rythme de rendez-vous réguliers qui se révèlent assez fructueux. La Conférence environnementale du 14 septembre 2012 aura été, au moins pour la gauche, l'occasion de poser quelques jalons écologiques.

Au fil de nos conversations, il nous est apparu opportun que, parallèlement à celles existant déjà sur l'environnement et le climat, soit créée une « mission diplomatique », peut-être plus sélective, au nom de la France, les enjeux du long terme et des générations futures. Une mission pour tenter de convaincre, dans les pays étrangers, les acteurs économiques ou politiques, les sociétés civiles qui ne le seraient pas. Mon rôle, selon les vœux du président, sera de créer des alliances, de rétablir le dialogue sur ces sujets, là où il a été interrompu (dans les pays du Sud, par exemple), de repérer ce qui fonctionne en termes de technologies et de modèle économique.

François Hollande a trouvé tant d'intérêt à une telle mission que je crois être de ceux qui l'ont convaincu d'accueillir à Paris en 2015 la conférence « Climat » qui sera la prolongation des sommets de Rio et de Copenhague. Certes, les risques d'échec sont importants, mais je pense qu'il faut se saisir de cette occasion pour tenter d'en faire un succès et recréer une dynamique en Europe autour de ces thèmes.

Quand, fin 2012, la proposition d'une mission pour la protection de la planète m'a été confirmée par François Hollande, je ne m'attendais pas à un tel bouleversement.

À commencer par mon installation : l'espace étant cher à l'Élysée, je pensais me retrouver dans une soupente comme beaucoup de conseillers, et cela ne m'aurait posé aucun problème ! Finalement, j'ai été installé à l'Hôtel Marigny qui accueillait, il y a peu, les chefs d'État étrangers et les têtes couronnées en visite en France. (C'est sur la pelouse, face à la fenêtre de mon bureau, que Kadhafi avait planté sa tente lors de son passage à Paris en 2007 !)

Dès les premiers jours de ma prise de fonctions, j'ai reçu toutes les instructions que l'on donne à ceux qui intègrent le staff élyséen : les rendez-vous se succédaient, les dossiers s'empilaient, et brusquement j'ai ressenti une sorte de panique. Comment et par quoi commencer ? Dans le monde de la diplomatie si performante avec des personnalités éminemment brillantes, allais-je être à la hauteur ? C'est une chose que d'être depuis toutes ces années dans l'engagement associatif ou d'avoir fait quelques incursions en politique, et de me retrouver au milieu d'énarques et de conseillers surdiplômés ! Sous les ors de la République, que je connaissais en tant que visiteur et qui m'impressionnaient peu, brusquement j'étais perplexe. Ce poste, je l'avais accepté, persuadé qu'il me permettrait enfin de travailler à l'échelle mondiale, et voilà que l'ampleur de la tâche et la somme d'informations à ingurgiter me faisaient hésiter !

Déjà, j'éprouvais une sorte de gêne de jouir d'un grand et beau bureau d'autant que, dès le départ, j'avais exigé de ne pas être rémunéré pour cette mission. Je ne voulais pas que dans ce climat d'économie mon poste occasionne une dépense supplémentaire.

Alors j'ai plongé, dans ce tissu diplomatique au maillage très complexe, dans l'étude des traités, des ratifications, des multiples conventions, des alliances. On m'a dressé les portraits de ceux que je serais amené à rencontrer dans ma mission et les messages que la France voulait porter dans ces pays. J'ai rencontré les responsables des différents secteurs diplomatiques qui, pays après pays, m'ont éclairé sur l'état de leurs relations avec la France, les points de convergence ou de friction – ce qu'on appelle « les irritants », à savoir les sujets qui fâchent. J'ai travaillé de l'aube jusqu'au soir, en pensant à cette phrase de Malraux : « Le courage est une affaire d'organisation. »

Je reconnais que la mise en route a été ardue, j'ai douté souvent, pensant que la fonction n'était pas pour moi, mais au bout de quelques semaines j'ai compris que je m'étais fait peur tout seul ! J'étais ici dans mon élément et il ne fallait pas que je gâche l'outil incroyable que l'on mettait à ma disposition. Au fil des jours, moi qui avais souvent désespéré de tourner en rond dans l'espace franco-français ou franco-européen alors que les enjeux qui me préoccupent sont universels, j'ai commencé à me sentir de mieux en mieux dans la fonction, avec un intérêt, un plaisir, une passion intacts. Le temps que les choses se mettent en place et que je recrute deux collaborateurs internes au ministère, nous avons été opérationnels début février 2013. Aujourd'hui, quand je me retourne sur ces premiers mois et que je repense à la difficulté qui a été la mienne au tout début, je me dis que cette frayeur était saine et sans doute normale.

Du jour au lendemain, avec cette mission, je devenais l'envoyé de François Hollande et, à l'étranger, le représentant de la France. Ce n'est pas rien ! D'autant que je ne voulais pas perdre mon âme, mon sens critique, et dans ce monde onusien, de la diplomatie, au langage assez codifié dont beaucoup d'acronymes m'étaient inconnus, il est difficile d'échapper à un certain « formatage ».

À l'Élysée, je rencontre des personnes qui travaillent énormément, d'une grande réactivité, et qui ne sont pas économes de leur temps pour servir l'État. Il faut savoir aussi que deux ambassadeurs, l'un au climat, l'autre à l'environnement, en charge de ces sujets dans les négociations internationales, étaient déjà en place avant que je ne sois nommé. Tous deux sont d'une grande compétence mais ils travaillent avec une discrétion toute diplomatique. J'ai convaincu François Hollande qu'il fallait donner davantage de visibilité à tous ces sujets pour toucher et mobiliser les décideurs politiques.

Quand, avec le président de la République, nous avons pensé à cette mission, je savais qu'elle me permettrait d'avoir un réseau, l'appui du réseau diplomatique français, réseau que je ne sous-estimais pas puisqu'il est l'un des plus efficaces du monde. Je savais aussi que par le télégramme diplomatique, entre autres, j'aurais instantanément et, à tout moment, une lecture du monde, des relations géopolitiques, bilatérales, des situations économiques… Cette mission me va bien parce qu'il ne s'agit pas, là, de politique politicienne mais de politique au sens noble du terme. Avec ces débouchés, j'allais enfin pouvoir déployer, sur une échelle géographique et même humaine plus large, mes espoirs, mes convictions et un certain nombre de propositions à des niveaux inespérés.

Cet univers dans lequel je suis entré est à des années-lumière de tout ce qui a fait ma vie jusque-là : moi qui ne me déplaçais et ne travaillais que dans des espaces immenses, souvent inconnus, je me retrouve aujourd'hui dans des capitales, des halls d'hôtels, des chancelleries ou des palais présidentiels. Sans pour autant jouer les diplomates de profession qui sont bien meilleurs que moi dans cet exercice, il me faut respecter un certain nombre d'usages protocolaires sans perdre ma spontanéité de parole.

Pour ma première mission, et à la demande du Quai d'Orsay, je me suis rendu au Costa Rica, à San José, pour une manifestation organisée dans le cadre des Consultations sur les Objectifs du développement durable qui remplacent les Objectifs du millénaire et qui feront l'objet d'une convention internationale en 2015. Le premier jour, je me souviens m'être levé à 5 heures du matin, angoissé (avais-je même fermé l'œil de la nuit ?), une longue journée m'attendait : discours officiel devant des responsables politiques de plusieurs pays, réunions bilatérales d'heure en heure avec des ministres des Affaires étrangères et des économistes... Ce matin-là, j'ai dû m'y reprendre à vingt fois pour nouer convenablement mon nœud de cravate ! D'ailleurs, pour me détendre et décontracter un auditoire un peu figé, je lui confiai que j'avais failli être en retard à la première réunion du matin à cause de cette cravate que je portais pour la troisième fois de ma vie ! La salle a éclaté de rire. Les visages étaient nouveaux pour moi et personne ne me connaissait, mais l'accueil fut on ne peut plus cordial. Il faut dire que je connais bien le Costa Rica. Je sais que depuis quelques années ce pays a accompli des prouesses en matière d'environnement : en quinze ans, il a fait passer son massif forestier de 30 % à la surface du pays à 60 %, en montant un modèle économique qui lui permet d'être rémunéré pour régénérer la forêt au lieu d'exploiter son énergie fossile. Si j'étais là, c'était justement pour me faire le promoteur de ses bonnes idées dans d'autres pays. Lorsque je me suis rendu plus tard à l'ambassade du Surinam à Paris, le gouvernement désirant se lancer dans le développement durable écologique, j'ai immédiatement parlé du modèle costaricien.

Car l'une des particularités de ma mission est de valoriser ce qui fonctionne chez les autres. C'est extrêmement motivant. Ainsi, dans mes prochaines missions, j'emmènerai aux Pays-Bas les ministres Pascal Canfin, Delphine Batho (dont je n'imaginais pas à cet instant l'éviction brutale du gouvernement) et une délégation de parlementaires pour visiter des villes construites sur le concept du *cradle to cradle*, fonctionnant en autonomie de matières premières et énergétiques, un concept assez prometteur sur l'économie circulaire dont je prône les vertus.

Avec cette nouvelle mission, j'ai dans les mains un outil merveilleux : le travail que j'ai effectué en France de sensibilisation et de mobilisation, je le fais à présent, à l'échelle mondiale, auprès des grands responsables politiques, des décideurs, des gens de la société civile que je ne pouvais pas approcher auparavant. C'est très précieux. D'autant que je garde la présidence de ma fondation avec la liberté de parole qui lui est associée et qui est, pour moi, un gage de crédibilité de ma mission. Si je ne conserve pas un certain sens critique sur mon pays, je ne peux pas engager un dialogue objectif avec des dirigeants étrangers.

Ma nouvelle position me permet aussi d'accéder assez facilement à un certain nombre de responsables politiques français et de pouvoir, dans l'ombre, ce qui est parfois plus efficace que dans la lumière, faire valoir mes arguments sur les choix français. Quand je vois Arnaud Montebourg dont je sais que la tentation est grande d'exploiter les gaz de schiste, ou quand j'apprends qu'on va autoriser une exploitation de mine d'or dans le parc national guyanais, je ne me prive pas de rencontrer les responsables pour tenter de les en dissuader. Si on veut que la France, qui s'est portée candidate pour accueillir la Conférence sur le climat en 2015, soit crédible, il faut être audacieux sur tous ces thèmes.

Bien sûr, je n'oublie pas les causes qui semblent être abandonnées du fait de la crise économique. Ainsi, je suis parti en juin 2013 au Cameroun, au Gabon et dans les deux Congo pour une mission de mobilisation sur le sort des éléphants qui, ainsi que me l'avait signalé mon ami scientifique Lee White, disparaissent par milliers chaque année, victimes du braconnage et de la contrebande d'ivoire. Avec Manuel Valls et la directrice d'Interpol, je veux voir aussi quelles sont les responsabilités qui nous incombent depuis que j'ai découvert qu'une partie du trafic d'objets et de matières concernant ces animaux transite notamment par certains aéroports français ! Même si je n'ai pas le pouvoir de décision, j'ai la possibilité de toucher, de mobiliser, de convaincre et de montrer ce qui peut être changé. L'idée étant de faire resurgir à la lumière ces sujets qu'on a tendance à oublier. Si l'on continue ainsi, dans vingt ans il n'y aura plus d'éléphants à l'état sauvage en Afrique ! Même destin pour les grands singes si rien n'est fait. Je veux aussi, entre autres tâches, aider à relancer la convention de Barcelone sur la protection de la Méditerranée. D'ici à vingt ans le trafic maritime pourrait tripler, et seul 0,1 % de sa surface est en aire protégée…

Cette mission, c'est une nouvelle vie pour moi, et l'ensemble de la tâche me passionne. J'apprends en marchant et tout m'exalte. Le travail qui m'attend est énorme, mais à présent que je m'y sens plus à l'aise je peux mieux mixer mon expérience ancienne, ma sensibilité, mes convictions, avec l'exigence et une certaine rigueur de la diplomatie. Parallèlement, j'essaie également de poursuivre mes rencontres avec des intellectuels, des scientifiques, des ONG... Si j'avais pensé poser mes valises après l'interruption de *Ushuaïa*, c'est raté : elles ne me quittent plus !

Pour moi, cette mission est aussi une prolongation naturelle de tout ce que j'ai accompli auparavant. Ma fondation qui s'est transformée en think tank produit des idées, et grâce à mes amis scientifiques je me nourris et m'enrichis de nouvelles propositions, de solutions inédites que je colporte à l'international. Tout cela est complémentaire.

Si je ne m'étais pas présenté à la Présidentielle en 2012, je n'aurai peut-être pas tissé ces liens avec François Hollande. Ce sont nos longs échanges qui ont donné naissance à ce poste. Ainsi les sages Kogis et Raoni avaient raison de me pousser dans l'aventure des primaires. Car cette expérience m'a mené à une place juste pour mon combat. Inespérée. Une fois de plus, je saisis à quel point les épreuves ont un sens. Elles nous mènent plus loin que nous-mêmes.

6

L'essentiel

« Le temps d'apprendre à vivre, il est déjà trop tard. » Ce vers d'Aragon est superbe et tragiquement vrai. J'ai vécu plus haut que mes rêves les plus fous et même si, comme tout le monde, j'ai traversé des épreuves et si mon engagement écologique me fait craindre le pire à une brève échéance, j'ai une soif de vivre incommensurable. Et, *a fortiori*, peur de la mort. Je voudrais être comme les sages, les croyants, la voir comme un livre qui se referme, un passage mais, malgré le message de sagesse des Indiens Zo'é et tout ce que m'ont enseigné les peuples qui inscrivent sereinement vie et mort dans le cycle de la nature, je n'arrive pas à la regarder en face.

Tenir autant à la vie après avoir si souvent jonglé avec elle, c'est un paradoxe. J'ai pris des risques avec *Ushuaïa*, mais le plaisir ne procédait pas de là. C'était, me semblait-il, le tribut à payer pour mesurer l'extraordinaire beauté de la planète. Y imprimer ma touche de poésie.

Un jour où je me trouvais arrêté à un feu rouge avec mon scooter, près de la mobylette d'un livreur de pizzas. Le garçon qui me fixait m'avait alors dit brusquement : « Est-ce que vous savez que vous avez les plus beaux yeux du monde ? » Je souris, un peu gêné, et il avait ajouté dans la foulée : « Parce que vous avez vu les plus belles choses au monde. » Sa réflexion me fit un immense plaisir. C'était tellement vrai ! La beauté de la nature nous est indispensable.

J'ai longtemps été un loup solitaire, ma sœur étant le seul lien familial qui me restait après la mort de mes parents. Les autres s'étaient pulvérisés.

Avoir tricoté ce cocon de tendresse et de stabilité avec la femme que j'aime et nos trois enfants a transformé ma vie. Ils sont devenus mon essentiel.

Je ne me sens jamais mieux que lorsque je parcours la plage de Saint-Lunaire, le visage fouetté par les embruns avec Wanaï, mon chien de berger australien qui caracole à mes côtés, les oreilles en vrac, le poil frémissant. Désormais, ma famille est devenue mon socle, le cœur battant de ma vie, mes enfants ma priorité et mon inquiétude. Aucune décision n'est prise sans penser à eux. Je veux leur donner des éléments culturels et éducatifs pour qu'ils posent le « bon regard » sur les choses ; que dans ce monde qui s'endurcit, ils trouvent leurs marques ; qu'ils se fassent leur propre opinion et qu'ils ne laissent jamais personne leur dicter leurs choix et leur place.

Dans notre maison de Bretagne, mes enfants Leah, Nelson et Titouan croisent toutes sortes de gens : voyageurs en escale, amis parisiens qui viennent se poser chez nous le temps d'une soirée, experts de la fondation, ministres ou copains de kitesurf... Célèbres ou pas, tous savent que le sésame exigé, c'est la simplicité, l'empathie.

On me demande parfois comment je parle d'écologie à mes enfants, comment je les informe sans les effrayer, ce que je leur dis exactement. Pour l'instant, les garçons sont très jeunes, ils ne posent pas encore de questions inquiètes sur le monde. Ensemble, nous feuilletons les grands livres de photos, ils entendent mes histoires, et quand on est fatigués d'arpenter la planète, on va « taper le ballon » dans le jardin de la maison. Nelson et Titouan sont de leur époque : foot, Internet (à doses filées, Florence veille) et jeux en ligne, mais ils peuvent aussi bien rester pendant dix minutes devant une bourriche de moules, fascinés, à observer le moindre tressaillement, le plus petit signe de vie des coquillages. J'aimerais prolonger le temps de leur insouciance. Celui de la gravité viendra assez vite.

*

Aujourd'hui, le ciel s'est assombri, mais je veux croire qu'on peut être lucides, responsables et heureux ! Il faut espérer que le changement soit en marche, qu'il existe des phénomènes invisibles bénéfiques dans l'évolution de l'humanité. J'y pense lorsque je vois la jeunesse d'ici et d'ailleurs se lever, rejointe par toutes les générations pour former les groupes d'Indignés. Leur enthousiasme peut vaciller sous les coups, il ne s'éteindra pas.

Je ne céderai pas au désenchantement. Je ne serai pas celui qui porte tous les drames sur son visage, et je ne m'abîmerai pas au prétexte qu'il n'existe pas de solutions définitives aux maux du monde. Je sais les joies inestimables qu'on trouve dans la contemplation des manifestations simples de l'existence. J'y pense souvent lorsque je joue avec mes enfants, quand je nage au soleil ou que je cours avec mon chien sur la plage, quand je caresse l'écorce des arbres, que je ris de tout et de rien avec ma femme et mes amis, ces êtres qui me vivifient. La grandeur et la beauté sont dans ces moments anecdotiques.

Après avoir parcouru les endroits les plus sauvages de la planète, désormais j'arpente les bureaux des grandes capitales dans le cadre de ma mission d'ambassadeur pour la Terre. Si je suis donc souvent loin de mes enfants, c'est pour eux. C'est à eux que je pense dans mon combat. À l'avenir de la planète sur laquelle ils vont grandir. Albert Einstein disait : « Le mot "progrès" n'aura aucun sens tant qu'il y aura des enfants malheureux. »

Merci aux éditions Calmann-Lévy et
à Ronald Blunden pour son soutien amical et fidèle.
Et merci à Claude Mendibil pour ses relectures attentives.

Table

1. EN REGARDANT LES MARÉES 9

Ma candidature, 11 – *Le Pacte écologique,* 15 – *Focus sur Sarkozy,* 22 – *Brise-glace,* 29 – *Le Grenelle de l'environnement,* 36 – *La taxe carbone,* 43 – *Rendez-vous avec DSK,* 46 – *Naissance d'Europe Écologie-Les Verts,* 49 – *Ma déclaration,* 53 – *En solo ou pas ?,* 59 – *Une gentille petite dame,* 63 – *La primaire s'organise,* 73 – *Tempête dans un verre d'eau,* 78 – *La douche froide,* 84 – *Après coup,* 90 – *I had a dream,* 94 – *Au vert, toute !,* 100 – *Deux maroquins... Et après ?,* 105

2. MA MAISON EST LE MONDE 111

La vie commence à Cape Town, 123 – *Premiers frissons,* 134 – *Pôle géographique, première,* 146 – *Les yeux d'une mère,* 154

3. *USHUAÏA*, L'EXTRÊME 157

De la chance, 162 – *Les ours esprits,* 168 – *Un coup de foudre amical,* 171 – *La beauté du geste,* 177 – *Engins de rêve,* 180 – *La licorne n'est pas une légende,* 182 – *Quand casse-cou rencontre risque-tout,* 189 – *Interludes,* 200 – *Le delta du paradis,* 205 – *Fourches caudines,* 210 – *Break corse,* 216 – *Laurent et Yazid,* 219 – *Séquence rires,* 223 – *Les sages d'Ushuaïa,* 230 – *Les yeux de Mandela,* 235 – *Femmes dans la brume,* 242 – *Sardines en boîte,* 248 – *J'ai rencontré des anges,* 258 – *Dernier tournage,* 266 – *Une histoire s'arrête...,* 268

4. J'AI VU… 271

Nous avons blessé l'histoire, 276 – *Pourquoi sommes-nous si peu nombreux à nous inquiéter ?,* 280 – *Quand le monde s'expose,* 286

5. UNE COMMUNAUTÉ DE CŒUR ET D'ESPRIT 291

Le think tank 2013, 299 – *Ambassadeur de la planète,* 303

6. L'ESSENTIEL 313

DU MÊME AUTEUR

Tabarly
45 ans de défi
PAC, 1976

Ces enfants qui souffrent
PAC, 1978

Chasseurs de pôles
(avec Jean-François Chaigneau)
Albin Michel, 1989

Les Chemins de traverse
Jean-Claude Lattès, 1989

États d'âme
Jean-Claude Lattès, 1991

Questions de nature
Plon, 1995

À mes risques et plaisirs
Plon, 1998

Pour que la Terre reste humaine
(avec Robert Barbault et Dominique Bourg)
Seuil, 1999
et « Points », n° P830

Ushuaïa nature
Paradis du bout du monde
Michel Lafon, 2000

Planète nature
Michel Lafon, 2002

Combien de catastrophes avant d'agir ?
(avec le Comité de veille écologique
de la Fondation Nicolas Hulot pour la nature et l'homme)
Seuil, 2002
et « Points », n° P1112

Ushuaïa nature
Voyages au cœur de l'extrême
Michel Lafon, 2003

Le Syndrome du « Titanic »
Calmann-Lévy, 2004
et « Le Livre de poche », n° 30237

L'Impasse alimentaire ?
Agriculture, santé, environnement
(avec le Comité de veille écologique
de la Fondation Nicolas Hulot pour la nature et l'homme)
Fayard, 2004

Écologuide de A à Z pour les juniors
Le Cherche-Midi, 2004

Ushuaïa, le grand album
Michel Lafon, 2004

La Terre en partage : éloge de la biodiversité
La Martinière, 2005

Graines de possibles
Regards croisés sur l'écologie
(avec Pierre Rahbi)
Calmann-Lévy, 2005
et « Le Livre de poche », n° 30553

Pour un pacte écologique
Calmann-Lévy, 2006

Le Syndrome du « Titanic » 2
Calmann-Lévy, 2009
et « J'ai lu », n° 9236

Nos années Ushaïa
25 ans d'émerveillement
(avec Nassera Zaïd et Joséphine Lacasse)
Édition du Toucan, 2012

Ce livre a été imprimé en France
sur un papier contenant 100 % de fibres recyclées.

RÉALISATION : NORD COMPO À VILLENEUVE-D'ASCQ
IMPRESSION : CPI BRODARD ET TAUPIN À LA FLÈCHE
DÉPÔT LÉGAL : AOÛT 2014. N° 117487 (3005784)
IMPRIMÉ EN FRANCE

Éditions Points

DERNIERS TITRES PARUS

P3060. Ta carrière est fi-nie !, *Zoé Shepard*
P3061. Invitation à un assassinat, *Carmen Posadas*
P3062. L'Envers du miroir, *Jennifer Egan*
P3063. Dictionnaire ouvert jusqu'à 22 heures
Académie Alphonse Allais
P3064. Encore un mot. Billets du Figaro, *Étienne de Montety*
P3065. Frissons d'assises. L'instant où le procès bascule
Stéphane Durand-Souffland
P3066. Y revenir, *Dominique Ané*
P3067. J'ai épousé Johnny à Notre-Dame-de-Sion
Fariba Hachtroudi
P3068. Un concours de circonstances, *Amy Waldman*
P3069. La Pointe du couteau, *Gérard Chaliand*
P3070. Lila, *Robert M. Pirsig*
P3071. Les Amoureux de Sylvia, *Elizabeth Gaskell*
P3072. Cet été-là, *William Trevor*
P3073. Lucy, *William Trevor*
P3074. Diam's. Autobiographie, *Mélanie Georgiades*
P3075. Pourquoi être heureux quand on peut être normal ?
Jeanette Winterson
P3076. Qu'avons-nous fait de nos rêves ?, *Jennifer Egan*
P3077. Le Terroriste noir, *Tierno Monénembo*
P3078. Féerie générale, *Emmanuelle Pireyre*
P3079. Une partie de chasse, *Agnès Desarthe*
P3080. La Table des autres, *Michael Ondaatje*
P3081. Lame de fond, *Linda Lê*
P3082. Que nos vies aient l'air d'un film parfait, *Carole Fives*
P3083. Skinheads, *John King*
P3084. Le bruit des choses qui tombent, *Juan Gabriel Vásquez*
P3085. Quel trésor !, *Gaspard-Marie Janvier*
P3086. Rêves oubliés, *Léonor de Récondo*

P3087. Le Valet de peinture, *Jean-Daniel Baltassat*
P3088. L'État au régime. Gaspiller moins pour dépenser mieux *René Dosière*
P3089. Refondons l'école. Pour l'avenir de nos enfants *Vincent Peillon*
P3090. Vagabond de la bonne nouvelle, *Guy Gilbert*
P3091. Les Joyaux du paradis, *Donna Leon*
P3092. La Ville des serpents d'eau, *Brigitte Aubert*
P3093. Celle qui devait mourir, *Laura Lippman*
P3094. La Demeure éternelle, *William Gay*
P3095. Adulte ? Jamais. Une anthologie (1941-1953) *Pier Paolo Pasolini*
P3096. Le Livre du désir. Poèmes, *Leonard Cohen*
P3097. Autobiographie des objets, *François Bon*
P3098. L'Inconscience, *Thierry Hesse*
P3099. Les Vitamines du bonheur, *Raymond Carver*
P3100. Les Trois Roses jaunes, *Raymond Carver*
P3101. Le Monde à l'endroit, *Ron Rash*
P3102. Relevé de terre, *José Saramago*
P3103. Le Dernier Lapon, *Olivier Truc*
P3104. Cool, *Don Winslow*
P3105. Les Hauts-Quartiers, *Paul Gadenne*
P3106. Histoires pragoises, *suivi de* Le Testament *Rainer Maria Rilke*
P3107. Œuvres pré-posthumes, *Robert Musil*
P3108. Anti-manuel d'orthographe. Éviter les fautes par la logique, *Pascal Bouchard*
P3109. Génération CV, *Jonathan Curiel*
P3110. Ce jour-là. Au cœur du commando qui a tué Ben Laden *Mark Owen et Kevin Maurer*
P3111. Une autobiographie, *Neil Young*
P3112. Conséquences, *Darren William*
P3113. Snuff, *Chuck Palahniuk*
P3114. Une femme avec personne dedans, *Chloé Delaume*
P3115. Meurtre au Comité central, *Manuel Vázquez Montalbán*
P3116. Radeau, *Antoine Choplin*
P3117. Les Patriarches, *Anne Berest*
P3118. La Blonde et le Bunker, *Jakuta Alikavazovic*
P3119. La Contrée immobile, *Tom Drury*
P3120. Peste & Choléra, *Patrick Deville*
P3121. Le Veau *suivi de* Le Coureur de fond, *Mo Yan*
P3122. Quarante et un coups de canon, *Mo Yan*
P3123. Liquidations à la grecque, *Petros Markaris*
P3124. Baltimore, *David Simon*
P3125. Je sais qui tu es, *Yrsa Sigurdardóttir*

P3126. Le Regard du singe
Gérard Chaliand, Patrice Franceschi, Sophie Mousset
P3127. Journal d'un mythomane. Vol. 2 : Une année particulière
Nicolas Bedos
P3128. Autobiographie d'un menteur, *Graham Chapman*
P3129. L'Humour des femmes, *The New Yorker*
P3130. La Reine Alice, *Lydia Flem*
P3131. Vies cruelles, *Lorrie Moore*
P3132. La Fin de l'exil, *Henry Roth*
P3133. Requiem pour Harlem, *Henry Roth*
P3134. Les mots que j'aime, *Philippe Delerm*
P3135. Petit Inventaire des plaisirs belges, *Philippe Genion*
P3136. La faute d'orthographe est ma langue maternelle
Daniel Picouly
P3137. Tombé hors du temps, *David Grossman*
P3138. Petit oiseau du ciel, *Joyce Carol Oates*
P3139. Alcools (illustrations de Ludovic Debeurme)
Guillaume Apollinaire
P3140. Pour une terre possible, *Jean Sénac*
P3141. Le Baiser de Judas, *Anna Grue*
P3142. L'Ange du matin, *Arni Thorarinsson*
P3143. Le Murmure de l'ogre, *Valentin Musso*
P3144. Disparitions, *Natsuo Kirino*
P3145. Le Pont des assassins, *Arturo Pérez-Reverte*
P3146. La Dactylographe de Mr James, *Michiel Heyns*
P3147. Télex de Cuba, *Rachel Kushner*
P3148. Promenades avec les hommes, *Ann Beattie*
P3149. Le Roi Lézard, *Dominique Sylvain*
P3150. Scènes de la vie quotidienne à l'Élysée, *Camille Pascal*
P3151. Je ne t'ai pas vu hier dans Babylone
António Lobo Antunes
P3152. Le Condottière, *Georges Perec*
P3153. La Circassienne, *Guillemette de Sairigné*
P3154. Au pays du cerf blanc, *Chen Zhongshi*
P3155. Juste pour le plaisir, *Mercedes Deambrosis*
P3156. Trop près du bord, *Pascal Garnier*
P3157. Seuls les morts ne rêvent pas.
La Trilogie du Minnesota, vol. 2, *Vidar Sundstøl*
P3158. Le Trouveur de feu, *Henri Gougaud*
P3159. Ce soir, après la guerre, *Viviane Forrester*
P3160. La semaine où Jérôme Kerviel a failli faire sauter
le système financier mondial. Journal intime
d'un banquier, *Hugues Le Bret*
P3161. La Faille souterraine. Et autres enquêtes
Henning Mankell

P3162. Les deux premières enquêtes cultes de Wallander : Meurtriers sans visage & Les Chiens de Riga
Henning Mankell
P3163. Brunetti et le mauvais augure, *Donna Leon*
P3164. La Cinquième Saison, *Mons Kallentoft*
P3165. Les Nouvelles Enquêtes du Juge Ti : Panique sur la Grande Muraille & Le Mystère du jardin chinois, *Frédéric Lenormand*
P3166. Rouge est le sang, *Sam Millar*
P3167. L'Énigme de Flatey, *Viktor Arnar Ingólfsson*
P3168. Goldstein, *Volker Kutscher*
P3169. Mémoire assassine, *Thomas H. Cook*
P3170. Le Collier de la colombe, *Raja Alem*
P3171. Le Sang des maudits, *Leighton Gage*
P3172. La Maison des absents, *Tana French*
P3173. Le roi n'a pas sommeil, *Cécile Coulon*
P3174. Rentrez chez vous Bogner, *Heinrich Böll*
P3175. La Symphonie des spectres, *John Gardner*
P3176. À l'ombre du mont Nickel, *John Gardner*
P3177. Une femme aimée, *Andreï Makine*
P3178. La Nuit tombée, *Antoine Choplin*
P3179. Richard W., *Vincent Borel*
P3180. Moi, Clea Shine, *Carolyn D. Wall*
P3181. En ville, *Christian Oster*
P3182. Apprendre à prier à l'ère de la technique
Gonçalo M. Tavares
P3183. Vies pøtentielles, *Camille de Toledo*
P3184. De l'amour. *Textes* tendrement *choisis par Elsa Delachair*
P3185. La Rencontre. *Textes* amoureusement *choisis par Elsa Delachair*
P3186. La Vie à deux. *Textes* passionnément *choisis par Elsa Delachair*
P3187. Le Chagrin d'amour. *Textes* rageusement *choisis par Elsa Delachair*
P3188. Le Meilleur des jours, *Yassaman Montazami*
P3189. L'Apiculture selon Samuel Beckett, *Martin Page*
P3190. L'Affaire Cahuzac. En bloc et en détail, *Fabrice Arfi*
P3191. Vous êtes riche sans le savoir
Philippe Colin-Olivier et Laurence Mouillefarine
P3192. La Mort suspendue, *Joe Simpson*
P3193. Portrait de l'aventurier, *Roger Stéphane*
P3194. La Singulière Tristesse du gâteau au citron, *Aimee Bender*
P3195. La Piste mongole, *Christian Garcin*
P3196. Régime sec, *Dan Fante*

P3197. Bons baisers de la grosse barmaid.
Poèmes d'extase et d'alcool, *Dan Fante*
P3198. Karoo, *Steve Tesich*
P3199. Une faiblesse de Carlotta Delmont, *Fanny Chiarello*
P3200. La Guerre des saints, *Michela Murgia*
P3201. DRH, le livre noir, *Jean-François Amadieu*
P3202. L'homme à quel prix ?, *Cardinal Roger Etchegaray*
P3203. Lumières de Pointe-Noire, *Alain Mabanckou*
P3204. Ciel mon moujik ! Et si vous parliez russe sans le savoir ?
Sylvain Tesson
P3205. Les mots ont un sexe. Pourquoi « marmotte »
n'est pas le féminin de « marmot »,
et autres curiosités de genre, *Marina Yaguello*
P3206. L'Intégrale des haïkus, *Bashō*
P3207. Le Droit de savoir, *Edwy Plenel*
P3208. Jungle Blues, *Roméo Langlois*
P3209. Exercice d'abandon, *Catherine Guillebaud*
P3210. Le Roman de Bergen. 1999 Le crépuscule – tome V
Gunnar Staalesen
P3211. Le Roman de Bergen. 1999 Le crépuscule – tome VI
Gunnar Staalesen
P3212. Amie de ma jeunesse, *Alice Munro*
P3213. Le Roman du mariage, *Jeffrey Eugenides*
P3214. Les baleines se baignent nues, *Eric Gethers*
P3215. Shakespeare n'a jamais fait ça, *Charles Bukowski*
P3216. Ces femmes qui ont réveillé la France
Valérie Bochenek, Jean-Louis Debré
P3217. Poèmes humains, *César Vallejo*
P3218. Mantra, *Rodrigo Fresán*
P3219. Guerre sale, *Dominique Sylvain*
P3220. Arab Jazz, *Karim Miske*
P3221. Du son sur les murs, *Frantz Delplanque*
P3222. 400 coups de ciseaux et autres histoires, *Thierry Jonquet*
P3223. Brèves de noir, *collectif*
P3224. Les Eaux tumultueuses, *Aharon Appelfeld*
P3225. Le Grand Chambard, *Mo Yan*
P3226. L'Envers du monde, *Thomas B. Reverdy*
P3227. Comment je me suis séparée de ma fille
et de mon quasi-fils, *Lydia Flem*
P3228. Avant la fin du monde, *Boris Akounine*
P3229. Au fond de ton cœur, *Torsten Pettersson*
P3230. Je vais passer pour un vieux con. Et autres petites phrases
qui en disent long, *Philippe Delerm*
P3231. Chienne de langue française ! Répertoire tendrement
agacé des bizarreries du français, *Fabian Bouleau*

P3232. 24 jours, *Ruth Halimi et Émilie Frèche*
P3233. Aventures en Guyane. Journal d'un explorateur disparu *Raymond Maufrais*
P3234. Une belle saloperie, *Robert Littell*
P3235. Fin de course, *C.J. Box*
P3236. Corbeaux. La Trilogie du Minnesota, vol. 3 *Vidar Sundstøl*
P3237. Le Temps, le temps, *Martin Suter*
P3238. Nouvelles du New Yorker, *Ann Beattie*
P3239. L'Embellie, *Audur Ava Ólafsdóttir*
P3240. Boy, *Takeshi Kitano*
P3241. L'Enfance des criminels, *Agnès Grossmann*
P3242. Police scientifique : la révolution. Les vrais experts parlent, *Jacques Pradel*
P3243. Femmes serials killers. Pourquoi les femmes tuent ?, *Peter Vronsky*
P3244. L'Histoire interdite. Révélations sur l'Histoire de France, *Franck Ferrand*
P3245. De l'art de mal s'habiller sans le savoir *Marc Beaugé (illustrations de Bob London)*
P3246. Un homme loyal, *Glenn Taylor*
P3247. Rouge de Paris, *Jean-Paul Desprat*
P3248. Parmi les disparus, *Dan Chaon*
P3249. Le Mystérieux Mr Kidder, *Joyce Carol Oates*
P3250. Poèmes de poilus. Anthologie de poèmes français, anglais, allemands, italiens, russes (1914-1918)
P3251. Étranges Rivages, *Arnaldur Indridason*
P3252. La Grâce des brigands, *Véronique Ovaldé*
P3253. Un passé en noir et blanc, *Michiel Heyns*
P3254. Anagrammes, *Lorrie Moore*
P3255. Les Joueurs, *Stewart O'Nan*
P3256. Embrouille en Provence, *Peter Mayle*
P3257. Parce que tu me plais, *Fabien Prade*
P3258. L'Impossible Miss Ella, *Toni Jordan*
P3259. La Politique du tumulte, *François Médéline*
P3260. La Douceur de la vie, *Paulus Hochgatterer*
P3261. Niceville, *Carsten Stroud*
P3262. Les Jours de l'arc-en-ciel, *Antonio Skarmeta*
P3263. Chronic City, *Jonathan Lethem*
P3264. À moi seul bien des personnages, *John Irving*
P3265. Galaxie foot. Dictionnaire rock, historique et politique du football, *Hubert Artus*
P3266. Patients, *Grand Corps Malade*
P3267. Les Tricheurs, *Jonathan Kellerman*
P3268. Dernier refrain à Ispahan, *Naïri Nahapétian*

P3269. Jamais vue, *Alafair Burke*
P3270. Homeland. La traque, *Andrew Kaplan*
P3271. Les Mots croisés du journal « Le Monde ». 80 grilles *Philippe Dupuis*
P3272. Comment j'ai appris à lire, *Agnès Desarthe*
P3273. La Grande Embrouille, *Eduardo Mendoza*
P3274. Sauf miracle, bien sûr, *Thierry Bizot*
P3275. L'Excellence de nos aînés, *Ivy Compton-Burnett*
P3276. Le Docteur Thorne, *Anthony Trollope*
P3277. Le Colonel des Zouaves, *Olivier Cadiot*
P3278. Un privé à Tanger, *Emmanuel Hocquard*
P3279. Kind of blue, *Miles Corwin*
P3280. La fille qui avait de la neige dans les cheveux *Ninni Schulman*
P3281. L'Archipel du Goulag, *Alexandre Soljénitsyne*
P3282. Moi, Giuseppina Verdi, *Karine Micard*
P3283. Les oies sauvages meurent à Mexico, *Patrick Mahé*
P3284. Le Pont invisible, *Julie Orringer*
P3285. Brèves de copies de bac
P3286. Trop de bonheur, *Alice Munro*
P3287. La Parade des anges, *Jennifer Egan*
P3288. Et mes secrets aussi, *Line Renaud*
P3289. La Lettre perdue, *Martin Hirsch*
P3290. Mes vies d'aventures. L'homme de la mer Rouge *Henry de Monfreid*
P3291. Cruelle est la terre des frontières. Rencontre insolite en Extrême-Orient, *Michel Jan*
P3292. Madame George, *Noëlle Châtelet*
P3293. Contrecoup, *Rachel Cusk*
P3294. L'Homme de Verdigi, *Patrice Franceschi*
P3295. Sept pépins de grenade, *Jane Bradley*
P3296. À qui se fier ?, *Peter Spiegelman*
P3297. Dernière conversation avec Lola Faye, *Thomas H. Cook*
P3298. Écoute-moi, Amirbar, *Álvaro Mutis*
P3299. Fin de cycle. Autopsie d'un système corrompu *Pierre Ballester*
P3300. Canada, *Richard Ford*
P3301. Sulak, *Philippe Jaenada*
P3302. Le Garçon incassable, *Florence Seyvos*
P3303. Une enfance de Jésus, *J.M. Coetzee*
P3304. Berceuse, *Chuck Palahniuk*
P3305. L'Homme des hautes solitudes, *James Salter*
P3306. Sur la tombe de ma mère, *Jean Gab'1*
P3307. Le Pacte des vierges, *Vanessa Schneider*
P3308. Le Livre de Jonas, *Dan Chaon*

P3309. Guillaume et Nathalie, *Yanick Lahens*
P3310. Bacchus et moi, *Jay McInerney*
P3311. Plus haut que mes rêves, *Nicolas Hulot*
P3312. Cela devient cher d'être pauvre, *Martin Hirsch*
P3313. Sarkozy-Kadhafi. Histoire secrète d'une trahison *Catherine Graciet*
P3314. Le monde comme il me parle, *Olivier de Kersauson*
P3315. Techno Bobo, *Dominique Sylvain*
P3316. Première station avant l'abattoir, *Romain Slocombe*
P3317. Bien mal acquis, *Yrsa Sigurdardottir*
P3318. J'ai voulu oublier ce jour, *Laura Lippman*
P3319. La Fin du vandalisme, *Tom Drury*
P3320. Des femmes disparaissent, *Christian Garcin*
P3321. La Lucarne, *José Saramago*
P3322. Chansons. L'intégrale 1 (1967-1980), *Lou Reed*
P3323. Chansons. L'intégrale 2 (1982-2000), *Lou Reed*
P3324. Le Dictionnaire de Lemprière, *Lawrence Norfolk*
P3325. Le Divan de Staline, *Jean-Daniel Baltassat*
P3326. La Confrérie des moines volants, *Metin Arditi*
P3327. L'Échange des princesses, *Chantal Thomas*
P3328. Le Dernier Arbre, *Tim Gautreaux*
P3329. Le Cœur par effraction, *James Meek*
P3330. Le Justicier d'Athènes, *Petros Markaris*
P3331. La Solitude du manager, *Manuel Vázquez Montalbán*
P3332. Scènes de la vie d'acteur, *Denis Podalydès*
P3333. La vérité sort souvent de la bouche des enfants *Geneviève de la Bretesche*
P3334. Crazy Cock, *Henry Miller*
P3335. Soifs, *Marie-Claire Blais*
P3336. L'Œuvre de Dieu, la part du Diable, *John Irving*
P3337. Des voleurs comme nous, *Edward Anderson*
P3338. Nu dans le jardin d'Éden, *Harry Crews*
P3339. Une vérité si délicate, *John le Carré*
P3340. Le Corps humain, *Paolo Giordano*
P3341. Les Saisons de Louveplaine, *Cloé Korman*
P3342. Sept femmes, *Lydie Salvayre*
P3343. Les Remèdes du docteur Irabu, *Hideo Okuda*
P3344. Le Dernier Seigneur de Marsad, *Charif Majdalani*
P3345. Primo, *Maryline Desbiolles*
P3346. La plus belle histoire des femmes *Françoise Héritier, Michelle Perrot, Sylviane Agacinski, Nicole Bacharan*
P3347. Le Bidule de Dieu. Une histoire du pénis *Tom Hickman*
P3348. Le Grand Café des brèves de comptoir *Jean-Marie Gourio*